# 반경환 명언집 名言集

국립중앙도서관 출판시도서목록(CIP)

반경환 명언집. 1 / 지은이: 반경환. -- 대전 : 지혜 : 애지
, 2014
    p. ;    cm. -- (지혜사랑)

한자표제: 名言集
대전문화재단 한국문화예술위원회에서 사업비 일부를 지원받
았음
ISBN  978-89-97386-95-6  04810 : ₩20000
ISBN  978-89-97386-94-9 (세트) 04810

명언집[名言集]

199.8-KDC5
179.9-DDC21                                    CIP2014012666

# 반경환 명언집名言集

① 

지혜

반경환 명언집 名言集을
우리 한국인들에게 바칩니다.

반 경 환　명 언 집　1

시, 삼백 편은 한 마디로 말해서 사악한 생각은 하나도 들어있지 않다.
— 공자, 『논어論語』 부분


배우고 생각하지 않으면 오묘한 진리를 이해할 수 없고, 생각하고 배우지 않으면 위태한 사상에 빠지기 쉽다.
— 공자, 『논어論語』 부분


아침에 도를 들으면 저녁에 죽어도 좋다.
— 공자, 『논어論語』 부분


도를 아는 자는 좋아하는 자만 못하고, 좋아하는 자는 즐기는 자만 못하다.
— 공자, 『논어論語』 부분


사랑의 정치를 시행하면 번영하고, 사랑의 정치를 시행하지 않으면 치욕을 당하게 된다.
— 맹자, 『孟子』 부분


사람들이 늘 하는 말이 있는 데, 천하와 국가가 그것이다. 천하의 근본은 나라에 있고, 나라의 근본은 집에 있고, 집의 근본은 몸에 있다.
— 맹자, 『孟子』 부분

사랑은 사람의 편안한 집이요, 정의는 사람의 올바른 길이다. 편안한 집에서 살지 않고, 올바른 길을 가지 않으니 슬프다.
— 맹자, 『孟子』 부분


도는 가까운 데에 있는데 그것을 먼 데서 찾는다. 일은 쉬운 데에 있는데, 그것을 어려운 데서 찾는다.
— 맹자, 『孟子』 부분


풍년에는 젊은 사람들이 대부분 얌전하고, 흉년에는 젊은 사람들이 대부분 포악해진다.
— 맹자, 『孟子』 부분


도는 無名에 숨어 있다. 오직 도만이 잘 가꾸어 주고, 또 생성 화육시킨다.
— 노자, 『도덕경』 부분


강폭한 자는 온당하게 죽을 수 없다. 나는 이것을 가르침의 근본으로 삼으려고 한다.
— 노자, 『도덕경』 부분

아는 사람은 말하지 않고, 말하는 사람은 알지 못한다.
— 노자, 『도덕경』 부분

나는 세 가지의 보물을 가지고 있는데, 그것을 보존한다. 첫째는 자애慈愛이고, 둘째는 검약儉約이며, 셋째는 감히 천하보다 앞서는 일을 하지 않는 것이다. 자애하기 때문에 용감할 수 있고, 검약하기 때문에 재물을 널리 베풀 수 있고, 감히 천하보다 앞서지 않기 때문에 기틀의 으뜸이 될 수 있다.
— 노자, 『도덕경』 부분

큰 슬기를 지닌 사람은 언제나 유유하고, 작은 슬기를 지닌 사람은 언제나 급급하다.
그 언어를 비교해도 그렇다. 훌륭한 말이란 말씨가 거침이 없이 흐르고, 못된 말이란 쓸데없이 수다스럽다.
— 장자, 『莊子』 부분

고니는 날마다 목욕을 하지 않아도 하얗게 정결하고, 까마귀는 매일 먹칠을 하지 않아도 까맣게 우중충합니다.
— 장자, 『莊子』 부분

맹자는 "사람이 배우는 것은 그 본성이 선하기 때문이다"라고 말하였다. 그러나 그렇지 않다고 나는 말하겠다. 그것은 사람의 본성을 제대로 알지 못하여 사람의 본성과 작위의 구분을 잘 살피지 못했기 때문이다.
— 순자, 『荀子』 부분

군주는 자기의 하고자 하는 것을 보이지 말 것이니 하고자 하는 바를 보이면 신하들이 장차 꾸밀 것이다. 군주는 그 의사를 보이지 말 것이니 의사를 보이면, 신하들이 장차 특이하게 표시할 것이다.
— 한비자, 『韓非子』 부분

철학자는 모든 것을 다 할 수 있으며, 마음만 먹으면 많은 돈도 벌 수 있다.
— 탈레스



인간은 악한 존재다
— 비아스



착하고 정의롭게 살면 부자로 태어날 수 있고, 못된 짓만 하면 짐승으로 태어나게 된다.
— 피타고라스



투쟁은 만물의 아버지이다.
— 헤라클레이토스



이 세상의 근본물질은 원자이다.
— 데모크리토스



사람이 만물의 척도이다
— 프로타고라스

너 자신을 알라!
— 소크라테스, 『플라톤의 대화』 부분


제가 패소한 것은 말의 부족 때문이 아니고, 후안무치의 부족 때문이기도 하지요.
— 소크라테스, 『플라톤의 대화』 부분


오오 크리톤, 우리는 그저 사는 것을 가장 소중히 여길 것이 아니라, 잘 사는 것을 가장 소중히 여겨야 하네.
— 소크라테스, 『플라톤의 대화』 부분


한 나라는 최소의 사람들의 지식으로 유지되네. 지식(지혜)의 소유자가 적은 것은 당연하네.
— 플라톤, 『국가』 부분


우수한 자는 우수한 자와 결합하고, 열등한 자는 열등한 자와 결합해야 하네. 우리가 국민들을 가장 이상적인 상태로 끌어 올리려면 전자의 자손만을 양육하고, 후자의 자손들은 양육해서는 안 된다는 원칙이 우리들 사이에는 정해져 있지 않으면 안 되네.
— 플라톤, 『국가』 부분

철학자들이 왕이 되어 통치를 하든지, 왕이 철학을 공부하여 통치를 하지 않는 한 우리들의 이상국가는 결코 실현되지 않을 것일세. 정치권력과 철학의 정신이 일체가 되어 수많은 국민들을 인도하지 않는 한, 현재의 나쁜 관행과 관습들은 결코 고쳐지지 않을 것이네.
— 플라톤, 『국가』 부분


호탕한 사람은 예술가와도 같다.
— 아리스토텔레스, 『니코마코스 윤리학』 부분


노예는 생명 있는 도구요, 도구는 생명 없는 노예이다. 그러므로 노예와의 친애는 있을 수가 없다.
— 아리스토텔레스, 『니코마코스 윤리학』 부분


사실 인간은 사회적 동물이요, 그 본성이 남과 함께 살도록 되어 있다. 그러므로 행복한 사람도 다른 사람들과 함께 사는 것이다.
— 아리스토텔레스, 『니코마코스 윤리학』 부분


국가는 가족이나 개인보다 앞서는 것이다.
— 아리스토텔레스, 『정치학』 부분

교육을 받은 사람과 교육을 받지 않은 사람과의 차이는 산 사람과 죽은 사람과의 차이만큼이나 크다.
— 아리스토텔레스


나는 이 작은 아테네를 크고 위대한 나라로 만들거야.
— 테미스토클레스, 『플루타크 영웅전』 부분


내 꿈은 세계 통일이오. 먼저 그리스를 통일한 후, 페르시아를 비롯한 아시아와 아프리카를 평정할 것이오. 세계가 모두 내 것인데, 어찌 내가 가진 것이 없소?
— 알렉산더, 『플루타크 영웅전』 부분


나는 승리를 훔치지 않는다.
— 알렉산더, 『플루타크 영웅전』 부분


알프스 산을 넘어가자. 로마 군도 우리가 저 험한 알프스 산맥을 넘으리라고는 꿈에도 생각하지 못할 것이다.
— 한니발, 『플루타크 영웅전』 부분


왔노라, 보았노라, 이겼노라!
— 카이사르, 『플루타크 영웅전』 부분

부르터스! 그대는 지금 잠을 자고 있는가?
— 부르터스, 「플루타크 영웅전」 부분


우리가 살아 있는 동안 죽음이란 없고, 죽음이 찾아오면 우리는 존재하지 않는다.
— 에피쿠로스


사람은 세 개의 이름을 갖는다. 태어났을 때 부모가 붙여주는 이름, 친구들이 우정을 담아 부르는 이름, 그리고 자기 생애가 끝날 때까지 획득하는 명성, 이 세 가지이다.
— 마빈 토케어 편, 「탈무드」 부분


어떤 사람은 젊은데 늙었고, 어떤 사람은 늙었어도 젊다.
— 마빈 토케어 편, 「탈무드」 부분


죄는 미워하되, 사람은 미워하지 말라.
— 마빈 토케어 편, 「탈무드」 부분


진리는 하나이되, 현자들은 이것을 여러 이름으로 부른다.
— 「리그 베다」 부분

# 서 문

 지혜란 무엇인가? 지혜란 이 세상의 사물의 이치를 제대로 깨닫고, 그것을 통해서 자기 자신의 행복을 연주해나갈 수 있는 우리 인간들의 지적 능력을 말한다. 지혜란 이 세상의 삶의 등불이며, 우리 인간들은 이 등불이 없으면 그야말로 눈 먼 장님의 신세를 면하지 못하게 될 것이다. 우리는 지혜가 있기 때문에 이 세상의 어둠을 걷어내고, 제 아무리 어렵고 힘든 장애물이라고 하더라도 그 장애물을 극복해낼 수가 있는 것이다.

 앎은 지혜가 되고, 지혜는 등불이 된다. 지혜는 용기가 되고, 용기는 천하무적의 영웅을 탄생시킨다. 모든 교육은 이 지혜를 얻기 위한 입문의례과정에 지나지 않으며, 이 지혜를 창출해낸 자만이 그 사회적 지위가 인신人神의 위치로까지 상승할 수가 있는 것이다. 이 '지혜싸움의 대투쟁', 즉, '최고급의 인식의 제전'에서 승리한 자만이 모든 인류의 스승이 될 수가 있고, 최고급의 문화를 창출해낼 수가 있는 것이다. 문화선진국이란 공자, 맹자, 노자, 장자, 소크라테스, 플라톤, 아리스토텔레스, 부처, 예수와도 같은 인류의 스승을 배출해낸 국가를 말하며, 이 '지혜싸움의 대투쟁', 즉, '최고급의 인식의 제전'에서 승리한 국가를 말한다.

자원부국이든, 자원빈국이든간에, 이 최고급의 인식의 제전에서 패배를 하면, 그 어떤 학자나 그가 소속된 국가는 그 미래의 희망을 창출해낼 수가 없게 된다. 안다는 것은 새로운 사물과 새로운 세계를 얻었다는 것을 말하고, 새로운 사물과 새로운 세계를 얻었다는 것은 그가 마치, 종족의 창시자처럼 언어의 기원을 향유하게 되었다는 것을 말한다. 아버지가 그의 아들의 이름을 명명하듯이, 이 명명의 힘을 통해서만이, 그는 모든 인류의 스승으로서의 그 존재 가치가 입증되고 있는 것이다. 유교사상의 창시자인 공자, 무위사상의 창시자인 노자, 이상국가를 창조해낸 소크라테스, 니코마코스의 윤리학의 창시자인 아리스토텔레스, 수성론水性論의 창시자인 탈레스, 원자론原子論의 창시자인 데모크리토스, 최초로 철학의 개념을 명명한 헤라클레이토스, 기독교 사상의 창시자인 예수, 불교사상의 창시자인 부처 등이 바로 그것을 증명해준다.

 명명의 힘이란 어떤 사건과 사물에 이름을 부여하는 것을 말하고, 이론이란 이 개념을 통하여 어떤 진리를 드러내는 것을 말하고, 사상이란 이 개념과 이론들을 종합하여 우리 인간들을 새로운 이상낙원으로 인도하여 주는 것을 말한다. 사상과 이론의 창시자가 되지 못하면 그는 이 세상의 어중이―떠중이에 지나지 않으며, 세계적인 사상계에 그 어떠한 명함도 내밀지 못하는 판단력의 어릿광대에 지나지 않게 된다.

내가 『이 세상에서 가장 아름다운 명문장들』, 『반경환 명시감상』, 『반경환 명구산책』에 이어서 이 『반경환 명언집』을 기획한 까닭이 바로 여기에 있었던 것이다. 나는 공자, 맹자, 노자, 장자, 소크라테스, 플라톤, 아리스토텔레스, 탈무드, 인도사상, 불경 등의 세계적인 사상가들의 명언을 통하여 우리 한국인들을 '사상가와 예술가의 민족', 즉, '고급문화인'으로 인도해가겠다는 나의 꿈을 버릴 수가 없었던 것이다. 동양철학과 서양철학의 행복한 만남이 이 『반경환 명언집』을 통해서 활짝 피어나기를 바랄 뿐이다.

2014년 5월 '애지의 숲'을 거닐면서……

# 차 례

제1부

공자 |  38 · 때때로 배우고 익히면······
42 · 가난하여도 즐겁게 여기고······
44 · 남이 나를 알아주지 못함을 탓하지 말고······
45 · 시, 삼백 편
46 · 나는 십오 세가 되어 학문에 뜻을 두었고······
48 · 이미 배운 것을 익히고 새로운 것을 알면······
50 · 군자는 그릇같은 존재가 아니다
51 · 배우고 생각하지 않으면······
53 · 이단을 행한다면 해로울 뿐이다
54 · 아는 것을 안다고 하고······
56 · 옳은 일을 알고도 행하지 않음은······
57 · 임금을 섬기는데 예를 다하는 것을······
58 · 아침에 도를 들으면 저녁에 죽어도 좋다
59 · 도에 뜻을 두고 있는 사람
60 · 이익에 따라서 행동을 하면······
61 · 벼슬자리가 없음을 근심하지 말고······
62 · 백이伯夷와 숙제叔齊
64 · 너희는 군자의 선비가 되고······
65 · 야인野人과 사인史人
67 · 도를 아는 자는 좋아하는 자만 못하고······
68 · 지혜로운 사람과 어진 사람

|맹자| 
69 • 중용의 덕을 행함이 덕의 극치이다
70 • 묵묵히 기억하며 배움에 있어 싫어하지 않고……
71 • 인자함
72 • 지혜로운 사람은 미혹되지 않고……
73 • 하늘을 즐기는 사람은……
75 • 사랑의 정치
77 • 신하가 자기의 임금을 죽여도 옳습니까?
78 • 호연지기
80 • 남이 하는 말을 안다는 것은……
81 • 백이伯夷와 이윤伊尹, 그리고 공자
83 • 패도霸道와 왕도王道
85 • 사랑의 정치를 시행하면 번영하고……
86 • 차마 다른 사람에게 잔인하게 하지 못하는 마음
88 • 군자
89 • 군자는 전쟁을 하면 반드시 이긴다
90 • 왕이 나를 등용한다면……
91 • 천하의 근본
92 • 무릇 사람은 반드시
93 • 걸桀과 주紂가 천하를 잃은 것은……
94 • 사랑과 정의
95 • 도는 가까운 데에 있는데……

97 · 성실  
98 · 눈동자  
99 · 공손하고 검소한 사람  
100 · 사람들이 말을 쉽게 하는 것은……  
101 · 사람의 병폐  
102 · 위대한 사람  
103 · 청렴, 은혜, 용기를 해치는 것  
104 · 천자天子의 아버지  
105 · 지혜는 기교, 성스러움은 힘  
106 · 친구를 사귀는 것  
107 · 풍년과 흉년  
108 · 사는 것을 버리고 정의를 취하겠다  
109 · 사랑은 인간의 마음이요, 정의는 사람의 길  
110 · 큰 것을 따라가면 대인이 되고……  
111 · 고귀한 것을 원하는 마음은……  
112 · 오곡은 종자 가운데 좋은 것들이다  
113 · 구하면 얻게 되고 버려두면 잃게 된다  
114 · 만물이 나에게 갖추어 있다  
115 · 부끄러워하는 마음이 없어서는 안 된다  
116 · 선비  
117 · 살려주는 길로 백성을 죽이면……

118 · 잘 하는 정치와 잘 하는 가르침
120 · 자기가 하지 않는 것을 남에게 시키지 말고……
122 · 순의 무리와 도척의 무리
123 · 천하에 정도가 행해지면……
124 · 춘추 시대에는 정의의 전쟁은 없었다
125 · 순이 천자가 되어서는……
126 · 옛날에 관문을 만든 것은……
127 · 인자하고 현량한 인물을 신임하지 않으면……
128 · 성인은 백대의 스승이다
129 · 백성이 가장 귀하고……

노자 | 130 · 도道
133 · 조화
134 · 성인의 정치
136 · 도는 만물의 근원
138 · 성인
140 · 최상의 선은 물과 같은 것이다
142 · 하늘의 도
144 · 그릇
146 · 그러므로 성인聖人은……
148 · 가장 훌륭한 임금
150 · 은총도 굴욕도 두렵게 대하라

21

151 • 대도大道가 없어지니……
153 • 학문이란 것을 없애면……
154 • 도를 실천하는 사람은……
156 • 도는 자연의 법칙을 본받는다
157 • 경솔하게 하면 근본을 잃게 되고……
158 • 천하의 인심
159 • 성인은 심한 것, 사치한 것, 교만한 것을 버린다
160 • 도가 아닌 것은 오래가지 못한다
161 • 자신을 아는 사람은……
163 • 부드럽고 약한 것이 모질고 강한 것을 이긴다
164 • 저 박한 예와 허황된 지혜를 버리고……
166 • 하등의 인사가 조소하지 않는 도는……
168 • 도는 無名에 숨어 있다
169 • 강폭한 자는 온당하게 죽을 수 없다
170 • 만족할 줄 아는 만족은 항상 만족한다
171 • 무위無爲의 경지
172 • 이것을 도둑이라 한다
173 • 아는 사람은 말하지 않고……
174 • 나라에 법령이 많을수록 도둑은 많아지게 된다
175 • 그 정치가 순박하고 온후하면……
176 • 큰 나라는 천하의 암컷이다

177・옛날에 도를 실천한 사람
179・세 가지의 보물
180・나를 알면 귀하게 된다
181・성인聖人은 병이 없다
182・큰 원한
184・하늘의 도

장자 |  185・대춘大椿이란 나무
187・요堯임금과 허유許由
189・큰 슬기를 지닌 사람
190・자연은 인류를 낳았고……
191・세상에 모든 사물은 상대적이다
193・도를 밖으로 빛나게 함은……
194・나는 한 마리의 나비였었다
195・庖丁의 칼
198・명예와 지혜는 흉기일 뿐
199・무릇 사람의 언어는 풍랑처럼 위험하여……
200・당신은 사마귀를 본 적이 있소?
201・큰 나무 한 그루
204・물오리와 학
205・백이와 도척, 혹은 군자와 소인
207・과실過失

208 • 천방天放
210 • 성인이 죽으면……
212 • 남의 나라를 훔친 큰 도둑
213 • 인의仁義
214 • 천도天道와 인도人道
215 • 아들이 많으면 근심이 많고……
216 • 최고의 귀貴는……
217 • 고니와 까마귀
218 • 그 용은 바로 노자였다
220 • 사람이 태어나 산다는 것은 근심과 함께 산다는 뜻이며……
222 • 장자의 아내가 죽자……
224 • 생명이란 먼지와 때에 불과한 것
226 • 내가 어찌 군왕 같은 즐거움을 버리고……
227 • 남을 이용하는 사람은 번거로움을 당하고……
228 • 곧게 솟은 나무
229 • 죽음은 생의 시작이거늘……
230 • 어진 사람을 골라 정사를 맡기면……
231 • 재산을 쌓아 놓지 못한 탐욕자는 우울하고……
232 • 그의 성격은 너무 청렴결백하여……
233 • 창피를 모르는 사람이라야 부자가 되고……
234 • 성공하면 임금이 되고 실패하면 하졸이 된다

|  |  |
|---|---|
| | 235 • 소인은 재물을 위해 자기를 버리고…… |
| 묵자 \| | 236 • 식食은 나라의 보배요 |
| | 238 • 온 천하로 하여금 서로 사랑하게 한다면…… |
| 순자 \| | 240 • 군자의 학문과 소인의 학문 |
| | 242 • 선함을 보면…… |
| | 244 • 군자는 가난하여도 뜻이 넓고…… |
| | 246 • 개와 돼지만도 못하다 |
| | 247 • 사랑과 정의의 덕행 |
| | 249 • 정치는 어떻게 하면 됩니까? |
| | 250 • 사람의 본성은 악한 것이니…… |
| | 252 • 스승과 법도의 가르침 |
| | 253 • 그렇지 않다 |
| 한비자 \| | 254 • 사방의 이웃 나라와 제후들이 래조來朝하게 하는 방법 |
| | 256 • 군주의 형제가 군주에게 복종하지 않으면…… |
| | 257 • 군주는…… |
| | 258 • 군주는 가만히 있는 것으로 보배를 삼아…… |
| | 259 • 인애보다는 위엄이 더 잘 복종시키기 때문이다 |

## 제2부

| | |
|---|---|
| 탈레스 │ | 262 • 철학자 |
| 페리안드로스 │ | 264 • 세상에서 가장 아름다운 것은 평온이다. |
| 비아스 │ | 265 • 인간은 악한 존재다 |
| 큘론 │ | 266 • 너 자신을 알라 |
| 클레이오브로스 │ | 267 • 중용이 가장 좋은 것이다 |
| 솔론 │ | 268 • 순명하는 법을 배워라 |
| 아낙시메네스 │ | 269 • 공기는 생명의 입김 |
| 피타고라스 │ | 270 • 착하고 정의롭게 살면…… |
| | 271 • 인간은 세상의 손님 |
| 헤라클레이토스 │ | 272 • 투쟁은 만물의 아버지이다 |
| | 273 • 만물은 유전한다 |
| | 274 • 이 세상의 근본물질은 불 |
| 파르메니데스 │ | 275 • 이 세상에 있는 것은 영원히 있고…… |
| 제논 │ | 276 • 토끼는 거북이를…… |
| 데모크리토스 │ | 277 • 이 세상의 근본물질은 원자 |
| 프로타고라스 │ | 278 • 사람이 만물의 척도 |
| 고르기아스 │ | 280 • 타인을 설득하는 최고의 무기는 말 |
| 소크라테스 │ | 281 • 소크라테스 |
| | 282 • 너 자신을 알라! |
| | 284 • 소크라테스는 청년들을 부패시키고…… |
| | 285 • 여러분, 죽음을 두려워하는 것은…… |

286 • 신은 저를 마치 이 등에처럼……
287 • 후안무치의 부족
288 • 오오 크리톤
290 • 우리가 남에게 무슨 일을 당하건……
291 • 조국
293 • 악법도 법이다
294 • 문예에 힘쓰고 시를 써보아라!
295 • 죽음이 가까이 왔을 때
296 • 모든 물건이 교환될 수 있는 화폐
297 • 만일 산 사람이 죽은 사람으로부터……
298 • 모든 것이 결합되기만 하고……
299 • 아름다움, 선 및……
301 • 철학은 다름아닌 죽음의 연습이 아닌가?
302 • 참으로 학문을 사랑하는 사람들은
303 • 인간의 가장 나쁜 병폐
304 • 참고 견디어라, 나의 마음아!
305 • 만일 죽음으로 모든 것이 끝난다고 하면……
306 • 나는 내가 독약을 마시고 죽으면……
307 • 오오 크리톤, 아스클레피오스에게……
308 • 머리도 플라톤이고, 꼬리도 플라톤

플라톤 | 309 • 통치자의 무보수

311 · 정의는 덕이며 지혜로운 것이고……
312 · 유명한 시인들의 슬픈 노래를 삭제하여……
314 · 거짓말 하는 특권
316 · 미래의 통치자들
317 · 부유함은 사치와 게으름과 공명심을……
318 · 한 나라는 최소의 사람들의 지식으로……
319 · 우수한 자는 우수한 자와 결합하고……
320 · 남자나 여자들이 출산을 할 나이가 지났을 때에는……
321 · 우리들의 아내나 자식들은 공동소유로 하여야 한다
323 · 철학자 왕
328 · 진정한 철학자
329 · 만일 그가 진리를 소유하지 못하면……
330 · 모든 극악무도한 일들은……
331 · 철학을 제대로 가르쳐야……
332 · 철학자는 가장 신적인 존재
333 · 철학자들은 지적인 활동을 선이라고 생각하네

아리스토텔레스 |
334 · 정치학
336 · 젊은 사람은 정치학의 청강자로서는 적합하지 않다
338 · 정치학의 강의를 잘 이해하면서……
339 · 의로운 행위는……
340 · 좋은 국가 체제와 좋지 못한 국가 체제

341 • 중용의 미덕
342 • 우리가 나쁜 일을 하는 것은 쾌락 때문이요
343 • 과도와 부족은 악덕의 특징
344 • 사람이 선하게 되는 길은……
345 • 비이성적인 정념도……
346 • 우리는 쾌락을 주는 것을 선으로서 선택하고……
347 • 불명예를 두려워하는 사람은……
348 • 호탕한 사람은 예술가와도 같다
349 • 긍지가 있는 사람은……
350 • 고귀한 인간들의 특징은……
351 • 정의는 타인의 선
353 • 동등한 사람들이……
354 • 만일 그 목표가 아름다운 것이라면……
355 • 타인을 경멸할 때는……
356 • 우리들의 인생의 총기획자
357 • 변화는 악덕
358 • 명예욕
359 • 노예는 생명 있는 도구
360 • 시인과 시혜자
361 • 시혜자와 피시혜자
362 • 남이 잘 해주는 것을 받는 일에는……

363 • 선한 사람은 자애자가 되어야 하지만……
364 • 인간은 사회적 동물이요
365 • 뜻이 맞는 사람들끼리
366 • 모방자
367 • 비극과 희극
368 • 카타르시스
369 • 시는 역사보다도 더 철학적이고 더 중요하다
371 • 급전과 발견
372 • 네 가지 원인
373 • 국가는 정치공동체
374 • 정치적 동물
375 • 재판은 정치사회의 질서
377 • 국가는 가족이나 개인보다 앞서는 것이다
378 • 재산
379 • 거짓말로 얻을 수 있는 것
380 • 친구
381 • 교육의 뿌리는 쓰고 그 열매는 달다
382 • 교육을 받은 사람과 교육을 받지 않은 사람과의 차이
383 • 스승

**테미스토클레스** | 384 • 나는 이 작은 아테네를……
**데모스테네스** | 385 • 나도 저렇게 위대한 웅변가가 되어야지

|           |                                          |
|-----------|------------------------------------------|
|           | 386 • 정치가의 길                          |
| 알렉산더 \| | 387 • 이런 명마를 몰라보다니……            |
|           | 388 • 알렉산더, 세계의 왕이 되거라         |
|           | 389 • 아버지와 스승                       |
|           | 390 • 당신은 지는 법을 모르는 사람이로군요 |
|           | 391 • 모두들 들으시오                     |
|           | 395 • 내 꿈은 세계 통일이오                |
|           | 396 • 만일 내가 알렉산더가 아니었다면……  |
|           | 398 • 나는 승리를 훔치지 않는다             |
|           | 399 • 알렉산드리아                         |
|           | 403 • 대왕을 독살하려는 자                 |
| 한니발 \|  | 404 • 우리의 적 로마를 물리칠 것입니다      |
|           | 405 • 알프스 산을 넘어가자                 |
|           | 406 • 보라, 로마가 우리 눈앞에 있다         |
|           | 407 • 로마인들이여                         |
| 카이사르 \| | 408 • 주사위는 이미 던져졌다!             |
|           | 409 • 죽은 개는 사람을 물지 못합니다        |
|           | 410 • 왔노라, 보았노라, 이겼노라!           |
| 부르터스 \| | 412 • 부르터스 너마저……                   |
|           | 413 • 나는 로마의 시민입니다                |
|           | 415 • 부르터스! 그대는 지금 잠을 자고 있는가? |

| 에피쿠로스 | 416 • 로마를 위하여 내 목숨이 필요하다면……
418 • 인생의 목표는 쾌락
420 • 쾌락 속에서 살지 않으면……
421 • 우리는 언제나 검소하게 살아야 한다
422 • 우리가 살아 있는 동안 죽음이란 없고……

제3부

**탈무드 |**　426 · 탈무드
　　　　　428 · 학교는 공부하는 곳이 아니다
　　　　　430 · 지식을 쌓지 않는 것은……
　　　　　431 · 만약 당신 주위에 뛰어난 사람이 없다면……
　　　　　432 · 유태인과 학문
　　　　　436 · 마음 속의 법률
　　　　　437 · 선과 악
　　　　　438 · 가장 큰 부자
　　　　　440 · 악마가 인간에게 준 선물
　　　　　442 · 시어머니와 며느리
　　　　　443 · 오늘 죽은 28세의 랍비
　　　　　444 · 여성 상위 시대
　　　　　445 · 희망
　　　　　447 · 유태인을 다스리는 방법
　　　　　449 · 가장 강한 인간
　　　　　450 · 만약 네가 남편을 왕과 같이 존경한다면……
　　　　　452 · 길조吉兆
　　　　　453 · 반성하는 자
　　　　　455 · 안식일
　　　　　457 · 거짓말장이에게 주어지는 최대의 형벌
　　　　　459 · 인간은 20년 걸려 배운 것을……

460 · 사람은 세 개의 이름을 갖는다
461 · 어떤 사람은 젊은 데 늙었고……
462 · 수치심과 자부심
463 · 가장 슬기로운 사람
464 · 강한 사람
466 · 풍족한 사람
467 · 남을 찬미할 수 있는 사람
469 · 진실은 무거운 것이다
470 · 현인
472 · 아내를 고를 때는……
473 · 친구가 화내고 있을 때는……
474 · 만약 친구가 채소를 가지고 있거든……
475 · 당신의 친구가 당신에게 꿀처럼 달콤하더라도……
476 · 여자의 요염한 아름다움
477 · 여자는 자기의 외모를 소중히 여긴다
478 · 불순한 동기에서 시작된 애정
479 · 정열 때문에 결혼하지만……
480 · 술이 머리에 들어가면……
481 · 악마의 술
482 · 포도주와 지혜
483 · 부부의 사랑

484 • 세상에서 가장 행복한 남자
485 • 마음의 병
486 • 아이는 엄하게 꾸짖고……
487 • 부귀는 요새이며, 빈곤은 폐허다.
488 • 섹스는 창조행위이다
489 • 자기를 아는 것이 최대의 지혜이다.
490 • 가난한 집 자식은 찬미받으리라
491 • 학교
492 • 지식이 얕으면 곧 잃어버린다
493 • 악에의 충동
494 • 다른 사람보다 뛰어난 사람
496 • 악에의 충동은 처음엔 몹시 달콤하다
497 • 죄는 미워하되……
498 • 죄는 처음에는 거미줄만큼 가늘다
499 • 죄는 처음에는 손님이다

리그베다 |   500 • 진리는 하나이되……
인도사상사 | 501 • 그대는 브라만이다.
502 • 푸라나 카사파의 도덕부정론
504 • 마칼리 고사알라의 결정론
506 • 아지타의 유물론 唯物論
508 • 산자야의 회의론

|  |  |
|---|---|
|  | 510 • 자이나교의 상대주의 |
| 법구경 | | 514 • 오직 참음으로써 원망은 쉬나니…… |
|  | 516 • 지붕 잇기를 성기게 하면…… |
|  | 517 • 아아, 생사의 밤길은 길고 멀어라 |
|  | 518 • 어리석은 사람의 길동무가 되지 말라 |
|  | 519 • 어리석은 사람 |
|  | 520 • 자기 마음을 스승으로 삼아라 |
|  | 521 • 음욕보다 더한 불길 없고…… |
|  | 522 • 현자 |
|  | 523 • 해서 안 될 일은 행하지 말라 |
| 잡보장경 | | 524 • 참음 |
| 초발심자경문 | | 525 • 지혜로운 자가 배우면…… |
| 숫타니파타 | | 526 • 무소의 뿔처럼 혼자서 가라 |

# 제1부

공자

맹자

노자

장자

묵자

순자

한비자

# 때때로 배우고 익히면……

때때로 배우고 익히면 어찌 기쁘지 않겠는가? 벗이 있어서 먼곳으로부터 찾아오면 어찌 즐겁지 않겠는가? 남이 나를 알아주지 않더라도 노여워하지 않음은 어찌 군자의 도리가 아니겠는가?

— 공자, 『논어論語』 부분

공자(기원전 551년~479년경)는 중국 산동성, 그 옛날 노나라의 한 세도가의 후예로서 태어났지만, 그러나 그가 태어났을 때는 이미 영락한 집안에 지나지 않았다고 한다. 그는 어려서 양친을 여의었고, 10살의 어린 나이로 일을 하지 않으면 안 되었다고 한다. 공자는 영락한 명문세도가의 후예이었지만, 소위 귀족들의 집에서 하인 생활을 하지 않으면 안 되었던 것이다.

하지만, 그러나 공자는 남달리 총명했고, 여러 소관직을 거친 끝에, 자기 자신만의 사상적 업적으로 이 세상에서 가장 찬란하고 위대한 금자탑을 쌓게 되었던 것이다. 모든 교육의 목표는 천재의 생산일 수밖에 없는데, 왜냐하면 천재는 모든 인류의 스승이기 때문이다. 소크라테스, 플라톤, 아리스토텔레스, 공자, 맹자, 장자, 노자 등, 이 스승들의 삶의 지혜가 오늘날까지도 모든 인류들을 먹여 살리고 있다고 해도 지나친 말이 아니다.

　모든 천재는 인류의 스승이다.

　'애지愛知'는 나의 화두이고, '모든 천재는 인류의 스승이다'라는 말은 나의 좌우명이다.

　"때때로 배우고 익히면 어찌 기쁘지 않겠는가? 벗이 있어서 먼곳으로부터 찾아오면 어찌 즐겁지 않겠는가."

　그렇다. 공자 역시도 학문의 즐거움이 몸에 밴 사람이고, 그 학문의 즐거움을 공유할 수 있는 친구가 필요했던 것이다.

　"남이 나를 알아주지 않더라도 노여워하지 않음은 어찌 군자의 도리가 아니겠는가?"

　하지만, 그러나 때때로 참는 것에도 한계가 있고, 나는 이 분노의 정점에서 이 글을 쓰고 있다.

　나는 나의 '낙천주의 사상'을 통하여 우리 한국인들을 '사상가와 예술가의 민족', 즉 '고급문화인'으로 육성하고자 했었다.

　나는 지난 20여 년 동안 이 땅의 표절의 대가들─, 즉, 김현, 김윤식, 유종호, 백낙청, 김우창, 정과리, 이문열, 황석영, 고은, 신경림, 정현종, 황동규, 이성복, 황지우, 박노해, 김용택 등을 그 어느 누구보다도 가장 처절하고 혹독하게 비판을 했지만, 그러나 지극히 불행하게도 단 사람의 친구도, 동지도 얻을 수가 없었던 것이다. 요컨대 나와 가장 가깝게 지내고 있는 사람들조차도 모조리 침묵─침묵하는 자도 표절을 찬양하는 자에 지나지 않는다─하고 있을 뿐, 나는 영원한 이단자이고, 소위 어릿광대의 삶을 살아가지 않으면 안 되었던 것이다.

나는 지난 20여년 동안 대한민국 최초로 낙천주의 사상과 이론을 정립했지만, 그러나 표절의 대가들에 둘러싸여서 끊임없이 표절의 대가들을 찬양하고, 표절의 대가들 앞에서 면종복배를 해야만 하는 수모를 겪지 않으면 안 되었던 것이다.

서울대학교도 표절의 대가들로 구성되어 있고, 대한민국의 국회도 표절의 대가들로 구성되어 있다. 대한민국의 정부도 표절의 대가들로 구성되어 있고, 대한민국의 언론사도 표절의 대가들로 구성되어 있다. 대한민국의 군대도 표절의 대가들로 구성되어 있고, 삼성 그룹의 임원들도 표절의 대가들로 구성되어 있다. 모든 문학상(학술상)은 이 표절의 대가들이 표절을 옹호하는 입장에서, 더욱더 표절을 잘 하라고 주는 상에 지나지 않는다.

대한민국의 국시國是는 표절이며, 표절을 하지 않으면 어느 누구도 출세를 할 수가 없다.

하지만, 그러나 이 표절의 대가들이 모든 월계관을 독점하고 있는 한 대한민국은 영원한 노예국가에 지나지 않게 될 것이다.

대한민국의 전시작전권을 미국에게 갖다 바치고, 더욱더 살인, 강도, 강간, 절도, 약탈 등을 잘해주고, 더욱더 대한민국의 민족정신과 주체성을 짓밟아달라고, 대한민국의 대통령이 미군들에게 사정을 하고 있는 것이 바로 그것을 말해준다.

수천 년 동안이나 공자의 사상을 경전으로 섬겨왔던 우리 한국인들—.

하지만, 그러나 학문의 즐거움을 모르는 민족은 영원한 노예의 민족에 지나지 않는다.

# 가난하여도 즐겁게 여기고……

　자공이 공자에게 "가난하여도 아첨하지 않고, 부유하다고 교만하지 않음은 어떠합니까"라고 물었다.
　공자께서 대답하셨다. "옳은 말이다. 그러나 가난하여도 즐겁게 여기고 부유하면서도 예를 좋아하는 사람만은 못한 것이다."
　— 공자, 『논어論語』 부분

　가난한 자들은 자기 스스로 부자들의 노예가 되는 것을 즐겁게 생각하고, 부자들은 언제, 어느 때나 가난한 자들을 개같이 학대하며, 자기 자신들의 교만을 자기 자신들의 미덕으로 삼게 된다.
　가난한 자들은 게으르고 무식하며, 언제, 어느 때나 개같이 학대를 당하면서도 기껏해야 빵 한 조각을 더 얻기 위하여 아첨을 일 삼는 자들에 지나지 않지만, 부자들은 똑똑하고 영리하며, 언제, 어느 때나 자기 자신만의 개성과 독창성으로 새로운 부를 창출해내기에 여념이 없는 것이다.
　가난하여도 아첨하지 않는다는 것은 어부의 정치망에 걸려 들었다가 빠져나오는 것만큼이나 어렵고, 부유하여도 교만하지 않는다는 것은 상어가 맛 좋은 물고기를 사냥하지 않는다는 것만큼이나 어렵다.

가난하여도 즐겁게 여기고, 부유하면서도 예를 좋아하는 사람은 밤하늘의 새로운 별과도 같으며, 우리는 그들을 성자(영웅)라고 부르게 된다.

자기 스스로가 노예의 신분임을 깨닫고 자기 스스로 그 노예의 신분을 극복해낸 공자, 예수, 모세―. 부자로서 죽는 것은 부끄러운 짓이다라고 전재산을 사회에다가 환원한 카네기와 노벨 등―.

공자는 동양은 물론이고, 세계적인 성자이다. 공자의 유교 사상은 천세불변의 영원한 문화유산이다.

우리 한국인들은 이 공자로부터 무엇을 배웠고, 왜, 이 공자를 극복해낼 수 있는 사상가를 단 한 사람도 배출해내지 못했단 말인가?

이 세상에는 자기 스스로 노예의 신분임을 깨닫지 못하고 있는 노예만큼이나 더 불쌍한 사람도 없을 것이다.

# 남이 나를 알아주지 못함을 탓하지 말고……

남이 나를 알아주지 못함을 탓하지 말고, 내가 남을 알지 못함을 탓하라.
— 공자, 『논어論語』 부분

사촌이 땅을 사면 배가 아프고, 친구가 장관이 되면 화가 난다.

아우가 땅을 사도 배가 아프고, 형님이 대학총장이 되어도 화가 난다.

이 상호경쟁적인 욕망은 궁극적으로 권력욕망이고, 이 권력욕망은 모든 인간들을 자기 자신의 충복으로 만들고 싶은 욕망에 지나지 않는다.

권력은 삶의 본능의 옹호이며, 최고의 선이라고 할 수가 있는 것이다.

남이 나를 알아주지 못함을 탓하지 않고, 내가 남을 알지 못함을 탓한다는 것은 낙타가 바늘구멍을 빠져나가는 일만큼이나 더욱더 어려운 일이라고 하지 않을 수가 없다.

사촌이 땅을 사도 축하를 해주어야 하고, 친구가 장관이 되어도 축하를 해주어야 한다. 아우에게도 축하를 주어야 하고, 형님에게도 축하를 해주어야 한다.

내 이웃을 내 몸과 같이 사랑할 때, 비로소 타인의 장점을 배우고, 나의 약점을 고칠 수가 있는 것이다.

어진 현자의 길이 멀리 있는 것은 아니다.

# 시, 삼백 편

시, 삼백 편은 한 마디로 말해서 사악한 생각은 하나도 들어있지 않다.
— 공자, 『논어論語』 부분

시는 이 세상의 삶의 찬가이다.
만일, 시가 없었다면 우리 인간들은 이미 멸종된 동물들에 지나지 않았을 것이다.
시는 인간의 위로, 인간 찬양의 최고급의 예술인 것이다.
시에는 사악한 생각이 하나도 없다.
오오, 사무사思無邪여!!

# 나는 십오 세가 되어 학문에 뜻을 두었고……

나는 십오 세가 되어 학문에 뜻을 두었고, 삼십 세가 되어서는 모든 것의 기초를 세웠다. 사십 세가 되어서는 사물의 이치에 대하여 의문이 나는 점이 없었고, 오십 세가 되어서는 천명을 알았다. 육십 세가 되어서는 남의 말을 순순히 받아들일 수가 있게 되었고, 칠십 세에 가서는 그 무엇을 행하여도 어긋나지 않게 되었다.

— 공자, 『논어論語』 부분

공자는 노나라의 명문세도가의 후예이었지만, 그러나 그의 어린 시절은 너무나도 처절하고 끔찍했을 만큼 불우했던 것이다. 나 역시도 중학교로 진학하지 못했고, 자그만 상점종업원으로부터 사회생활을 시작한 바가 있었다.

조실부모했던 공자, 부잣집 하인에 불과했던 공자, 서당개가 풍월을 읊듯이 주경야독으로 공부를 했던 공자 —.

그 옛날의 15세는 결혼을 해서 가정을 꾸려나가야 할 성년의 나이에 해당되었고, 따라서 이 공자 역시도 너무나도 때늦은 15세 때에 학문에 뜻을 두게 되었던 것이다.

하지만 그는 30세가 되어서 모든 것의 기초를 세웠고, 사십 세가 되어서는 사물의 이치에 대하여 의문이 나는 점이 없게 되었다. "아는 것은 좋아하는 것만 못하고, 좋아하는 것은 즐기는 것만큼 못하다." 공자는 이 학문의 즐거움으로 오십 세가 되어서는 천명을 알았고, 60세가 되어서는 그 모든 말들을 다 들어줄 수가 있는 성자가 되었다. 그리고 그의 나이 70세 때―대략 72세에 죽었으니까―에는 그 무엇을 행하여도 어느 것 하나 잘못됨이 없는 성자의 반열로 올라설 수가 있었던 것이다.

학문에 대한 사랑없이는 지혜를 얻을 수가 없고, 이 지혜를 얻는 자만이 모든 인류의 스승이 될 수가 있는 것이다.

오오, 지혜여!

그토록 아름답고 찬란한 지혜여!!

# 이미 배운 것을 익히고 새로운 것을 알면……

이미 배운 것을 익히고 새로운 것을 알면, 가히 남의 스승이 될 수 있느니라.

— 공자, 『논어論語』부분

모든 육상선수들은 그들의 몸에 군더더기가 하나도 없다. 이처럼 군더더기가 하나도 없고 균형이 잘 잡힌 육상선수야말로 세계신기록을 낼 수가 있고, 전인류의 제전인 올림픽에서 우승을 할 수가 있다.

진정한 학자의 정신도 군더더기가 하나도 없다. 진정한 학자는 공부하는 데에 방해가 되는 그 모든 장애물들을 다 제거해버리고, 오직 연구실과 집만을 오고 가게 된다.

좋은 생활의 태도와 좋은 학문연구의 태도에서만이 최선의 결과를 얻을 수가 있는 것이다.

모든 학문의 목표는 사상과 이론의 정립이며, 이 사상과 이론을 정립한 인간만이 노벨상을 받을 수가 있다.

이미 배운 것을 정확하게 알고, 날이면 날마다 새로운 것을 익힌 스승만이 사상과 이론을 정립할 수가 있는 것이다.

우리 학자들은 영원한 불량 청소년이며, 그 성장이 멈춘 어릿광대에 지나지 않는다.

중국의 채찍, 몽고의 채찍, 일본의 채찍, 미국의 채찍을 맞으면서도 아직도 제 정신을 차리지 못하고 있는 우리 학자들이여!

이제는 제발 하루바삐 그대들의 좀도둑질(표절)을 버리고, 그 노예의 사슬을 끊어버릴 때도 되지 않았는가?

# 군자는 그릇같은 존재가 아니다

군자는 그릇같은 존재가 아니다.
— 공자, 『논어論語』 부분

군자(성자)는 그 어떤 그릇으로도 설명할 수가 없다.
군자는 자유자재롭고 무한하며, 영원불멸의 삶을 살아간다.
우리 한국인들은 공자의 이 말을 제대로 이해할 수가 없었는데, 왜냐하면 너무나도 무식하고, 또 무식했기 때문이었다.

# 배우고 생각하지 않으면……

배우고 생각하지 않으면 오묘한 진리를 이해할 수 없고, 생각하고 배우지 않으면 위태한 사상에 빠지기 쉽다.
— 공자, 『논어論語』 부분

오늘날은 여성 상위 시대이고, 여성이 남성을 지배하는 시대이다.

시댁쪽에 문제가 있어서 이혼하는 것보다는 처갓집의 간섭 때문에 이혼하는 비율이 두 배나 더 높다고 한다.

이제는 어느덧 수천 년 동안이나 지속되어온 남성호주제가 없어진 지도 오래되었다. 친정 부모님의 재산은 물론, 문중의 재산마저도 그 어떠한 차별도 없이 출가외인인 딸들에게도 똑같이 나누어주지 않으면 안 된다. 소위 '딸들의 반란' 때문에 친정 오빠와 동생들과 앙숙이 된 집안도 많이 있고, 그 결과는 사생결단을 방불케 하는 소송전으로 나타나고 있다고 해도 지나친 말이 아니다.

나는 이 '딸들의 반란', 이 '소송전쟁'을 바라볼 때마다 공자의 이 말씀을 떠올려 본다. "배우고 생각하지 않으면 오묘한 진리를 이해할 수 없고, 생각하고 배우지 않으면 위태한 사상에 빠지기 쉽다."

이 시대의 지식인 여성들이여!

언제, 어느 때 그 바보와도 같은 눈앞의 이익을 버리고 그 쓸모 없는 소송전쟁을 멈출 것이란 말인가?

그대들의 딸들이, 소위 시집간 딸들이, 바로 당신의 아들들에게 소송전쟁을 벌인다면 당신도 더욱더 더럽게 기분이 나쁠 것이 아닌가?

소위 병역가산점 문제도 마찬가지이다.

당신의 아들이 가장 중요한 시기에 군대를 갔고, 그 공백기 때문에 불이익을 당한다면 당신들 역시도 더욱더 더럽게 기분이 나쁠 것이 아닌가?

나는 이 땅의 페미니스트들을 그들의 재산과 함께, 딸들이 시집을 갈 때 지참금이나 혼수용품으로 가져갔으면 더 좋겠다고 생각한다.

배우고 생각하지 않으면 여성주의의 참뜻을 이해할 수가 없고, 생각하고 배우지 않으면 여성주의에 함몰되어 무조건 남성들을 적대시 하고 여성 우월주의를 과시하게 된다.

# 이단을 행한다면 해로울 뿐이다

이단을 행한다면 해로울 뿐이다.
— 공자, 『논어論語』 부분

부처도 이단자였고, 예수도 이단자였다. 갈릴레오도 이단자였고, 마틴 루터도 이단자였다.

소위 이단자와 성자는 동일한 인물의 두 얼굴에 지나지 않는다.

이단자를 죄악시 하는 자는 더 이상의 자기 발전이 없는 시대착오적인 인물에 지나지 않는다.

공자는 매우 답답하고 구태의연한 보수주의자에 지나지 않았던 것이다.

# 아는 것을 안다고 하고……

아는 것을 안다고 하고, 모르는 것을 모른다고 하는 것이 진실로 아는 것이다.
— 공자, 『논어論語』부분

소위 스승의 덕목은 아는 것을 안다고 하는 것이고, 모르는 것을 모른다고 하는 것이다. 소크라테스와 공자는 이 점 때문에 다같이 모든 인류의 스승이 될 수가 있었던 것이다.

우리 학자들은 모르는 것을 안다고 끝까지 우기고, 그 모름을 끝까지 추궁해 들어가면 더 이상 학점을 주지 않거나 소위 한국의 학계에서 매장을 시켜버리게 된다. 교수 임용의 첫 번째 조건은 인간성이고, 이 인간성의 기준은 무조건 복종하는 것이다. 대한민국의 학계에서는 결코 세계적인 석학이 나올 수가 없다.

대한민국 학계의 법칙은 마피아의 법칙이고, 마피아의 법칙은 거세의 법칙이다. 일본과 중국에서는 해마다 연례행사처럼 노벨상 수상의 축하쇼가 펼쳐지지만, 우리 학자들은 여전히 나는 모르는 일이 된다. 왜냐하면 입시지옥에서 우리 학자들의 밥벌이가 보장되고, 마피아 법칙에 의해서 우리 학자들의 권력이 그 빛을 발하게 되기 때문이다.

# 옳은 일을 알고도 행하지 않음은……

옳은 일을 알고도 행하지 않음은 용기가 없는 것이다.
— 공자, 『논어論語』부분

나는 지난 20여년 동안 대한민국의 표절의 대가들을 모조리 비판했고, 그 결과, 내 이름 자체가 금기의 대상이 되고 말았다.

적반하장의 예법이 판을 치고, 우리 한국인들은 이 적반하장의 예법 앞에서 철두철미하게 학문적으로 거세를 당했다.

옳은 일을 알고도 하지 않는 것이 진실로 잘 먹고 잘 사는 지름길인 것이다.

일본인은 용기가 있지만, 우리 한국인들은 용기가 없다.

오늘도 우리 한국인들은 일본인을 물어뜯고, 또 물어뜯고 있지만, 일본인들은 우리 한국인들을 다만 개나 돼지처럼 취급하고 있을 뿐인 것이다.

우리 한국인들이 진정으로 일본인을 비판하려면 일본인보다도 열 배나 스무 배쯤은 더 높은 도덕성과 그 우월한 문화를 갖고 있어야만 하는 것이다.

# 임금을 섬기는데 예를 다하는 것을……

임금을 섬기는데 예를 다하는 것을 다른 사람은 아첨이라 하는구나.
― 공자, 『논어論語』 부분

그 옛날에는 임금은 하나님의 아들(천자)이었고, 따라서 예수처럼 신과도 같은 존재였다. 모든 신하와 국민들은 임금의 말이라면 그 무엇이든지 절대적으로 복종을 하지 않으면 안 되었고, 임금은 모든 신하와 국민들에 대한 생사여탈권을 움켜쥐고 있었다.

임금은 어느 사람을 죽일 수도 있었고, 살릴 수도 있었다. 하지만, 그러나 이 임금의 절대적인 권력은 그가 하나님의 아들이었기 때문이 아니라, 상승장군으로서 천하무적의 용사였기 때문에 움켜쥘 수가 있었던 것이다.

임금은 국가였고, 국가는 임금이었다. 하지만, 그러나 오늘날은 법치국가이고, 절대권력을 움켜쥔 자는 모든 국민의 충복이자 대리인에 지나지 않는다. 임금에 대한 충성을, 혹은 대통령에 대한 충성을 국가에 대한 충성으로 착각하고 있는 자들이 아직도 엄청나게 많이 있다. 바로 이러한 자들이 절대권력에 아첨하는 자들이며, 한 나라의 국기를 문란하게 하는 모리배라고 할 수가 있는 것이다.

# 아침에 도를 들으면 저녁에 죽어도 좋다

아침에 도를 들으면 저녁에 죽어도 좋다.
— 공자, 『논어論語』 부분

도道는 성자聖者의 길이고 입신入神의 길이다.

성자가 되고, 전지전능한 신이 되는 길이라면, 더 이상 그 무엇을 바랄 필요도 없다.

좀 더 오래 살거나 좀 더 짧게 살거나 아무런 문제도 되지를 않는다.

# 도에 뜻을 두고 있는 사람

도에 뜻을 두고 있는 사람이라도 남루한 의복과 맛이 없는 음식을 먹는 것을 수치로 여기는 자라면, 함께 이야기를 나누기에 족하지 않다.
— 공자, 『논어論語』 부분

우리가 고귀하고 거룩한 꿈을 갖고 있다면 그 어떤 악의악식惡衣惡食마저도 두려워하지 않게 된다.

나쁜 옷과 나쁜 음식을 진실로 두려워한다면 우리는 결코 순교자가 될 수가 없다.

부처도 순교자였고, 예수도 순교자였다. 공자도 순교자였고, 소크라테스도 순교자였다. 지구는 돈다라고 외쳤던 갈릴레오도 순교자였고, 면죄부를 팔지 말라고 외쳤던 마틴 루터도 순교자였다.

악의악식은 더없이 아름답고 풍요로운 성자의 모태였던 것이다.

# 이익에 따라서 행동을 하면……

이익에 따라서 행동을 하면 많은 원망을 듣게 된다.
— 공자, 『논어論語』 부분

정치학자도, 철학자도, 경제학자도, 종교학자도, 사회학자도, 인류학자도, 심리학자도, 심지어는 그 어느 분야의 전문가도 인간 전체의 이익을 말하지, 사적인 개인의 이익을 말하지는 않는다.

구두쇠는 자기 자신의 이익만을 생각하고, 진정한 성자는 전체의 이익만을 생각한다.

# 벼슬자리가 없음을 근심하지 말고……

벼슬자리가 없음을 근심하지 말고, 벼슬자리에 설 능력이 없음을 근심할 것이며, 자기가 남에게 알려지지 않음을 근심하지 말고 내가 남에게 알려질 능력을 구해야 한다.

— 공자, 『논어論語』 부분

정치인은, 고위 공직자는, 우리 학자들은 소위 최소한도의 재산만 있으면 되고, 그 모든 재산을 다 포기하지 않으면 안 된다.

소위 사회와 국가에 봉사하고자 하는 인간들이 사유재산을 탐내게 되면, 그 사회는 더없이 혼탁해져서, 마치 대한민국처럼 부정부패의 공화국이 될 것이다.

순수하고 티없이 맑은 인간만이 벼슬자리가 없음을 탓하지 않고, 자기 자신이 벼슬자리에 설 능력이 없음을 탓하게 된다.

안다는 것은 행동한다는 것이고, 행동한다는 것은 그 앎을 실천한다는 것이다.

# 백이伯夷와 숙제叔齊

백이伯夷와 숙제叔齊는 오래된 악惡을 마음에 두지 않았고, 이것으로 원망怨望이 드물었다.

— 공자, 『논어論語』에서

백이와 숙제는 공자가 살아 있을 당시에 '수절파守節派'로 유명한 전설적인 인물이었다고 한다. 백이와 숙제는 고죽孤竹이라는 나라의 왕자였지만, 그들의 아버지(父王)가 돌아가신 후 서로서로 왕위를 양보하려고 주나라로 간 적이 있었다고 한다. 그후 주나라의 무왕이 은나라의 주왕을 치려는 기미를 알아채고, 무왕에게 그러지 말 것을 간청하였지만, 천하는 주나라의 차지가 되고 말았다고 한다. 따라서 백이와 숙제는 주나라의 곡식을 먹는 것을 부끄럽게 생각하고, 수양산에 숨어살면서 초근목피로 연명을 하다가 끝끝내는 굶어죽었다고 한다.

백이와 숙제는 공자보다도 500년이나 더 앞서서 생존했던 인물들이었고, 청렴과 결백의 상징적인 인물들이었다고 할 수가 있다.

어떠한 재앙마저도 돌부리에 걸려 넘어진 것으로 생각하는 것, 그 모든 불운마저도 사소하고 또 사소한 것으로 치부하는 것, 요컨대 백이와 숙제처럼 모든 욕망을 다 비운다면 진정으로 아름답고 행복한 삶을 영위하게 될 것이다.

# 너희는 군자의 선비가 되고……

공자께서 말씀하시기를, "너희는 군자의 선비가 되고, 소인의 선비는 되지 말아라."
― 공자, 『논어論語』 부분

군자는 전체의 이익과 국민의 명예를 생각하지만, 소인은 자기 자신의 이익과 자기 자신의 명예만을 생각한다.
군자의 길은 이상적인 국가의 길이고, 소인의 길은 사색당쟁과 이전투구의 길이다.

# 야인野人과 사인史人

실질實質이 문식文飾을 이기면 야인野人이요, 문식이 실질을 이기면 사인史人이며, 문식과 실질이 함께 빛나면 바로 군자이니라.

— 공자, 『논어論語』 부분

어떤 사람이 그가 소속된 동료들보다 더욱더 뛰어나다면 그는 그 동료들부터 소위 '왕따'를 당하고 자기 자신만의 외롭고 고독한 야인野人의 길을 걸어가지 않으면 안 된다. 그의 뛰어남은 새로운 영웅 탄생의 전조이며, 그는 예수처럼, 부처처럼, 또는 마호메트처럼 그토록 길고 오랜 세월 동안 초근목피로 연명하며 최악의 삶을 살아가지 않으면 안 된다.

어떤 사람이 그가 소속된 동료들로부터 전폭적인 사랑을 받고 있다면 그의 실력은 평균 이하이며, 그 모자람 때문에 만인들의 사랑을 받을 수가 있는 것이다. 그의 모자람은 겸손함과 친절함이라는 미덕으로 과대포장되고, 그 모자람의 위계는 더욱더 간사하고 교활하게 권력의 꽃으로 피어나게 된다. 모든 세도가와 출세지향적인 인간들은 이러한 사인史人들이며, 이 사인들은 좀 더 나쁘게 말한다면 간신과 모리배, 또는 박근혜와도 같은 수준 미달의 대통령을 말하게 된다.

나와도 같은 野人이 史人이 될 때, 우리 대한민국은 고급문화인으로서 진정한 새역사의 첫날이 밝아오게 될 것이다.

# 도를 아는 자는 좋아하는 자만 못하고……

   도를 아는 자는 좋아하는 자만 못하고, 좋아하는 자는 즐기는 자만 못하다.
― 공자, 『논어論語』 부분

도의 궁극적인 목표는 이상적인 군자(도인―성자)의 길과 그 군자가 살고 있는 이상적인 낙원이라고 할 수가 있다.

아는 자는 실천하지 않아도 되지만, 좋아하는 자는 실천하지 않으면 안 된다. 좋아하는 자는 단지 한 사람의 학자의 길을 가도 되지만, 도를 즐기는 사람은 그 즐거움을 만인들의 즐거움으로 승화시켜놓지 않으면 안 된다.

이러한 도의 즐거움이 에덴동산과 극락의 세계를 창조하게 되는 것이다.

# 지혜로운 사람과 어진 사람

　지혜로운 사람은 물을 좋아하고, 어진 사람은 산을 좋아한다. 지혜로운 사람은 움직이나 어진 사람은 고요하다. 지혜로운 사람은 즐겁게 살고, 어진 사람은 오래 산다.
　— 공자, 『논어論語』 부분

지혜로운 사람은 산을 좋아하고, 어진 사람은 물을 좋아한다. 지혜로운 사람은 고요하나 어진 사람은 움직인다. 지혜로운 사람은 오래 살고, 어진 사람은 즐겁게 산다.
　지혜로운 사람과 어진 사람에 대한 공자의 평가와 구분은 지나치게 자의적이며, 편의적일 수밖에 없는 것이다.
　나는 지혜로운 사람과 어진 사람이 하나가 될 때, 그가 진정한 공자일 수가 있다고 생각한다.
　우리가 알고 있는 공자는 다만, 환영이며, 그의 제자들과 후세 사람들이 조작해낸 가공의 인물에 지나지 않는다.

# 중용의 덕을 행함이 덕의 극치이다

중용의 덕을 행함이 덕의 극치이다. 그런데도 이를 행하는 백성이 적은 지 오래이다.
— 공자, 『논어論語』부분

때때로 중용은 최고의 선일 수도 있지만, 때때로 중용은 최고의 악일 수도 있다.

중용주의자는 진보주의자와 보수주의자와의 싸움에서 그 싸움을 종식시킬 수도 있지만, 그러나 그들의 싸움을 더욱더 격렬하게 가속화시킬 수도 있다.

나는 중용의 미덕을 혐오한다.

중용주의자는 자기 자신의 앎으로 실천하지 않고, 사사건건 타인의 말을 듣고 타인의 말에 면종복배를 하게 된다.

# 묵묵히 기억하며 배움에 있어 싫어하지 않고……

묵묵히 기억하며 배움에 있어 싫어하지 않고, 다른 사람을 가르치는 것을 게을리 하지 않는다.
— 공자, 『논어論語』 부분

모르면서 배우려고 하지 않는 것도 죄악이고, 알면서도 가르쳐 주지 않는 것도 죄악이다.
모든 학생은 선생이 되어야 하고, 모든 선생은 학생이 되어야 한다.
이 학생의 길과 선생의 길이 곧 우리 인간들의 삶의 길인 것이다
나는 끝끝내 학생으로서 죽을 것이다.
나는 끝끝내 선생으로서 죽을 것이다.
이처럼 공부를 하고 글을 쓰면서……

# 인자함

인자함이 멀리 있는 것이 아니다. 내가 인자하고자 하면 곧 인자함에 이르는 것이다.
— 공자, 『논어論語』 부분

권력이나 부의 세습은 전근대적인 악의 축이며, 그가 소속된 사회의 암적인 종양이라고 할 수가 있다.

혁명이나 내란은 권력과 부의 순환이 제대로 이루어지지 않을 때, 그 나라의 국민들의 원망에 의해서 일어나게 된다.

"부자로서 죽는 것은 부끄러운 일이다"라는 말의 참뜻을 이해하고, 정주영이나 이병철이 그들의 전재산을 사회에다가 환원하였다면 그들은 대한민국의 '국부國父'가 되었을 것이다.

정주영과 이병철의 못남이 국부 대신, 천민 자본주의와 졸부의 씨앗이 되고 말았던 것이다.

아아, 정주영과 이병철이 자기 자신의 아들과 딸보다는 대한민국이라는 국가와 민족을 더욱더 사랑했었더라면 좋았을 것을……

아아, 인자함은 멀리 있는 것이 아니다.

# 지혜로운 사람은 미혹되지 않고……

지혜로운 사람은 미혹되지 않고, 어진 사람은 근심하지 않고, 용기가 있는 사람은 두려워하지 않는다.
— 공자, 『논어論語』 부분

지혜로운 사람은 어진 사람이고, 어진 사람은 용기가 있는 사람이다.

지혜로운 사람은 공부하고, 또 공부하는 사람이며, 그 앎(지혜)을 통하여 하늘이 무너져내려도 두 눈 하나 껌뻑하지 않을 만큼 분명한 목적을 가진 사람이다.

지혜로운 사람은 늘 국가와 민족을 생각하는 사람이며, 크고 작은 근심 속에 살아가지만, 그러나 그 근심마저도 즐거움과 기쁨으로 향유할 줄 아는 사람이다.

지혜로운 사람은 실천하는 사람이며, 자기 스스로 자기 자신만의 십자가를 짊어지고 다니는 사람이다.

모든 순교자는 용기 있는 사람이었던 것이다.

# 하늘을 즐기는 사람은……

큰 것으로써 작은 것을 섬기는 것은 하늘을 즐기는 것이고, 작은 것으로써 큰 것을 섬기는 것은 하늘을 두려워하는 것이오. 하늘을 즐기는 사람은 천하를 보호하고, 하늘을 두려워하는 사람은 그 나라를 보호할 수 있소. 詩에도 "하늘을 두려워하는 위엄으로 나라를 편안하게 하도다"라고 노래하였소.

— 맹자, 『孟子』부분

맹자(기원전 372?~289?년경)는 중국 산동성에서 태어났다고 하지만, 그러나 그의 생몰연대를 알 수가 없는 만큼, 그가 실제의 인물이었는지는 정확하게 알 수가 없다. 맹자는 일찍이 아버지를 잃고 어렵고 힘든 가운데서 성장을 했고, 그의 어머니는 맹자의 교육을 위하여 세 번씩이나 이사를 했던 어머니였다고 한다(맹모삼천지교孟母三遷之敎).

맹자의 사상을 담고 있는 『孟子』는 후세에 그의 제자들이 편찬한 책이지만, 『논어』, 『대학』, 『중용』과 더불어 '사서四書'의 하나로서 조선시대의 사유 체계에도 엄청난 영향을 끼쳤다고 하지 않을 수가 없다. 맹자는 인간의 본성은 본디 착하다는 성선설의 주창자이며, 남을 불쌍히 여기는 측은지심惻隱之心, 자신의 옳지 못한 행실을 부끄러워하고 남의 옳지 못한 행실을 미워하는 수오지심羞惡之心, 겸손하여 타인에게 양보하는 마음인 사양지심辭讓之心, 잘잘못을 분별할 줄 아는 시비지심是非之心 등, 이 4가지 마음(사단四端)을 역설하기도 했었다. 측은지심은 인仁의 단에 해당되고, 수오지심은 의義의 단에 해당된다. 사양지심은 예禮의 단에 해당되고, 시비지심은 지智의 단에 해당된다.

맹자는 공자의 유교 사상을 공자의 손자인 자사子思의 문하생에게서 배웠다고 하지만, 맹자는 이 유교사상을 더욱더 발전시킨 유교 사상의 대가라고 하지 않을 수가 없다.

부처와 예수는 큰 것으로써 작은 것을 섬긴 신과도 같은 사람들이고, 그밖의 어진 임금님들은 작은 것으로써 큰 것을 섬긴 임금님들이다. 부처와 예수는 하늘을 즐기며 천하를 보호했고, 그밖의 어진 임금님들은 하늘을 두려워하는 마음으로 그 나라를 보호했다.

세종대왕은 대한민국의 역사상 가장 위대한 임금님이며, 세종대왕은 하늘을 즐기며 천하를 보호하려고 했었다. 세종대왕의 한글창제는 한자문화를 종식시키고 대한제국(조선제국)의 첫걸음이었지만, 그러나 우리 한국인들은 자기 스스로를 사대주의에 종속시키고, 자기 스스로 자발적으로 노예민족의 삶에서 벗어날 수가 없었던 것이다.

오늘은 10월 9일이고 한글날이지만, 우리 대한민국의 언어는 노예민족의 언어가 되었고, 영어만이 가장 찬란하고 위대한 언어가 되고 있었다. 한글을 사랑하고 한글을 통해서, 하늘을 즐기며 천하를 보호할 수 있는 문화적 영웅은 과연 언제, 어느 때나 탄생할 것이란 말인가?

# 사랑의 정치

늙고 아내 없는 사람을 홀아비라고 하고, 늙고 남편 없는 사람을 과부라고 하고, 늙고 자식 없는 사람을 외로운 사람이라고 하고, 어리고 아비 없는 사람을 고아라고 하오. 이 네 가지의 사람들은 천하의 궁박한 백성들로서 호소할 데 없는 사람들이오. 문왕은 정치를 착수하여 사랑의 정치를 베푸는 데는 반드시 이 네 가지의 사람들을 먼저 돌보았던 것이오. 詩에 "괜찮다, 부유한 사람들은. 이 외로운 사람들이 불쌍하구나"라고 하였소.

— 맹자, 『孟子』 부분

홀아비, 과부, 외로운 사람, 고아—.

살아 있어도 죽은 것이나 다름이 없는 인간들, 이 네 가지의 부류의 인간들은 그 옛날이나 지금이나 너무나도 크나큰 국가의 짐일 수밖에 없는 것이다.

나는 오늘날의 네덜란드와 벨기에처럼, 안락사와 존엄사를 더욱더 적극적으로 확대하여 실시하는 것이 최고의 인도주의의 길이라고 생각한다.

하루바삐 그들의 고통을 덜어주고, 하루바삐 그들을 천국으로 인도해가지 않으면 안 된다.

지구는 더욱더 젊고 건강해져야 하고, 지구는 더욱더 푸르고 울창해지지 않으면 안 된다.

# 신하가 자기의 임금을 죽여도 옳습니까?

    왕이 "신하가 자기의 임금을 죽여도 옳습니까?"하고 묻자, 맹자는 "사랑(仁)을 해치는 자를 흉포하다고 하고, 정의正義를 해치는 자는 잔학하다고 하고, 흉포하고 잔학한 인간을 한 사내라고 하니, 한 사내인 주紂를 죽였다는 말은 들었어도 임금을 살해했다는 말은 듣지 못했소"라고 말하였다.

  — 맹자, 『孟子』 부분

사회적 동물들에게는 위계질서가 그들의 삶의 법칙이며, 이 위계질서가 무너지면 그 어떠한 단체도 존재할 수가 없게 된다.

사랑을 해치는 자와 정의를 해치는 자는 벌을 받아야 하며, 그들의 죄의 정도에 따라서 이 세상의 삶에서 하차를 시키지 않으면 안 된다.

도덕군자인 맹자마저도 폭군 주紂를 한 사내로 격하시키고, 이 세상에서 가장 잔인하고 끔찍한 사형제도를 옹호하고 있지 않던가?

나는 사형제도의 찬양자인데, 왜냐하면 사형제도만이 인간 사회를 더욱더 맑고 아름답게 해주고 있기 때문이다.

사형제도는 울창한 숲을 가꾸기 위한 간벌제도와도 같은 것이다.

# 호연지기

　　호연지기는 지극히 크고 지극히 굳센 것인데, 그것을 곧게 기르면 해로운 것이 없으니, 곧 하늘과 땅 사이에 가득 차게 된다네. 그 기는 정의와 정도에 병행하는 것으로, 이것(정의와 정도)이 없으면 허탈한 것이네.

　― 맹자, 『孟子』 부분

나는 나의 『행복의 깊이』 제2권에서 다음과 같이 역설한 바가 있었다.

　　코페르니쿠스나 갈릴레오의 '지동설'은 '천동설'에 대한 하나의 혁명이며, 인류의 역사상, 가장 비극적이면서도 세계적인 대사건으로 기록되어 있다고 하지 않을 수가 없다. 매우 역설적이기는 하지만, 위대한 비극의 주인공은 최초의 진리의 발견자가 되어야만 하고, 그 진리를 위하여 가장 처절하고 비참하게 죽어가지 않으면 안 된다. 또한 위대한 비극의 주인공은 수많은 박해와 험담과 비방에도 불구하고 최초의 진리의 발견자로서, 혹은 不死의 신으로서 되살아 나오지 않으면 안 된다. 이것이 최초의 진리의 발견자가 치루어 내야 할 입문의례이고, 예수의 부활과도 같은 신들의 기원에 해당되는 역사라고 할 수가 있는 것이다.

떡잎을 보면 그 나무의 미래를 알 수가 있다고 했듯이, 진정으로 고귀하고 위대한 인간은 그 기상이 씩씩하고 넓고 큰 기개를 타고났다고 하지 않을 수가 없다. 그는 모든 인류를 구원하고, 자기 자신의 이익은 단 한 푼도 챙기지를 않는다.

아아, 호연지기여,

우리 한국인들의 호연지기는 다 어디로 갔단 말인가?

# 남이 하는 말을 안다는 것은……

"남이 하는 말을 안다는 것은 무슨 말씀입니까?"

"편파적인 말을 들으면 그 사람의 마음을 가리고 있는 것이 무엇인가를 알고, 음란한 말을 들으면 그 사람이 무엇에 빠져 있나를 알고, 사악한 말을 들으면 그 사람이 누구를 이간시키려는가를 알고, 도피하는 말을 들으면 그 사람이 궁지에 몰려 있는 것을 알지. 이런 말이 그의 마음으로부터 생겨나면 정치를 해치고 이런 말을 정치하는 데 펴면 일을 해친다네. 성인聖人이 다시 나온다면 내 말을 따를 것이네"

— 맹자, 『孟子』 부분

우리는 그 사람의 말을 들으면 그 사람의 마음을 알 수가 있다. 그 사람의 말에는 편파적인 마음, 음란한 마음, 사악한 마음, 도피하고 싶은 마음 등이 다 들어 있고, 그 사람의 말에 따라서 그 사람과의 관계를 맺게 된다.

정치는 언어(대화)의 예술이고, 이 언어의 예술에 의하여 진정으로 고귀하고 위대한 인간이 탄생하고, 그리고 그가 소속된 국가는 더욱더 크고 위대해지게 마련인 것이다.

조지 워싱턴이나 에이브러햄 링컨을 배출해낸 미국처럼—.

# 백이伯夷와 이윤伊尹, 그리고 공자

공손추가 "백이伯夷와 이윤伊尹에 대해서 어떻게 생각하십니까?"하고 묻자, 맹자는 "(처세하는) 방법이 같지 않지. 자기가 옳다고 생각하는 임금이 아니면 섬기지 않고, 자기가 정당하게 맡게 된 백성들이 아니면 부리지 않고, 다스릴 수 있으면 나가고 혼란해지면 물러나는 것이 백이였지. 어느 누구를 섬긴들 임금이 아니겠는가 하고, 다스릴 수 있어도 나아가고, 혼란해도 나아가는 것이 이윤이었네. 벼슬을 살 만하면 벼슬살이를 하고, 그만두어야 할 때가 되면 그만두고, 오래 머물러 있을 만하면 오래 머물러 있고, 빨리 떠나가야 할 때가 되면 빨리 떠나가는 것이 공자이셨네. 모두 옛날의 성인들이지." 공손추가 "백이와 이윤이 공자와 그토록이나 비등합니까?"하고 물었다. "아닐세. 이 세상에 사람이 생겨난 이래로 공자만한 인물은 아직까지 나오지 않았네"라고 말하였다.

— 맹자, 『孟子』 부분

백이는 자기 스스로 왕도의 길을 버리고 수양산에서 초근목피로 연명했던 결벽주의자이며, 이윤은 진흙 속에서 피어난 연꽃과도 같은 현실주의자이고, 공자는 '인仁의 정치'를 숭상하던 이상주의자였다. 백이는 사회적인 부적응자이었고, 공자는 학자일 때가 가장 고귀하고 위대했다. 이윤은 진정한 정치인이지만, 그러나 나는 그에 대한 어떠한 정보도 갖고 있지 않다. 아마도 이윤은 학자도 아니고, 황제도 되지 못한 채, 그저 그렇고 그런 명문 세도가 중의 한 명에 지나지 않았을 것이다.

# 패도覇道와 왕도王道

　힘으로 사랑(仁)을 가장하는 것은 패도覇道이다. 패覇를 칭하려면 반드시 큰 나라를 지니고 있어야 한다. 덕으로 사랑을 행하는 것은 왕도王道이다. 왕도를 시행하는 데는 큰나라이어야만 할 것은 없다. 대왕은 70리로 그것을 해냈고, 문왕은 백리로 그것을 해냈다. 힘으로 다른 사람을 복종시킨다면 그것은 마음 속으로부터 복종하는 것이 아니고 힘으로 감당할 수 없는 것이다. 덕으로 다른 사람을 복종시킨다면, 그것은 마음 속으로부터 기뻐서 정말로 복종하는 것으로 70명의 제자가 공자에게 복종한 것과 같은 것이다.
　― 맹자, 『孟子』 부분

　봉건군주제를 채택하고 있을 때에도 대한민국의 정치는 패도정치였고, 이승만, 박정희, 전두환, 노태우로 이어졌던 대한민국의 정치도 패도정치였다. 법이나 제도로 다스리지 않고 왕이나 독재자의 힘에 의한 패도의 정치가 대한민국의 후진성의 그 좋은 본보기가 되고 있었던 것이다.
　미국은 대내적으로 민주주의를 실시하고, 대외적으로는 힘에 의한 패도정치를 실시한다. 미국내에서 미국의 대통령은 때때로 조롱과 조소의 대상이 되지만, 그러나 미국의 대통령은 이 지구상에서 가장 위대하고 강력한 힘을 가지고 있다.

　스위스, 벨기에, 네덜란드, 덴마크, 노르웨이, 스웨덴, 핀란드, 싱가포르 등은 매우 맑고 투명한 국가이며, 민심과 국력이 가장 잘 결집된 선진국가이다. 소위 그들의 민주정치는 맹자가 말하는 왕도정치며, 모든 국민이 저마다 왕이 되는 그런 민주정치라고 하지 않을 수가 없다. 땅이 작고 인구가 적은 국가일수록 국민소득이 높고, 이상적인 낙원을 건설할 수가 있는 것이다. 하지만, 그러나 이 민주주의 제도에 그 국민들의 자발적인 참여와 자발적인 복종이 없었다면 그들의 국가는 복지국가이기는 커녕, 이 세상에서 가장 더럽고 추악한 불량국가가 되었을 것이다.

　패도정치는 미국의 이익을 세계의 이익으로 강요하고, 소수의 부자들만을 위한 사악한 정치에 지나지 않는다. 오늘날 5,000만 명이 넘는다는 미국의 거지들이 바로그것을 증명해준다.

# 사랑의 정치를 시행하면 번영하고······

   사랑의 정치를 시행하면 번영하고, 사랑의 정치를 시행하지 않으면 치욕을 당하게 된다.
  — 맹자, 『孟子』 부분

이 세상에서 가장 아름다운 말은 '사랑'일 것이다.
  사랑으로 태어나고 사랑으로 밥을 먹는다. 사랑으로 웃고 사랑으로 일을 한다. 사랑 때문에 눈물을 흘리고, 사랑 때문에 이혼을 하고 전쟁을 한다.
  사랑이 없으면 단 하루도, 단 일분, 일초도 견디지 못한다.
  사랑의 나무는 생명의 나무이며, 사랑의 나무에서는 더없이 맛있고 달콤한 오곡백과가 열린다.

# 차마 다른 사람에게 잔인하게 하지 못하는 마음

　사람은 모두 차마 다른 사람에게 잔인하게 하지 못하는 마음이 있다. 선왕들은 차마 다른 사람에게 잔인하게 하지 못하는 마음을 지니고 있었다. 그래서 차마 다른 사람에게 잔인하게 하지 못하는 정치가 있는 것이다. 차마 다른 사람에게 잔인하게 하지 못하는 마음으로 차마 다른 사람에게 잔인하게 하지 못하는 정치를 실시한다면 천하를 다스리는 것은 그것으로 발바닥 위에서 움직이는 것 같이 할 수 있을 것이다.
　— 맹자, 『孟子』 부분

맹자는 동양의 현자이자 소크라테스였다. 그는 소크라테스처럼 '성선설'의 주창자였고, 우리 인간들을 더없이 착하고 선량한 인간들로 인도하고자 했었다. 왜냐하면 우리 인간들이 죄를 짓는 것은 무지하기 때문이고, 이 무지함만을 없애준다면 어느 누구도 죄를 짓지 않을 것이기 때문이었다.
　'차마'는 부끄럽거나 안타까워서 어떤 일을 감히 하지 못하는 것을 말한다. 이 '차마'의 윤리성이 그를 어진 임금(성자)으로 만들고, 우리 인간들의 잔인성을 예방해주는 안전장치로 작동하게 된다.
　"그는 차마 네 돈을 떼어먹지 않을 거야."

"그는 차마 너를 해치지는 않을 거야."

모든 범죄자들이 가장 싫어하고 혐오하는 단어는 '차마'일 것이다. 그들의 사전에는 '차마'라는 단어가 없을 것이다.

# 군자

군자에게는 다른 사람과 함께 선을 행하는 것보다 더 큰 일은 없다.
— 맹자, 『孟子』 부분

모든 도덕은 자기 자신을 희생시키고 타인들을 도와주는 것이다.
군자는 만인들의 목숨을 호주머니에 넣고 다니는 자이며, 이 군자가 선을 행하지 않으면 만인들은 그들의 목숨을 어떻게 달리 해볼 도리가 없는 것이다.
하지만 만인들이 목숨을 잃으면, 혹은 만인들이 모두 떠나면 군자도 존재할 수가 없다.
군자의 목숨도 만인들의 호주머니 속에 있는 것이다.

# 군자는 전쟁을 하면 반드시 이긴다

　도를 얻은 사람은 도와주는 사람이 많고, 도를 잃은 사람은 도와주는 사람이 적다. 도와주는 사람이 가장 적은 경우에는 친척마저 배반하고, 도와주는 사람이 가장 많은 경우에는 온 천하가 순종한다. 군자는 전쟁을 하지 않는 수는 있어도 전쟁을 하면 반드시 이긴다.
　— 맹자, 『孟子』 부분

인간이 신뢰를 잃으면 모든 사람들이 떠나가고, 인간이 신뢰를 얻으면 모든 사람들이 모여든다. 신뢰를 잃은 사람은 부모형제지간의 사랑은 커녕, 자기 자신의 가정마저도 파괴시키게 된다. 그는 신용불량자이며, 가정 파괴범이다.

군자는 최상급의 신용담보자이며, 그는 언제, 어느 때나 백전백승의 상승장군이 될 수 있다.

# 왕이 나를 등용한다면……

　왕이 나를 등용한다면 어찌 제나라의 백성이 편안해질 뿐이겠는가? 천하의 백성들이 모두 편안해질 것이다.
　— 맹자, 『孟子』 부분


　우리 한국인들이 나를 중용해준다면 우리 한국인들은 '사상가와 예술가의 민족', 즉, '고급문화인'이 될 수가 있을 것이다.
　나는 대한민국에서 최초로 사상과 이론을 정립했고, 가장 정교하고 세련된 '천재생산의 교수법'을 지니고 있다.
　나의 교수법으로 우리 어린 아이들이 3~40년 동안 교육을 받으면, 문학, 역사, 철학, 수학, 물리, 화학 등, 그 모든 학문의 분야에서 세계적인 석학들을 배출해내고, 해마다 '노벨상 수상의 축하쇼'로 대미를 장식하게 될 것이다.
　우리 한국인들이 나를 중용해준다면 입시지옥은 말끔히 사라지고, 이 땅의 '표절의 대가들'은 진정한 '사상가와 예술가의 민족'으로 거듭, 다시 태어나게 될 것이다.

# 천하의 근본

사람들이 늘 하는 말이 있는 데, 천하와 국가가 그것이다. 천하의 근본은 나라에 있고, 나라의 근본은 집에 있고, 집의 근본은 몸에 있다.
— 맹자, 『孟子』 부분

천하의 근본은 나라, 나라의 근본의 집, 집의 근본은 나의 몸—.
체력은 국력이다.
우리의 몸은 우리 국가의 재산인 것이다.

# 무릇 사람은 반드시

　무릇 사람은 반드시 스스로 그 자신을 모욕한 후에야 다른 사람이 그를 모욕한다. 한 가문은 반드시 스스로 그 가문을 훼손시킨 후에야 다른 사람이 그 가문을 훼손한다. 나라는 반드시 스스로 그 나라를 친 후에야 다른 나라가 그 나라를 친다. 태갑太甲은 "하늘의 재앙은 피할 수 있으나 자기가 지어 낸 재앙은 피할 수가 없다"라고 하였다.
　― 맹자, 『孟子』부분

　그 여자는 자기 자신의 학력과 출신성분을 속이고 부잣집 아들과 결혼을 했지만, 그러나 곧 그녀의 정략결혼은 들통이 나고 말았다.
　그 여자의 자매들은 모두가 다같이 효녀들이었지만, 친정 아버지가 돌아가시자마자, 그 아버지의 유산을 둘러싸고, 이제는 서로가 서로에게 손톱만큼도 양보할 수 없는 소송전쟁을 하기 시작했다.
　대한민국의 주특기는 소위 눈앞의 이익을 위하여 사색당쟁으로 밤을 지새우고, 그 결과, 전쟁을 한번도 해보지 못하고 이민족의 속국이 되는 것이었다.
　"하늘의 재앙은 피할 수 있으나 자기가 지어 낸 재앙은 피할 수가 없다."
　자중지란, 사색당쟁, 사분오열, 이전투구―.

## 걸桀과 주紂가 천하를 잃은 것은······

걸桀과 주紂가 천하를 잃은 것은 그들의 백성을 잃은 것이다. 그 백성을 잃은 자들은 그 백성의 마음을 잃은 것이다. 천하를 얻는 데는 도가 있다.
— 맹자, 『孟子』 부분

임금은 임금이 되기 위하여 수많은 사람들을 희생시킨 죄인이며, 임금의 통치 행위는 그 죄값에 대한 보은의 행위이지 않으면 안 된다.

요컨대 걸桀과 주紂는 죄인의 신분을 망각하고, 백성들 위에 군림하려고 했었기 때문에, 그들의 천하를 잃게 되었던 것이다.

정치는 채무의 반환이며, 국민을 내 몸처럼 받들어 섬기는 것이다.

## 사랑과 정의

사랑은 사람의 편안한 집이요, 정의는 사람의 올바른 길이다. 편안한 집에서 살지 않고, 올바른 길을 가지 않으니 슬프다.
— 맹자, 『孟子』 부분

사랑이 편안한 집이고, 정의가 올바른 길이라는 것을 모르는 사람이 있을까?
사랑과 정의의 길에는 대부분이 자기 희생만이 따른다는 것, 바로 이것이 문제인 것이다.

# 도는 가까운 데에 있는데……

도는 가까운 데에 있는데 그것을 먼 데서 찾는다. 일은 쉬운 데에 있는데, 그것을 어려운 데서 찾는다.
— 맹자, 『孟子』 부분

'지구는 돈다'라고 말했던 갈릴레오도 화형을 당할 뻔 했고, '면죄부를 팔지 말라'고 했던 마틴 루터도 화형을 당할 뻔 했다.

독서중심의 글쓰기 교육제도를 채택하게 되면 사교육비는 하나도 안 들고, 우리의 어린 아이들은 진정으로 입시지옥으로부터 해방을 맞이하게 될 것이다.

독서중심의 글쓰기 교육제도에는 우리 어린 아이들의 개성과 창의성의 싹이 들어 있고, 해마다 연례행사처럼 '노벨상 수상의 축하쇼로 대미를 장식하게 될 것이다.

"도는 가까운 데에 있는데 그것을 먼 데서 찾는다. 일은 쉬운 데에 있는데, 그것을 어려운 데서 찾는다."

우리 학자들, 즉, 이 표절의 대가들은 얼마든지 소탕할 수가 있는 것인데, 그처럼 쉬운 일도 새로운 사상과 이론을 정립하는 것보다도 더욱 더 어렵게 되어 있는 것이다.

지난 20여년 동안 이 땅의 표절의 대가들을 가장 날카롭고 예리하게 비판해온 이 반경환이는 왜, 대한민국의 역사상 그토록 오랫동안 금기의 인물로 살아가야만 하는 것일까?

오오, 우리 한국인들이여,

오오, 우리 학자들이여,

차라리 이 반경환이를 화형시키는 것이 더욱더 인도적인 것이 아닐까?

# 성실


 지극히 성실한데도 감동되지 않은 것은 일찍이 없었다. 성실하지 않고서 감동시킨 사람은 아직까지도 있지 않다.
 ― 맹자, 『孟子』 부분


 알베르 까뮈도 상해보험국 회사원이었고, 아인시타인도 스위스 특허국의 기사技師였다. 노벨도 무기제조업자였고, 폴 고갱도 증권회사의 직원이었다.

 한니발과 나폴레옹은 모든 사람들의 예상을 뛰어넘고 그토록 험한 알프스산을 넘어갔다.

 성실함은 모든 성공의 아버지이다.

 성실함에서 아름다운 꽃이 피어나고, 성실함에서 '감동'이라는 열매가 열리게 된다.

 불가능은 없다. 이 말은 성실한 자만이 할 수가 있는 말이다.

# 눈동자

 사람을 살피는 데는 눈동자보다 더 좋은 것은 없다. 눈동자는 그의 악을 감추지 못한다. 마음 속이 올바르면 눈동자가 밝고, 마음 속이 올바르지 않으면 눈동자가 어둡다. 그 말을 듣고 그 눈동자를 보는데, 사람이 어찌 그 마음을 감출 수 있겠는가?
 ― 맹자, 『孟子』 부분

눈동자는 마음의 창이다.
눈동자가 맑고 깨끗하지 않으면 그는 타인으로부터 경멸의 대상이 되고, 단 한 사람의 친구조차도 사귈 수가 없게 된다.

# 공손하고 검소한 사람

공손한 사람은 다른 사람을 모욕하지 않고, 검소한 사람은 다른 사람으로부터 빼앗지 않는다. 다른 사람을 모욕하고 다른 사람으로부터 탈취하는 임금은 오직 순종하지 않을까 두려워하는데 어찌 공손하고 검소할 수 있겠는가?

— 맹자, 『孟子』 부분

때때로 인간은 자기의 취향과 전혀 반대되는 성향을 생각해보고, 그 인물들의 장점을 성찰해볼 필요가 있다.

자본가의 장점은 무엇이고, 노동자의 장점은 무엇인가? 자본가는 자본을 축적하는 과정 속에서 얼마나 성실했으며, 노동자는 자기 자신의 노동력을 행사하는 가운데에서 얼마나 성실했던 것일까?

상대방의 장점은 나의 약점이 될 것이고, 나의 장점은 상대방의 약점이 될 것이다.

상대방을 존중할 때 공손해지고, 그리고, 근검절약하는 사람은 타인의 재물을 탐내지 않는다.

# 사람들이 말을 쉽게 하는 것은……

사람들이 말을 쉽게 하는 것은 책임이 없기 때문이다.
— 맹자, 『孟子』 부분

사표를 써라. 이혼을 하라.
결혼을 하라. 술을 마시지 마라.
담배를 끊으라. 효도하라.
공부를 하라. 연애를 하지 마라.
저축을 하라. 도박을 하지 마라.
하지만, 그러나 대부분의 도덕명령은 이 책임 의식이 전혀 없는 사람들이 가장 강력하고 가장 쉽게 사용할 수가 있는 것이다.
이 무책임한 말들만이 전지전능하고, 영원불멸의 삶을 살아가고 있다고 해도 지나친 말이 아니다.

# 사람의 병폐

사람의 병폐는 다른 사람의 스승 노릇 하기를 좋아한다.
— 맹자, 『孟子』 부분

스승은 앞서가는 사람이며, 만인들을 이끌어 가고 있는 인도자라고 할 수가 있다.

대부분의 사람들이 다른 사람의 스승 노릇하기를 좋아하는 것은 선무당이 사람을 잡듯이, 자기 자신의 우월에의 의지를 과시하고 싶기 때문일 것이다.

아인시타인도, 뉴턴도 그들을 전혀 알지 못하는 우리 학자들 속에 섞이게 되면, 우선 '잘난 체 하지 말고 인간이 되라'고 혼나게 될 것이다.

# 위대한 사람

위대한 사람은 어린 아이의 마음을 잃지 않는 사람이다.
― 맹자, 『孟子』 부분

어린 아이는 티없이 맑고 깨끗한 마음을 갖고 있다.
어린 아이에게는 돈과 명예와 권력 따위도 필요가 없다.
스파르타의 왕이었던 리쿠르고스는 '네트라'라는 법률을 제정하고, 그 즉시 자살을 했다고 한다.
최고의 삶의 정점에서, 자기 자신이 만든 법률이 아무런 사심도 없이 제정되었다는 것을 증명해 보이고 싶었던 것이다.
진정으로 위대한 사람은 그 위대함을 통해서 어린 아이로 탄생하게 되는 것이다.

# 청렴, 은혜, 용기를 해치는 것

받을 만도 하고 받지 않을 만도 한데 받으면 청렴을 해친다. 줄 만도 하고 주지 않을 만도 한데 주면 은혜를 해친다. 죽을 만도 하고, 죽지 않을 만도 한데 죽으면 용기를 해친다.

— 맹자, 『孟子』 부분

받을 필요가 없는 선물을 받으면 청렴을 해치고, 주지 않아도 될 선물을 주게 되면 은혜를 해친다.

최선을 다해서 살아보지도 않고 미리부터 좌절하거나 절망한 끝에 자살을 하게 되면 그는 비겁한 자에 지나지 않게 된다.

어떤 때의 자살은 용기가 되고, 어떤 때의 자살은 비겁한 행위가 된다.

# 천자天子의 아버지

　　천자의 아버지가 되는 것은 존경받는 것 중에 최고이고, 천하를 가지고 봉양받는 것은 봉양받는 것 중에 최고이다.

　　— 맹자, 『孟子』 부분

　하나님의 아들, 즉, 천자가 되는 것은 아무나 되는 것이 아니다. '하늘은 스스로 돕는 자를 돕는다'라는 말도 있지만, 천자가 된다는 것은 그의 인품과 함께 그 운이 따라야만 하는 것이다.

　옥타비오 시이저, 즉, 아우구스투스가 로마제국의 황제가 될 수 있었던 것은 그의 양아버지인 카이사르가 부르터스의 칼에 의하여 살해되었고, 그의 정적이었던 안토니우스와 부르터스가 스스로, 자발적으로 몰락의 길을 걸어갔기 때문이었다.

　천자(황제)가 된다는 것은 천자의 꿈을 갖고 노력하되, 그 천자의 꿈이 활짝 필 수 있는 운이 따르지 않으면 안 된다.

　천자의 아버지가 된다는 것은 존경받는 것 중에 최고일 수도 있고, 천하를 가지고 봉양을 받는다는 것은 봉양을 받는 것 중에 최고일 수도 있다.

　하지만, 그러나 천자의 아버지가 되는 길은 하나님도 알 수가 없는 것이다.

## 지혜는 기교, 성스러움은 힘

지혜는 비유하면 기교이고, 성스러움은 비유하면 힘이다.
— 맹자, 『孟子』 부분

지혜는 기교도 아니고, 성스러움도 아니다.
지혜는 힘이고, 성스러움은 지혜의 장식이다.
우리가 그토록 오랜 학습의 과정을 거치는 것은 최고급의 지혜를 얻기 위해서이며, 이 최고급의 지혜로서 만인들을 지배하고 싶기 때문일 것이다.
모든 황제는 지혜의 대리인이며, 지혜만이 성스럽고, 또 성스러운 것이다.

# 친구를 사귀는 것

만장이 "감히 친구 사귀는 것에 대해서 여쭙겠습니다"라고 하자, 맹자는 다음과 같이 말하였다. "나이가 많은 것을 개의치 않고, 존귀한 것을 개의치 않고, 형제라는 것을 개의치 않고 사귈 것이다. 친구란 그 덕을 사귀는 것이므로 그 사이에 개재되는 것이 있어서는 안 된다.

— 맹자, 『孟子』 부분

만일 부부가 가정생활에서의 일심동체라면 친구는 사회생활에서의 일심동체라고 할 수가 있다.

인간과 인간의 관계는 늑대와 늑대의 관계일 수도 있지만, 우리가 이 생존경쟁의 장에서 살아남을 수가 있는 것은 언제, 어느 때나 믿고 의지할 수 있는 친구가 있기 때문이다.

나를 위로해줄 수 있는 사람도 친구이고, 나를 축하해줄 수 있는 사람도 친구이다. 나를 위해서 사지로 뛰어들 수 있는 사람도 친구이고, 나를 위해서 돈과 지혜를 빌려줄 수 있는 사람도 친구이다.

친구와 친구 사이의 우정은 그 덕을 사귀는 것이며, 이 친구들의 우정에는 어떠한 장애물도 있을 수가 없다.

# 풍년과 흉년

풍년에는 젊은 사람들이 대부분 얌전하고, 흉년에는 젊은 사람들이 대부분 포악해진다.
— 맹자, 『孟子』 부분

풍년에는 젊은 사람들이 대부분 얌전하고, 흉년에는 젊은 사람들이 대부분 포악해진다.

따뜻한 남쪽나라는 자원이 풍부하고, 사시사철 춥고 추운 북쪽나라는 자원이 빈약하다.

'남쪽나라 사람 대 북쪽나라 사람'—, 이 관계는 사슴과 호랑이의 관계와도 같다.

모든 역사는 지리에서 시작된다.

# 사는 것을 버리고 정의를 취하겠다

 사는 것도 내가 원하는 것이다. 정의도 내가 원하는 것이다. 두 가지를 동시에 얻을 수 없다면 사는 것을 버리고 정의를 취하겠다.
 ― 맹자, 『孟子』 부분

삶과 정의란 참으로 무섭고 비정한 관계일 수밖에 없다.
 나는 언제, 어느 때나 사는 것을 버리고 정의를 택하겠다.
 우리 한국인들은 수천 년 동안 정의를 버리고 사는 길만을 택해왔던 것이다.
 살아 있어도 죽은 것만도 못한 노예민족의 삶―,
 우리 한국인들은 자기 스스로 노예민족의 삶을 살아가고 있다는 사실도 모르고, 언제, 어느 때나 눈앞의 자그만 이익을 위해서 이전투구를 벌이면서 살아가고 있는 것이다.

# 사랑은 인간의 마음이요, 정의는 사람의 길

　사랑은 인간의 마음이요, 정의는 사람의 길이다. 그 길을 버리고 마음을 잃고 찾을 줄을 모르니 슬프다. 사람들은 닭이나 개를 잃고는 그것들을 찾을 줄 알면서 마음을 잃고는 찾을 줄을 모른다. 학문하는 것은 다른 도리가 있는 것이 아니다. 그 잃어버린 마음을 찾는 것일 따름이나.
　─ 맹자,『孟子』부분

사랑의 길과 정의의 길이 사람의 길이라고 맹자께서 말씀하신다.
　닭이나 개를 잃고는 그것을 찾아 다니면서도 사랑의 길과 정의의 길을 잃어버리고는 그것을 찾아다니지 않는다고 맹자께서는 한탄하신다.
　사랑의 길과 정의의 길은 언제, 어느 때나 까마득하고, 너무나도 멀리 떨어져 있다.
　우리 한국인들이 공자와 맹자의 유교사상을 사상적 지주로 삼아왔다면 지나가는 개도 웃게 될 것이다.
　공자와 맹자는 이 개만도 못한 우리 한국인들을 그들의 제자로 받아들여 주지도 않을 것이다.

# 큰 것을 따라가면 대인이 되고……

공도자가 맹자에게 여쭈었다.

"다같은 사람인데, 어떤 사람은 대인이 되고 어떤 사람은 소인이 되는 것은 무엇 때문입니까?"

"큰 것을 따라가면 대인이 되고, 작은 것을 따라가면 소인이 된다."

— 맹자, 『孟子』 부분

소인은 돈과 명예와 권력에 집착하고, 대인은 돈과 명예와 권력에 집착하지 않는다.

로마교황은 단 한 푼의 사유재산도 취할 필요가 없었겠지만, 만일 그렇다면 그 로마교황청마저도 그토록 호화롭게 치장할 필요는 없었을 것이다.

로마교황청도 면죄부나 팔아먹던 소인배들의 저택이고 보면, 인류의 역사상 진정한 대인은 아직도 나타나지 않고 있는 것인지도 모른다.

# 고귀한 것을 원하는 마음은……

고귀한 것을 원하는 마음은 사람마다 동일하다. 사람마다 자기 몸보다 고귀한 것을 지니고 있는데, 그것을 생각하지 않는 것일 뿐이다.
— 맹자, 『孟子』 부분

진정으로 자기 자신의 몸보다 더 고귀한 것은 무엇일까?
정신일까? 타인일까? 국가일까? 사회일까?
아내일까? 자식일까? 종교일까? 사제일까?
나는 지극히 유감스럽게도 나의 몸보다 더 고귀한 것이 무엇인지 알 수가 없다.
내가 있고 세계가 있다는 말도 옳은 말이고, 세계가 있고 내가 있다는 말도 옳은 말이다.
어제의 고귀함은 오늘의 비천함이 되고, 오늘의 비천함은 내일의 고귀함이 될 수도 있다.

# 오곡은 종자 가운데 좋은 것들이다

오곡은 종자 가운데 좋은 것들이다. 진실로 그것이 익지 않는다면 비름과 피만도 못하다. 사랑 역시 그것을 결실하게 하는데 달려 있을 뿐이다.
— 맹자, 『孟子』 부분

모든 것이 진실로 익지 않는다면 잘못된 삶을 산 것이나 마찬가지일 것이다.
너도 쭉정이이고, 나도 쭉정이이다.
우리는 모두가 잘못된 삶을 살고 있는 것이다.

# 구하면 얻게 되고 버려두면 잃게 된다

구하면 얻게 되고 버려두면 잃게 된다. 이것은 구하는 데에 얻는 유익이 있다는 것이니, 그것은 나에게 있는 것을 구하기 때문이다. 구하는 데 길이 있고, 얻는 데 천명이 있다.

— 맹자, 『孟子』 부분

우리 대한민국은 사상가와 예술가의 민족이 될 수도 있고, 문화선진국이 될 수도 있다.

"구하는 데 길이 있고, 얻는 데 천명이 있다."

우리 한국인들의 치명적인 약점은 열심히 공부를 하지 않고 타인들의 지혜를 훔쳐다가 공짜로 사용하려는 사악한 마음을 버리지 못하고 있다는 데 있다고 해도 과언이 아니다.

표절은 대한민국의 망국병이며, 사상과 이론을 정립하지 못한 민족은 영원한 노예민족에 지나지 않게 된다.

# 만물이 나에게 갖추어 있다

만물이 나에게 갖추어 있다. 자신을 반성하고 성실하면 즐거움이 이보다 클 바가 없다.
— 맹자, 『孟子』 부분

일일삼성一日三省—.
하루에 세 번씩 반성하면 모든 꿈을 다 이룰 수가 있다.
모든 꿈은 반성과 성찰의 토대 위에서만이 존재한다.

# 부끄러워하는 마음이 없어서는 안 된다

사람은 부끄러워하는 마음이 없어서는 안 된다. 부끄러워하는 마음이 없는 것을 부끄러워하면 부끄러워 할 일이 없게 될 것이다.

— 맹자, 『孟子』 부분

인간은 불완전한 인간이고, 누구나 다같이 잘못할 수도 있다.

부끄러움은 이 잘못에 대한 반성의 결과이며, 부끄러움이 없는 자는 너무나도 뻔뻔스럽고 파렴치한 자에 지나지 않는다.

문화선진국에서는 대학교수와 박사와의 차이는 하늘과 땅 차이보다도 더 크고, 모든 사회적 의사결정권은 대학교수들이 갖고 있다.

문화선진국에서는 주입식 교육과 입시지옥이 없으며, 표절의 대가들은 영원히 그 사회에서 설 자리가 없게 된다.

우리 학자들은 문화선진국의 수준으로 따지자면 대학교수는 커녕, 모두가 다같이 시정잡배의 수준에도 미치지 못한다.

우리 학자들은 하늘을 우러러 부끄러움이 하나도 없는 '표절의 대가들'에 지나지 않는다.

오오, 노예민족의 운명이여!

오오, 풍전등화 속의 우리 한국인들이여!

# 선비

그러므로 선비는 곤궁해져도 의를 잃지 않고, 잘 되어도 정도를 떠나지 않소. 의리를 잃어버리지 않기 때문에 선비는 자기의 본성을 유지하고, 잘 되어도 정도에서 벗어나지 않기 때문에 백성들이 실망하지 않는 거요. 옛날 사람들이 뜻을 이루면 은택이 백성에게 가해졌고, 뜻을 이루지 못하면 자신이 덕을 닦아서 세상에 나타냈소. 궁하게 되면 혼자서 자신을 선하게 해나갔고, 잘 되면 동시에 천하를 선하게 해나갔소.

― 맹자,『孟子』부분

나의 꿈은 우리 한국인들을 '사상가와 예술가의 민족', 즉, '고급문화인'으로 육성하는 것이다.

내가 나의 꿈을 이루게 되면 그것은 우리 한국인들의 영광이 되고, 내가 나의 꿈을 이루지 못하면 나의『행복의 깊이』는 우리 한국인들의 '행복론'이 될 것이다.

진정한 학자의 꿈은 결코 이루어지지 않는 법이 없다.

# 살려주는 길로 백성을 죽이면……

편안하게 해주는 길로 백성을 부리면 힘이 든다 하더라도 원망하지 않는다. 살려주는 길로 백성을 죽이면 죽는다 하더라도 죽이는 사람을 원망하지 않는다.
— 맹자, 『孟子』 부분

백성들을 편안하게 해주는 길은 국가의 목표에 따라 대규모의 공업단지와 산업단지 등, 기간산업을 시작하는 것일 수도 있고, 살려주는 길로는 외부의 적을 물리치기 위하여 군대를 동원하는 일일 수도 있다.
이러한 사심없는 대의명분은 모든 국민들이 자발적으로 동의하고, 그 어떠한 댓가를 지불하게 되더라도 그 지도자를 원망하지 않게 된다.

# 잘 하는 정치와 잘 하는 가르침

잘 하는 정치는 백성들이 그것을 두려워하고, 잘 하는 가르침은 백성들이 사랑한다. 잘 하는 정치는 백성들의 재산을 얻게 하고, 잘 하는 가르침은 민심을 얻게 된다.

— 맹자, 『孟子』부분

문화선진국에서의 법률의 준수는 모든 국민들의 의무이며, 어느 누구도 그 의무를 거역하지 못한다. 특별사면이나 일반사면도 거의 없는데, 왜냐하면 특별사면이나 일반사면을 남발하게 되면 가장 큰 손해를 보는 것은 모범시민이기 때문이다.

문화선진국은 모범시민으로 구성된 국가이며, 이 모범시민들은 국가의 법률을 가장 무섭고 두렵게 생각한다. 모든 정치는 법률에 의한 정치이며, 만인평등과 부의 공정한 분배를 그 목표로 삼게 된다. 잘 하는 가르침, 즉, 국가의 교육의 목표는 세계적인 천재와 함께 모범시민의 생산이며, 이 세상에서 가장 훌륭한 교육제도를 통하여 모든 국민들이 끊임없이 국가를 사랑하고 무한한 긍지를 갖게 만드는 것이다.

"잘 하는 정치는 백성들이 그것을 두려워하고, 잘 하는 가르침은 백성들이 사랑한다. 잘 하는 정치는 백성들의 재산을 얻게 하고, 잘 하는 가르침은 민심을 얻게 된다."

# 자기가 하지 않는 것을 남에게 시키지 말고……

 자기가 하지 않는 것을 남에게 시키지 말고, 자기가 원하지 않는 것을 남에게 원하도록 하지 말 것이다.
— 맹자, 『孟子』 부분

 대한민국의 재벌들이 노사문제를 말할 때마다 가장 많이 사용하는 말은 법률의 준수인데, 왜냐하면 그들은 노동자들의 불법파업을 반드시 원천봉쇄하겠다는 의지를 갖고 있었기 때문일 것이다.
 대한민국의 재벌들이 분식회계와 금산분리법, 또는 출자총액제도와 불법상속문제를 대할 때마다 가장 많이 사용하는 말은 '사회적 공헌도'인데, 왜냐하면 그들은 그들이 사회적 공헌을 많이 했다는 말로서 자기 자신들의 잘못된 관행과 불법행위를 모면하고 싶었기 때문일 것이다.
 자본가들은 노동자들에게 법률의 준수를 강요하고, 자기 자신들은 법률을 우습게 알거나 심지어는 법률을 지키지 않는 것을 대단한 특권으로 생각하게 된다. 대한민국의 국회의원들은 전국민들에게 법률의 준수를 강요하면서도 그들은 그들의 면책특권과 함께, 그 면책특권을 넘어서서 특별사면복권이라는 무소불위의 특권마저도 향유를 하고 있는 것이다.

'너희들은 법률을 준수해야 하지만, 나는 법률을 준수할 필요가 없다'라는 이중의 잣대는 우리 대한민국이 문화적 후진국임을 두말할 나위 없이 증명해주고 있는 것이다.

문화후진국민은 끊임없이 조소와 경멸의 대상이 되고, 국제사회에서 개나 돼지만도 못한 취급을 받게 된다.

당나라로 끌려간 노예들은 얼마나 많았던 것이고, 원나라로 끌려간 노예들은 얼마나 많았던 것인가? 청나라로 끌려간 노예들은 얼마나 많았던 것이고, 일본으로 끌려간 노예들은 얼마나 많았던 것인가?

하와이로, 멕시코로, 아오지 탄광으로, 남양군도로, 사할린으로, 시베리아로, 중앙아시아로 끌려가고 끌려간 조센징들은……

대한민국의 역사는 이민족에 의한 노예의 역사에 지나지 않는다.

# 순의 무리와 도척의 무리

    닭이 울면 일어나서 부지런히 선을 실천하는 사람은 순의 무리다. 닭이 울면 일어나서 부지런히 이익을 도모하는 자는 도척의 무리다.
    — 맹자, 『孟子』 부분

    타인과 공동체 사회를 위한 행동은 선한 행동이 되고, 자기 자신의 이익을 위해서 타인과 공동체 사회의 이익을 해치는 자의 행위는 악한 행동이 된다.
    순의 무리가 되고 도척의 무리가 되지 않으려면, 자기 자신의 이익을 버리고 공동체 사회를 위한 순교자가 되는 수밖에 없는 것이다.
    모든 성자는 자기 자신의 이익을 취할 줄 몰랐던 '거룩한 바보'이기도 했던 것이다.

# 천하에 정도가 행해지면……

 천하에 정도가 행해지면 도를 지키면서 몸으로 따라가고, 천하에 도가 행해지지 않으면 몸을 가지고 도를 따라간다. 도를 가지고도 남을 따라간다는 말은 아직껏 들어보지 못했다.
— 맹자,『孟子』부분

자기 자신의 꿈과 공동체 사회의 꿈이 같을 때, 그는 가장 아름답고 행복한 삶을 살 수가 있다.

그리스 국가의 영원한 숙적이었던 페르시아를 정복했을 때의 알렉산더 대왕이 그러했을 것이고, 자기 자신의 전재산을 인류의 행복과 평화를 위하여 헌납했을 때의 노벨이 그러했을 것이다.

알렉산더 대왕과 노벨의 반대방향에서, "천하에 도가 행해지지 않으면 몸을 가지고 도를 따라간다"라고 했던 사람들은 부처, 예수, 마호메트, 그밖의 모든 전위예술가들과 이단자들(예언자들)이었다고 하지 않을 수가 없다.

# 춘추 시대에는 정의의 전쟁은 없었다

춘추 시대에는 정의의 전쟁은 없었다. 저 나라가 이 나라보다 선했다는 예는 있었다.
— 맹자, 『孟子』 부분

모든 전쟁은 그토록 잔인하고 끔찍한 전쟁이었지, 정의의 전쟁은 아니었던 것이다. 알렉산더 대왕의 전쟁도 사악한 전쟁이었고, 나폴레옹 황제의 전쟁도 사악한 전쟁이었다. 십자군 전쟁도 사악한 전쟁이었고, 제1차, 제2차 세계대전도 사악한 전쟁이었다.

'너는 나쁘고 나는 선량하다'라는 흑백의 논리가 최고의 미덕이었지만, 그러나 그 흑백의 논리의 당사자는 모두가 '무서운 짝패'에 지나지 않았던 것이다. 왜냐하면 이 무서운 짝패들은 모두가 다같이 전리품에만 관심이 있었기 때문이었다.

제2차 세계대전의 전승국가는 미국이었고, 따라서 미국은 달러화를 기축통화로 구축하고, 전세계를 그들의 식민국가로 삼을 수가 있었던 것이다.

미제국주의는 인류의 역사상 가장 크고 위대한 정복자의 산물이었다고 해도 틀림이 없다.

# 순이 천자가 되어서는……

순이 마른 밥을 먹고 푸성귀를 먹는 것이 평생 그러할 것 같더니, 그가 천자가 되어서는 무늬가 든 옷을 입고 거문고를 타고 두 여인이 시종을 하였는데, 본래부터 그러한 것을 가지고 살아오던 것 같았다.

— 맹자, 『孟子』부분

가난할 때는 부자를 욕하고 부자일 때는 가난한 자를 욕한다.

한 사람의 야인일 때는 초근목피의 행복을 노래할 수도 있지만, 그러나 그가 진정한 황제가 되었을 때는 황금옷과 황금의자에 앉아서 이 세상의 삶의 이치를 논하고 음주가무를 즐길 수도 있다.

가난한 농부의 아들이었던 박정희가 조국근대화를 위하여 새마을운동에 매진하고 있으면서도 궁정동 안가에서 여배우와 가수들과 주색파티를 벌이다가 그의 충복인 김재규의 총에 의해서 사살되었던 것이 바로 그것을 증명해주고 있는 것이다.

# 옛날에 관문을 만든 것은……

옛날에 관문을 만든 것은 포악한 일을 막기 위해서였는데, 오늘날에 관문을 만드는 것은 포악한 짓을 하기 위해서인 것 같다.
― 맹자, 『孟子』 부분

하나의 법률을 만들면 또다른 법률을 만들지 않으면 안 되고, 또다른 법률을 만들면 또다른 법률을 만들지 않으면 안 된다.

가능하면 많은 법을 만들지 않는 것―, 대영제국의 법률이 불문헌법이었던 것은 바로 이러한 법률의 모순을 잘 알고 있었기 때문이었을 것이다.

외부의 적이나 수많은 도적들의 침입을 막기 위해서 성을 쌓았겠지만, 그러나 그 성 자체가 그토록 잔인하고 끔찍한 공포의 상징일 수도 있었던 것이다.

# 인자하고 현량한 인물을 신임하지 않으면……

인자하고 현량한 인물을 신임하지 않으면 나라는 공허해진다. 예의를 무시하면 상하의 질서가 혼란해진다. 정사를 무시하면 재정이 부족해진다.
— 맹자, 『孟子』 부분

대한민국은 인자하고 현량한 인물이 없다. 오직 간신과 모리배들과 잡상인들만이 있을 뿐이다. 상하의 위계질서도 없고 만성적인 재정적자와 재정파탄의 길로 가고 있다. 박근혜 정부의 인사정책은 초등학교 어린아이들의 수준만도 못하다.

## 성인은 백대의 스승이다

성인은 백대의 스승이다.
— 맹자, 『孟子』 부분

성인은 모든 인류의 스승이다.
성인은 영원히 죽지 않는다.
모든 역사는 성인의 역사이다.

## 백성이 가장 귀하고……

백성이 가장 귀하고, 사직은 그 다음이고, 國君은 대단치 않다.
— 맹자, 『孟子』부분

임금의 위치에서 생각하면 공자와 맹자처럼 싸가지 없는 신하도 없다.
임금은 천자이고, 임금은 국가이다.
모든 백성들은 어진 임금님 덕분에 행복한 삶을 살고 있는 것이다.

# 도道

말로 표현할 수 있는 도는 영원한 도가 아니고, 이름으로 표현할 수 있는 이름은 영원한 이름이 아니다.

— 노자, 『도덕경』 부분

노자는 기원전 570년 경, 초나라에서 태어났고, 공자보다 20세 연상이라는 설이 있지만, 그러나 그의 생몰연대는 그 어느 것도 확실한 것이 없다고 해도 지나친 말이 아니다. 노자의 무위사상은 공자의 유교사상에 대한 전면적인 비판이며, 인위적인 그 모든 것을 버리고 자연 그대로의 삶을 역설한 은둔자의 사상이라고 할 수가 있는 것이다.

공자의 사상이 인仁, 의義, 예禮 아래, 입신출세를 찬양하는 현실주의(실용주의) 사상이라면, 노자의 사상은 유교사상은 물론, 그 어떠한 도덕과 법률도 거부하는 자연주의 철학이라고 할 수가 있는 것이다. 돈과 명예와 권력에 대한 욕망 때문에 그 모든 다툼이 일어나고, 따라서 그 모든 욕망을 제거해야 한다는 그의 도덕주의는 '탐욕을 만악의 근원'으로 간주하고 있는 기독교와 불교와도 크게 다를 바도 없지만, 그러나 그의 금욕주의는 우리 인간들의 삶 자체를 부정하는 어떤 것에 지나지 않는 것이다. 기독교와 불교가 역설하고 있는 금욕주의는 우리 인간들의 탐욕을 씻어주는 정화기능으로서 그 유용성이 있는 것이지, 그 금욕주의가 전면적으로 부상으로 하게 되면, 우리 인간들의 삶이 없어지게 되는 것이다. 왜냐하면 무리를 짓는 동물들로서는 상호간의 협력과 투쟁이 우리 인간들의 근본적인 삶의 방법이기 때문이다.

금욕과 탐욕 사이의 중간 지점은 욕망이며, 이 욕망이 있기 때문에 우리 인간들은 그 어떠한 고통과 슬픔도 참고 살아가게 된다. 금욕이 지나치면 수도원의 사제나 은둔자의 삶만이 있게 될 것이고, 탐욕이 지나치면 그 모든 것을 돈의 가치로만 환산하는 수전노(자본가)들이 판을 치게 될 것이다. 수도원의 사제나 은둔자들에게는 세속적인 인간들의 공물이 필요하고, 이 세속적인 인간들에게는 수도원의 사제나 은둔자들의 구원의 말씀이 필요하다. 수도원의 사제와 은둔자들의 물질적 지주는 세속적인 인간들이고, 세속적인 인간들의 정신적 지주는 수도원의 사제와 은둔자들이다. 이 성과 속의 아름다운 조화 속에서, 종교인의 삶과 현실인의 삶이 양립할 수가 있는 것이다. 노자의 『도덕경』은 기독교와 불교에서처럼, 아주 극단적이고 일종의 직업 이기주의에 사로잡힌 미치광이의 저서로서, 오늘날도 그처럼 끈질기게 모든 인간들에게 은둔자의 삶을 강요하고 있는 것인지도 모른다.

말로 표현할 수 있는 도는 영원한 도가 아니고, 이름으로 표현할 수 있는 이름은 영원한 이름이 아니다. 도는 이 세상의 참된 이치를 말하지만, 그러나 이 세상의 참된 이치는 알 수가 없다. 이름은 어떤 사물을 지시하지만, 그러나 그 사물의 본질은 알 수가 없다. 칸트는 우리가 알 수 있는 것은 현상일 뿐, 물 자체(본질)는 알 수가 없다고 말한 바가 있고,

언어학자 소쉬르 역시도 기표와 기의, 혹은 말과 사물의 관계는 매우 자의적이라고 말한 바가 있다.

말할 수 있는 도와 말할 수 없는 도, 이름으로 부를 수 있는 사물과 이름으로 부를 수 없는 사물―. 이 존재론적 모순의 관계가 이 세상의 근본적인 관계이고, 우리 인간들은 이 모순 속에서 태어나, 이 모순의 경로를 따라서, 그토록 어렵고 힘든 모순적인 삶을 살고 있는 것인지도 모른다.

오오, 노자여!

만일 그렇다면 그대는 왜, 도대체 그 말할 수 없는 도와 사물들을 그처럼 강조하고, 그토록 시시하고 허무맹랑한 잡설에 불과한 『도덕경』을 남기고 죽어갔단 말인가?

오오, 물소를 타고 그 어딘가로 사라져 갔다는 노자여!

# 조화

　천하 사람들은 모두 아름다움을 아름다움으로 아나, 이것은 추악한 것이 있기 때문이고, 천하 사람들은 모두 착함을 착함으로 아나, 이것은 착하지 않음이 있기 때문이다. 그러므로 유有와 무無가 서로 생기게 되고, 어려움과 쉬움이 서로 이루어지며, 긴 것과 짧은 것이 서로 나타나고, 높은 것과 낮은 것이 서로 기울어지며, 음과 소리가 서로 조화되고, 앞과 뒤가 서로 따르는 것이다.
　― 노자, 『도덕경』 부분

　노자는 선악을 넘어선 종합적인 시선의 소유자일 때도 있는데, 바로 이 대목이 그의 사상의 진면목이라고 할 수가 있는 것이다. 아름다움이 없으면 추악함도 없고, 추악함이 없으면 아름다움도 없다. 착함이 없으면 악함도 없고, 악함이 없으면 착함도 없다. 유와 무, 어려움과 쉬움, 긴 것과 짧은 것, 높은 것과 낮은 것도 마찬가지이다.
　적의 건강함은 나의 건강함이고, 나의 건강함은 적의 건강함이다. 이 대립 속의 조화만이 최고급의 진리가 되고 있는 것이다.
　우리 한국인들은 하루바삐 미국과 일본과 중국과 러시아의 더욱더 강력한 경쟁국가로서 그 힘을 기르지 않으면 안 된다.

# 성인의 정치

현명한 사람을 숭상하지 아니하면 백성들이 다투지 않게 될 것이고, 얻기 어려운 재물을 귀중히 여기지 않으면 백성들이 도둑질하지 않게 될 것이며, 욕심낼 만한 것을 보이지 않으면 백성들의 마음을 어지럽히지 않게 될 것이다. 그러므로 성인聖人의 정치는 백성들의 마음을 겸허하게 하고 그들의 배를 부르도록 하며, 그들의 의지를 약하게 하고 그들의 골격을 튼튼하게 하는 것이다.

그리하여 백성들을 지혜도 없게 하고 욕심도 없게 한다. 비록 지혜 있는 자가 있다고 하더라도 그 지혜를 감행하지 못하게 한다. 억지로 함이 없도록 하면 다스려지지 않는 것이 없을 것이다.

― 노자,『도덕경』부분

노자의 사상에 따르면 현명한 사람도 공공의 적이 되고, 부유한 자도 공공의 적이 된다. 욕망도 공공의 적이 되고, 지혜도 공공의 적이 된다.

우리 인간들이 할 수 있는 것이라고는 기껏해야 자기 자신의 배만을 채우면 되는 것이고, 우리 인간들은 모든 공격본능이 거세된 초식동물들의 삶을 살아가지 않으면 안 된다. 저마다 제각각 자기 스스로의 삶을 살아가게 되면 현명한 삶도 없게 되고, 타인들에게 과시하고 싶은 사치와 허영뿐인 부자의 삶도 없게 된다. 지혜는 사기치는 기술이고, 이제는 이 지혜마저도 아무런 쓸모가 없게 된다.

하지만, 그러나 우리 인간들은 사회적 동물들이고, 무리를 짓는데서 최선의 삶의 수단을 발견하게 되었던 것이다. 인간은 나약하지만 사회적 동물로서의 인간은 더없이 강하고, 인간은 나약하지만 사유하는 동물로서의 인간은 더없이 강하다. 무리를 짓는다는 것과 지혜를 획득한다는 것은 우리 인간들의 최고의 생존수단일 수밖에 없는 것인데, 우리들의 노자 선생은 반사회적인 동물로서 '귀신 씻나락 까먹는 소리'를 하고 있는 것이다.

현명한 사람도 없고, 지혜도 없고, 욕망도 없고, 의지도 없는 인간들이 모여서 과연 어떻게 정치를 하고, 그들의 지도자인 성인聖人을 어떻게 받들어 모실 수가 있단 말인가?

모든 사회적 동물들은 수직적인 서열관계를 가지며, 이 서열관계가 파괴되면 그들을 묶어두던 공동체 사회는 곧바로 붕괴하게 되고 만다.

현명한 사람은 지혜의 창출자이며, 이 지혜는 최고의 권력과 최고의 부유함에 맞닿아 있는 것이다.

나는 빌 케이츠와 워런 버핏, 스티브 잡스와 조지 소로스, 또는 이건희와 정몽구를 옹호하는 천박한 자본주의 찬양자도 아니지만, 그렇다고 해서 노자와도 같은 반자본주의자도 아니다.

# 도는 만물의 근원

　도는 텅 빈 듯 하지만 쓰여지고, 언제나 부족하지 않다. 또 깊은 심연이라 만물의 근원과 같다. 그 예리한 것을 꺾고, 그 어지러운 것을 풀며, 그 광채나는 것을 조화시키고, 그 티끌도 동화한다.
　나는 그 도가 누구의 아들인지 모르나 그 상象은 상제上帝보다 먼저 있었다.
　― 노자, 『도덕경』부분

　도는 이 세상의 참된 이치이며, 진리 자체라고 할 수가 있다. 하지만 그러나 텅 빈 듯 하지만 언제, 어느 때나 쓰여지고 부족하지 않은 도, 깊고 깊은 심연이라 만물의 근원과도 같은 도, 그 예리한 것을 꺾고 그 어지러운 것을 풀며, 그 광채나는 것을 조화시키고, 그 티끌마저도 동화시키는 도―.
　도는 존재하면서도 존재하지 않는다. 도는 존재하지 않으면서도 존재하지 않는 채로 존재한다. 도는 우주이고, 자연이고, 그 모든 것을 창조해낸 전지전능한 하나님이다.
　도는 하나의 환영이며 신기루이고, 노자라는 어릿광대는 이 환영에 중독된 미치광이에 지나지 않는다.

산다는 것은 미쳤다는 것이고, 미쳤다는 것은 산다는 것이다.
모든 신앙인들, 아니, 우리 인간들은 도가 없으면 살 수가 없는 미치광이들에 지나지 않는다.

# 성인

하늘은 영원하고 땅은 유구하다. 하늘과 땅이 영원할 수 있는 것은 그 스스로가 살려고 하지 않기 때문이다. 그러므로 영원히 살 수 있는 것이다.

이러한 이유로 성인은 자신의 몸을 뒤로 하여 앞서고, 자신의 몸을 떠나서 자신이 있다. 그것은 그에게 사私가 없기 때문이다. 사私가 없기 때문에 그 자신의 이익이 성취된다.

— 노자, 『도덕경』 부분

하늘은 영원하고 땅은 유구하다. 하늘과 땅이 영원할 수 있는 것은 그 스스로가 살려고 하지 않기 때문이다.

나는 노자의 이 말을 전혀 이해할 수가 없다. 하늘과 땅이 영원한 것은 그것이 에너지로 되어 있기 때문이지, 하늘과 땅이 살려고 하지 않기 때문이 아닌 것이다. 물질은 에너지이고, 에너지는 끊임없이 변화하지만, 언제, 어느 때나 그 총량에는 변함이 없는 것이다.

노자는 스스로 살려고 하지 않는 하늘과 땅마저도 인간화시키고, 살려고 하면 죽는다는 말로서 인간의 의지를 거세시키고 싶었는지도 모른다.

진정한 성인은 언제, 어느 때나 뒤에서 자기 자신을 희생시킴으로써 앞서 가는 사람이며, 또한 진정한 성인은 자기 자신의 몸마저도 타인들이나 공동체 사회를 위해서 헌납한 사람이다. 성인은 개인의 이익을 앞세우지 않으며, 성인은 개인의 이익을 앞세우지 않기 때문에, 그가 소속된 공동체 사회를 아름답고 맑고 깨끗하게 가꾸어 나가게 된다.

인도의 간디, 프란체스코, 테레사 수녀, 모세, 마틴 루터, 반 고흐, 폴 고갱, 모차르트, 베토벤, 톨스토이, 유관순, 손병희, 신채호, 이순신 등, 이러한 사람들이 자기 자신을 잃어버린 성자들이었는지도 모른다.

위대함의 길, 진정한 성자의 길은 머나먼 천국에 있지 않고, 바로 당신의 마음 속에 있는 것이다.

이건희 회장과 정몽구 회장이 그들의 전재산을 사회에 환원하면 대한민국의 성자가 될 수 있지만, 그러나 그들은 부의 세습에만 관심이 있는 판단력의 어릿광대들에 지나지 않는다.

대한민국은 아베 수상이 말한 바가 있듯이, 어리석은 국가이며, 영원히 추한민국의 신세를 면하지 못하게 될 것이다.

# 최상의 선은 물과 같은 것이다

　최상의 선은 물과 같은 것이다. 물은 모든 사물에 이로움을 주면서 다투지 않는다. 물은 여러 사람들이 싫어하는 낮은 곳에 있다. 그러므로 물은 도에 가깝다. 사람들은 그가 사는 곳이 좋은 땅이어야 좋고, 마음은 생각이 깊어야 좋고, 사귀는 벗은 사랑함이 좋고, 말은 믿음이 있어야 좋고, 정치는 다스려져야 좋으며, 일의 처리는 능숙해야 좋으며, 행동은 때에 맞아야 좋다. 오직 다투지 않기 때문에 잘못됨이 없는 것이다.
　— 노자, 『도덕경』 부분

　노자는 진경산수의 화가와도 같지만, 그러나 그는 서양의 탈레스처럼 수성론자에 가깝다. 물은 모든 사람에게 이로움을 주면서 다투지 않는다.
　물은 시내와 시내, 강과 강 등, 그 어떠한 물을 만나도 하나가 되며, 그 결집력이 대단히 뛰어나고 아름답다.
　하지만, 그러나 때로는 물이 모든 산과 강을 뒤덮고, 모든 생명들을 수장시키기도 하고, 때로는 그 물이 없어서 그 샘물과 강을 둘러싸고 모든 생명들의 싸움의 근본원인이 된다. 투쟁과 조화, 전쟁과 평화는 야누스의 두 얼굴과도 같은 것이다.

서로간에 싸움이 없고, 국가와 국가 사이의 전쟁이 없으면, 인간이라는 종은 더없이 나약해지고, 끝끝내는 소멸하게 될 것이다.

투쟁은, 싸움은 모든 문명과 문화의 아버지이기도 한 것이다.

# 하늘의 도

금과 옥이 집에 가득차 있으면 그것을 지킬 수 없고, 부귀하되 교만하면 스스로 화를 불러들일 것이다. 공을 이루고 몸을 물러나는 것은 하늘의 도이다.

― 노자, 『도덕경』 부분

그 옛날에는 부자들이 여행을 떠난다는 것은 이중-삼중으로 어려운 일일 수밖에 없었던 것이다. 그 무거운 돈가방을 들고 여행을 떠나면 자나깨나 돈가방 걱정 때문에 마음이 불편했을 것이고, 다른 한편, 그가 떠나온 집안의 금은보화 때문에 늘, 항상 마음이 불편했을 것이다. 우리 인간들의 마음은 늘, 항상, 가장 사랑하고 아끼는 금은보화에 머물러 있게 되고, 그 금은보화에 종속되어서, 그 금은보화의 노예처럼 살아가게 된다.

오늘날의 금융제도는 이러한 부자들의 고민을 대청소해주었고, 이제는 어느 누구도 자기 자신의 집에다가 금은보화를 쌓아두지는 않는다. 예금통장과 대여금고, 그리고 신용카드 몇 장만 있으면 전세계의 어느 나라를 떠돌아다녀도 아무런 문제가 되지를 안 된다.

오늘날 부자들은 더없이 교활하고 교만하며, 모든 정치인들과 학자들과 법조인들마저도 그들의 하수인이나 노예로 만들어버린 것이다.

이제는 금과 옥이 없는 것이 걱정이 되고, 더 많은 금은보화를 손쉽게 확보할 수 없는 것이 걱정이 된다.

공을 이루고 스스로 물러나는 사람도 좀처럼 찾아볼 수가 없다.

오오, 오늘날 노자가 살아 있다면 어떤 모습으로 살아가고 있을까?

입산속리를 한 은둔자의 삶을 살아가고 있을까? 아니면, 문선명이나 조용기처럼, 대형교회의 사이비 목사의 삶을 살아가고 있을까?

나는 아무래도 이 후자쪽의 삶에 더 무게를 두고 싶은 것이다.

# 그릇

　진흙을 이겨서 그릇을 만든다. 그 그릇이 안이 비어 있으므로 쓸모가 있다. 지게문과 창문을 뚫어서 방을 만든다. 방안이 비어 있으므로 방이 쓸모가 있다.
　그러므로 있는 것이 이로움이 된다는 것은 없는 것이 쓸모가 있기 때문이다.
　― 노자, 『도덕경』 부분

　인간이 들판을 거닐다가 꽃을 발견하면 그는 다만 그 아름다움을 즐길 수가 있지만, 그러나 식물학자가 들판을 거닐다가 꽃을 발견하면 그는 다만 그 아름다움을 즐길 수가 없다. 전자는 아무런 의도나 목적없이 꽃을 바라볼 수가 있지만, 식물학자는 그의 의도와 목적 아래 그 꽃을 관찰하게 된다.
　칸트의 말에 따르면, 전자의 미는 순수미이고, 후자의 미는 고착미이다. 순수미는 무목적성의 합목적성에 해당되고, 고착미는 목적성의 합목적성이 된다. 예술은, 아무런 의도와 목적이 없는 순수미에 종속되고, 이 쓸모없음이 새로운 쓸모있음으로 모든 사람들의 심금을 울리게 된다.

그릇도 텅 비어 있음으로 쓸모가 있게 되고, 방도 텅 비어 있음으로 쓸모가 있게 된다. 텅 비어 있기 때문에 쓸모가 없는 것은 쓸모가 있게 되는 것이다.

 반 고호의 「나부」, 뭉크의 「절규」, 파블로 피카소의 「게르니카」는 그 자체로서는 한 조각의 빵이 될 수가 없지만, 그러나 그 그림들로 인하여 우리 인간들의 야만적인 잔인성을 고발하게 되고, 따라서 더욱더 이 세상을 아름답고 평화로운 세상으로 바꾸어 나가게 되는 것이다.

# 그러므로 성인聖人은……

　다섯 가지 빛은 사람의 눈을 멀게 하고 다섯 가지 소리는 사람의 귀를 먹게 하고, 다섯 가지 맛은 사람의 입맛을 버려놓고, 말타기와 사냥은 사람의 마음을 미치게 만들며, 얻기 어려운 재물은 사람의 자유로운 행동을 방해한다.
　그러므로 성인聖人은 배(腹)를 위하고, 눈을 위하지 않는다. 따라서 저것을 버리고 이것을 취한다.
　── 노자,『도덕경』부분

노자의『도덕경』의 해설자는 이 대목을 이렇게 설명해 놓고 있다.
"첫째, 파랑, 노랑, 빨강, 검정, 하양의 다섯 가지 빛깔은 눈을 피로하게 할 뿐만 아니라, 이 다섯 가지 색은 문채이므로, 문채를 숭상하게 되면 내실이 공허하게 되기 때문에 이와 같이 경고한 것이다. 둘째, 신맛, 짠맛, 매운 맛, 쓴맛, 단맛 등의 다섯 가지 맛은 사람의 입맛을 놀라게 하는 것이다. 만일 입맛만을 위해서 골라 먹는다면 쓴맛 있는 약은 먹지 않을 것이다. 이와 같이 얕은 입맛에 가리어 음식의 진미를 잃는 것도 겉을 숭상하는 것이요, 내실을 숭상하는 것이다. 셋째, 궁宮, 상商, 각角, 미微, 우羽 다섯 가지 음은 사람의 청각을 자극 감동시키는 것이지만, 마음을 감동시키는 것은 못된다고 생각하였다. 따라서 노자는 다섯 가지 음이 사람의 마음의 귀를 막는다고 본 것이다. 넷째, 말타기, 사냥 등의 오락은 유쾌한 일이지만 마음과 몸을 방탕시키기 쉬우므로 오락을 경계한 것이다. 다섯째 얻기 어려운 금은보화는 사람으로 하여금 욕심을 갖게 하므로 자유로운 마음을 구속한다. 따라서 사람의 행동을 자유롭지 못하게 한다. 이러한 이유로 성인은 감각적인 쾌락을 버리고 마음과 몸을 충실하게 한다.

모든 성인들의 말씀인 경전은 탐욕을 만악의 근원이라고 역설하고 있지만, 그러나 오늘날은 이 탐욕을 미화하고 신성시 하고 있는 것이다.

잘 사는 것은 좋은 일이며, 더욱더 잘 사는 것은 더욱더 좋은 일이다. 이미 세계적인 갑부들이 소유하고 있는 다국적 기업은 어떠한 국가의 권력도 미치지 못하는 신성불가침의 영역에 올라서 있는 것이다.

미국의 정치지도자들이나 국방부 관리들은 미국의 방위산업체의 로비스트들에 지나지 않으며, 모든 종교의 지도자들마저도, 승자 독식구조의 체제를 옹호하는 자본주의의 사제들에 지나지 않는다. 그들은 입으로만 가난한 자의 복음을 역설하고, 그들의 마음과 행동은 철두철미하게 자기 자신들의 사리사욕을 쫓아서 따라가게 된다.

# 가장 훌륭한 임금

 가장 훌륭한 임금은 아래 백성들이 오직 임금의 위에 있다는 것만을 알 뿐이다.

 그 다음가는 임금은 백성들이 그에게 친근감을 가지며 예찬한다.

 그 다음가는 임금은 백성들이 그를 두려워한다.

 그 다음가는 임금은 백성들이 그를 업신여긴다.

 임금에게 신망이 부족하면 백성들은 그를 믿지 않는다. 조심하여 그 말을 소중히 여기고 함부로 말하지 말아야 한다.

 가장 훌륭한 임금은 공을 이루고 일을 성취하여도 백성들은 모두 우리 自然이 그렇게 했다고 말한다.

 ─ 노자,『도덕경』부분

대부분의 대왕이나 황제들은 상승장군이었으며, 자기 자신을 하나님의 아들로 간주하고 있었던 것이다. 하늘에는 하나님이 있고, 땅에는 황제가 있다. 황제는 천자이며, 이 세상의 모든 것은 그의 한 마디, 한 마디의 말에 의해서 면종복배하지 않으면 안 된다.

 모든 특권과 특전을 향유하고 있을 뿐만이 아니라, 그 특전과 특권을 대량으로 생산하고 분배할 수 있는 황제가 그 신민들을 섬긴다는 것은 매우 보기 드문 역설에 지나지 않는다. 모든 백성들의 행복과 평화를 위해서 봉사를 하는 것이 황제의 사명과 위무일 수는 있지만, 그러나 그것이 그의 신민인 백성들에게 면종복배를 해야 된다는 말은 아닌 것이다.

오늘날 민주주의는 백성들이 임금 위에 군림하고 있기는 하지만, 그러나 이 민주주의는 가장 무력하고 허약한 사회체제일는지도 모른다.

백성들이 그에게 친근감을 가지며 예찬하는 임금, 이 임금 역시도 요와 순과도 같은 허약하고 나약한 임금일는지도 모르고, 백성들이 마냥 두려워하는 임금은 히틀러와 스탈린, 또는 박정희와 전두환과도 같은 독재자일는지도 모른다.

그 다음가는 임금, 백성들이 업신여기는 임금은 히틀러와 스탈린, 또는 박정희와 전두환 같은 독재자들일는지도 모른다. 왜냐하면 독재자와 어릿광대는 둘이 아닌 하나이며, 이 양면성이 모든 희극의 전제조건이기 때문이다.

# 은총도 굴욕도 두렵게 대하라

은총도 굴욕도 두렵게 대하라.
— 노자, 『도덕경』 부분

크나큰 돈과 명예와 권력을 가진 자는 하나님의 은총을 받은 자와도 같고, 바로 그 은총 때문에 더욱더 비참한 말로를 맞이하게 된다.

어떠한 굴욕도, 굴욕으로 생각하지 않는 자들은 우리 한국인들처럼 좀도둑질을 일삼으면서 노예의 민족으로 살아온 자들에 지나지 않는다.

은총도, 굴욕도 두렵게 대하라는 말의 참된 이치가 바로 여기에 있는 것이다.

# 대도大道가 없어지니……

대도大道가 없어지니 인仁이니 의義니 하는 것이 있게 되고, 지혜라는 것이 생기니 큰 거짓이 있게 되었다. 육친六親이 화목하지 않으니 효도니 사랑이니 하는 것이 있게 되고, 국가가 혼란하게 되니 충성스런 신하가 있게 되었다.

— 노자, 『도덕경』 부분

노자의 『도덕경』의 해설자는 이 대목을 이렇게 설명해 놓고 있다.

"국가가 혼란한 뒤에야 충신이 있다는 것을 알게 된다. 잘못은 혼란에 있는 것이지, 충신이 허물이 되는 것은 아니다. 육친六親이 화목하지 않은 뒤에야 효자와 자비로운 부모가 있는 줄을 알게 된다. 잘못은 화목하지 못한 데 있는 것이지, 효자와 자비로운 부모의 죄가 아니다. 대도가 없어진 뒤에야 인과 의가 있는 줄을 알게 되니, 잘못은 대도가 없어진 데 있는 것이요, 인과 의의 허물은 아니다."

모두가 다같이 도를 지키면 되는데, 도가 지켜지지 않으니 새로운 문제가 발생하게 된다. 도가 지켜지지 않으니까, 노자 선생도, 큰 도니, 작은 도니 하면서, 자꾸만 도를 분리하여 새로운 문제를 일으키고 있는 것이다.

# 학문이란 것을 없애면……

　학문이란 것을 없애면 인간에게 근심이 없어질 것이다. 예! 하고 정중하게 대답하는 것과 응! 하고 오만하게 대답하는 것이 얼마나 다른 것일까. 선과 악은 그 거리가 얼마나 되는 것일까. 그러나 나는 세상 사람들과 거리가 아득히 멀어서 가이없구나.
　— 노자, 『도덕경』 부분

　그 옛날의 철학은 자연의 철학이었고, 중세의 철학은 신의 철학이었으며, 근대의 철학은 인간의 철학이었다. 그 옛날의 철학은 우주와 자연의 신비를 밝히는데, 그 목적이 있었고, 중세의 철학은 모든 것을 철두철미하게 유일 신 아래 종속시키는데 그 목적이 있었고, 근대의 철학은 그 유일 신의 품안에서 벗어나, 인간의 자기 발견과 인간의 자기 완성에 그 목적이 있었다.
　인간은 사유하는 인간이며, 끊임없이 공부하지 않으면 자기 자신의 존재론적 정당성을 확보해내지 못한다. 학문은 일용할 양식이며, 이 학문이 있기 때문에, 우리 인간들은 만물의 영장이 될 수가 있었던 것이다.
　만일 그대가 공부하고 배우지 않는다면, 그대는 팔푼이처럼, 바보처럼 선악을 구분하지도 못한 채, 매우 행복하게 살아갈 수 있을지도 모른다.

# 도를 실천하는 사람은……

 스스로 칭찬하는 자는 성공하지 못하고, 스스로 자랑하는 자는 오래 가지 못한다.

 그런 일들을 도의 입장에서 보면 먹다 남은 음식 같고, 거절당한 방문 같은 것이어서 남이 미워한다. 그러므로 도를 실천하는 사람은 그러한 일을 하지 않는다.

 ― 노자, 『도덕경』 부분

 만인들로부터 존경을 받고 있는 자는 자기 스스로 칭찬할 필요도 없고, 또 자기 스스로 자랑할 필요조차도 없다.

 하지만, 그러나 자칭 세계적인 천재이고 아무도 알아주지 않는 자가 있다면, 그는 자기 스스로 자기 자신을 끊임없이 칭찬하고 자랑할 수밖에 없는 것이다.

 노자는 모험가와 예언자의 고독과 그 삶의 방식을 전혀 이해하지 못하고 있다.

 인간은 모두가 다같이 연극배우이지만, 그러나 그가 맡은 역할은 저마다 다를 수밖에 없는 것이다.

 때때로 경전은 선악의 이분법에 갇혀서, 그 폐쇄성과 함께, 자기 자신의 존재론적 근거를 위태롭게 한다.

노자의 『도덕경』은 먹다 남은 음식 같고, 거절당한 방문과도 같다.

도를 실천하는 사람, 즉, 인간의 개성을 존중하는 사람은 그러한 일을 하지 않는다.

# 도는 자연의 법칙을 본받는다

도는 크다. 하늘도 크다. 땅도 크다. 왕도 또한 크다. 우주에 네 가지의 큰 것이 있다. 왕도 그 중의 하나이다. 사람은 땅의 법칙을 본받고, 땅은 하늘의 법칙을 본받으며, 하늘은 도의 법칙을 본받고, 도는 자연의 법칙을 본받는다.

— 노자, 『도덕경』 부분

사람은 땅의 법칙을 본받고, 땅은 하늘의 법칙을 본받는다. 하늘은 도의 법칙을 본받고, 도는 자연의 법칙을 본받는다.

사랑과 평화의 전도사인 노자 선생이여!

더 이상 할 말이 없군요.

# 경솔하게 하면 근본을 잃게 되고······

경솔하게 하면 근본을 잃게 되고, 조급하게 움직이면 군주된 지위를 잃는다.

— 노자, 『도덕경』 부분

박근혜 대통령은 무식하고, 또 무식해서 대통령의 자격이 없다.

박근혜의 '종북몰이사냥'은 그만큼 경솔하며 남북통일을 어렵게 만들고, 보다 작은 악—국가정보원과 국군사이버 사령부를 동원한 부정선거—을 덮기 위한 것이지만, 그만큼 그의 대통령의 지위를 어렵고 위태롭게 만든다.

박근혜를 반대하고, 박근혜의 퇴진을 주장하면 모두가 다같이 종북빨갱이가 되는 흑백의 논리는 '적 아니면 동지'라는 경솔함에 기초해 있는 것이다.

# 천하의 인심

　수컷처럼 강장하고 능동적인 힘을 발휘할 줄 알면서, 암컷처럼 유순하고 수동적인 겸허를 지킨다면 물이 모여드는 계곡같이 천하의 인심은 그에게로 돌아갈 것이다.
　천하의 인심이 계곡에 물이 모이 듯 한다면 덕은 항상 떠나지 아니하여 영아嬰兒의 상태로 다시 돌아갈 것이다.
　― 노자, 『도덕경』 부분

　앞으로 유전자 공학을 좀 더 발전시켜서 암수 한 몸인 인간, 자웅동체의 인간을 탄생시킨다면 과연 그 어떠한 인간으로 살아가게 될 것인가? 때때로 수컷도 되고, 때때로 암컷도 되면서, 그 모든 것을 자기 스스로 해결할 줄 아는 자웅동체의 인간이 탄생한다면 좀 더 행복하고 복된 삶을 향유할 수가 있는 것일까?
　스스로 어린 아이처럼 해맑고 꾸밈이 없으면서도 더욱더 건장하고 튼튼한 자웅동체의 인간―.

# 성인은 심한 것, 사치한 것, 교만한 것을 버린다

    천하는 신비로운 그릇과 같아서 인공으로 조작할 수는 없다. 천하를 인위적으로 조작하려는 자는 그것을 파괴할 것이며, 인위적으로 붙잡으려고 하는 자는 그것을 잃을 것이다.
    성인은 심한 것, 사치한 것, 교만한 것을 버린다.
    — 노자, 『도덕경』 부분

천하는 신비로운 그릇과 같아서 인공으로 조작할 수는 없지만, 그러나 산다는 것은 인위적인 것이며, 어느 정도는 자연을 파괴하지 않으면 안 된다.

성인은 심한 것, 사치한 것, 교만한 것을 버린다.

하지만, 그러나 성인은 전과자이며, 그는 그 범죄를 통해서 자기 자신의 성인이라는 지위를 쟁취해낸 것이다.

마틴 루터, 모세, 마하트마 간디, 데레사 수녀—.

그들은 비폭력 투쟁의 승자들이며, 기존의 모든 가치관을 파괴한 범죄자들이었던 것이다.

# 도가 아닌 것은 오래가지 못한다


모든 사물은 장성하면 곧 노쇠한다. 갑자기 장성하거나 지나치게 강한 것은 부자연한 것이다. 도가 아닌 것은 오래가지 못한다.
— 노자, 『도덕경』 부분


20세기 초의 인간의 숫자는 20억 명, 21세기 초의 인간의 숫자는 70억 명, 인간 평균수명 60세에서, 인간평균수명 100세를 향해가고 있는 사회는 이제 제 정신이 아니고, 그 어떠한 제동장치도 없는 것처럼 보인다.

인간평균수명 100세가 오기 전에 지구촌의 천연자원이 고갈될 것이고, 지구촌의 천연자원이 고갈되기 이전에 이상고온과 이상한파, 또는 가장 강력하고 거대한 태풍과 쓰나미가 일어나게 될 것이다.

도가 아닌 것은 오래 가지 못한다.

그렇다.

자연의 정화운동이 시작될 것이다.

# 자신을 아는 사람은……

남을 아는 사람은 지혜 있는 사람이지만 자신을 아는 사람은 더욱 총명한 사람이다. 남을 이기는 사람은 힘이 있는 사람이지만 자신을 이기는 사람은 더욱 강한 사람이다. 만족할 줄 아는 사람은 부유하고, 근면하게 힘써 행하는 사람은 뜻이 있는 사람이다. 자신의 위치를 아는 자는 장구長久할 수 있고, 사력死力을 다해 생의 길을 찾아가는 자는 오래 살 수 있을 것이다.
— 노자, 『도덕경』 부분

우리 한국인들은 철두철미하게 자기 자신을 반성하고 성찰할 줄을 모른다. 우리 한국인들은 철두철미하게 자기 자신을 잃어버리고 모든 것을 남의 탓으로 돌린다.

일본의 사악한 침략행위도 나쁜 것이고, 일본에 의한 징용과 종군 위안부도 나쁜 것이다.

남북분단의 원인은 일본의 식민지배 탓이고, 한국전쟁의 원인도 미국과 소련 탓이다.

우리 한국인들만이 이 세상에서 가장 선량하고 착한 민족인 것이다.

아아, 자기 땅, 자기 영토도 지키지 못한 우리 한국인들이여!

언제, 어느 때 그 바보와도 같은 울음을 뚝 그치고 그 생떼와도 같은 반외교적인 수사법을 거두어들일 것이란 말인가?

자기 땅, 자기 영토를 지키지 못하면 이웃국가의 지배를 받게 되어 있고, 이웃국가의 지배를 받으면 그 민족은 소멸하게 되어 있는 것이다.

우리 한국인들은 일본의 식민지배를 더없이 감사하게 생각해야 하고, 그 감사함에 대한 보답으로 대일본제국을 반드시 정복할 힘을 기르지 않으면 안 된다.

일본식 교육, 일본군 입대, 강제징용, 종군위안부, 일본의 끊임없는 수탈과 개같은 학대―. 이 모든 것은 자기 땅, 자기 영토를 지키지 못한 우리 한국인들의 못남 탓인 것이다.

# 부드럽고 약한 것이 모질고 강한 것을 이긴다

장차 수축하고자 하면 반드시 먼저 확장해야 한다. 장차 약하게 하고자 하면 반드시 먼저 강하게 해야 한다. 장차 폐지하고자 하면 반드시 먼저 진흥시켜야 한다. 장차 빼앗고자 하면 반드시 먼저 주어야 한다. 이러한 것을 은미로운 총명이라 한다.

부드럽고 약한 것이 모질고 강한 것을 이긴다.

— 노자, 『도덕경』 부분

수축과 확장, 약함과 강함, 폐지와 진흥—. 이 모든 것이 둘이 아닌 하나인 것이다.

부드럽고 약한 것이 모질고 강한 것을 이긴다.

아니다. 모질고 강한 것이 부드럽고 약한 것을 이긴다.

'외유내강 대 외강내유—.'

이것이 은미로운 총명인 것이다.

# 저 박한 예와 허황된 지혜를 버리고……

　그러므로 도道를 잃은 뒤에 덕德이 소용되며, 덕을 잃은 뒤에 인仁이 소용되고, 인을 잃은 뒤에 의義가 소용되며, 의를 잃은 뒤에 예禮가 소용되는 것이다. 대체로 예가 필요하게 된다는 것은 충신忠信이 박약하다는 증거로, 장차 어지러워지려고 하는 것이다.
　장래의 일을 예견한다고 하는 것은 지혜다. 지혜는 꽃과 같은 것이다. 꽃은 아름다운 것 같지만, 곧 헛되이 시들어 버린다. 그러므로 지혜라는 것은 현명의 딴 이름인 것 같지만 실은 우매한 것의 시작인 것이다. 그러므로 대장부는 후하게 살며 야박하게 살지 않으며, 견실하게 살고 허황되게 살지 않는다. 따라서 저 박한 예와 허황된 지혜를 버리고 이 진실한 도와 후한 덕을 취한다.
　― 노자, 『도덕경』부분

우리 인간들의 삶은 정답이 없고, 수많은 지름길과 샛길로 나뉘어져 있다. 지름길이 샛길이 되고, 샛길이 지름길이 된다. 그러나 그 어느 길도 진정한 도가 아니고, 이 도는 항상 신비로운 안개와 구름에 둘러싸여 있어서 그 형체를 드러낸 바가 없다.
　나는 왜, '도가 '덕'과 '인'과 '예'보다도 더 소중하고 우위에 있는 것인지, 도대체 노자 선생의 그 수직적인 사고방식을 이해할 수가 없다. 차라리 '도'보다는 '자연'에 따라서 살고, 개미떼와 벌떼처럼 모여서 살기보다는 저마다 뿔뿔이 흩어져서 홀로 살아가라고 역설하는 것이 더욱더 자연철학자다운 말일 수도 있었던 것이다. 노자의 도덕은 인위적인 것이며, 그는 그 인위를 자연의 도덕으로 포장하는 너무나도 뻔뻔스럽고 파렴치한 대사기꾼에 지나지 않았던 것이다.

지혜는 아름다운 꽃이지만, 그러나 그 꽃은 곧 시들어버린다. 지혜의 꽃도 환영이며, 지혜의 열매도 사기라는 아주 달콤하고 맛있는 과육이다.

노자 선생은 끊임없이 지혜를 버리라고 말하면서도, 자기 자신만은 더욱더 지혜를 축척해나가는 대자본가(지적 자본가)의 탐욕만을 남기고 사라져가 버렸던 것이다.

# 하등의 인사가 조소하지 않는 도는……

　상등의 인사는 도를 들으면 힘써서 그것을 실행하고, 중등의 인사는 도를 들으면 반신반의하고, 하등의 인사가 도를 들으면 그것을 크게 조소한다. 하등의 인사가 조소하지 않는 도는 도라고 할 만한 것이 못된다.
　― 노자, 『도덕경』부분

내가 더 이상 "표절을 해서는 안 된다"고 역설했을 때, 우리 한국인들은 다음과 같은 반응을 보였다.

"네, 그렇습니다. 표절은 암적인 종양이며, 반드시 뿌리를 뽑아야 합니다." 하지만, 그러나 이 첫 번째 부류의 사람들은 대부분이 힘이 없는 사람들에 불과했고, 그리고 그들은 진정으로 표절추방운동을 할 수 있는 지적인 능력과 그 용기가 부족했다.

"표절은 뿌리를 뽑아야 하지만, 그러나 우리 한국의 현실은 전혀 그럴 수가 없습니다." 이 두 번째 부류의 인간들은 표절을 통해서 성장했고, 표절을 통해서 밥그릇을 챙길 수가 있었기 때문에, 결코 그들은 표절추방운동을 할 수가 없게 되어 있었던 것이다.

"병신새끼 지랄하구 자빠졌네! 대한민국에서 표절하지 않은 사람 있으면 나와 보라구 해!" 이 세 번째 부류의 인간들은 이문열, 황석영, 신경숙, 고은, 신경림, 김현, 유종호, 백낙청, 김윤식, 황동규, 정현종 등과도 같은 '적반하장의 예법의 칼', 아니, '정의의 사도의 칼'을 지닌 인사들이었던 것이다.

대한민국은 표절의 왕국이고, 표절이 최고급의 경전이다.

대한민국의 부정부패의 근본원인은 표절이고, 이 표절의 대가들이 사색당쟁을 통해서 그토록 오랫동안 국력을 소모시키고, 싸움 한 번 제대로 해보지도 못하고 나라를 빼앗기게 만드는 '최고급의 국치國恥'를 연출해냈던 것이다.

아는 것은 실천하는 것이고, 실천하는 것은 아는 것이다.

# 도는 無名에 숨어 있다

도는 無名에 숨어 있다. 오직 도만이 잘 가꾸어 주고, 또 생성 화육시킨다.
— 노자, 『도덕경』 부분

이름 없음에 숨어 있는 도, 숨어 있음으로 더욱더 아름답고 찬란한 도—.

도는 숨어 있음으로 존재해야 하고, 이름이 없음으로 이름이 있어야 한다.

노자는 도가 없으면 그 어떤 것도 할 수 없는 판단력의 어릿광대에 지나지 않았던 것이다.

# 강폭한 자는 온당하게 죽을 수 없다

강폭한 자는 온당하게 죽을 수 없다. 나는 이것을 가르침의 근본으로 삼으려고 한다.

— 노자, 『도덕경』 부분

모든 독재자의 말로는 너무나도 끔찍하고 비참했다. 그는 수많은 백성들을 고문하고, 그 인육人肉을 먹고 자라나, 그 주지육림 속의 광태 속에서 죽어가지 않으면 안 되었던 것이다.

궁정동 안가安家에서 나이 어린 여인들과의 주지육림 속의 섹스 파티와 자기 자신의 충복에게 그토록 끔찍하고 비참하게 살해를 당했던 박정희 대통령—.

아아, 어떻게 그의 유령이 되살아나 이처럼 종북놀이의 살인굿판을 벌여야 된다는 말인가?

# 만족할 줄 아는 만족은 항상 만족한다

　천하에 도가 행하여지면 잘 달리는 빠른 말은 군마軍馬에서 물러나와 농사일에 쓰이게 되지만, 천하에 도가 행하여 지지 않으면 군마가 도성 밖의 가까운 들에 살게 된다. 만족할 줄 모르는 것보다 더 큰 불행은 없고 남의 것을 얻고자 하는 것보다 더 큰 허물은 없다. 그러므로 만족할 줄 아는 만족은 항상 만족한다.
　― 노자, 『도덕경』 부분

만족할 줄 모르는 것보다 더 큰 불행은 없고, 남의 것을 얻고자 하는 것보다 더 큰 허물은 없다. 만족할 줄 아는 자는 항상 만족한다.
　비바람이 없는 따뜻한 봄날, 사시사철 홍수가 없는 호수와 하천, 사나운 파도와 비바람이 없는 바다, 사소한 싸움이거나 크나큰 싸움이거나 그 어떤 싸움도 없는 세상―.
　오오, 노자여, 노자의 마음 속에서만 생성되고 실천되는 도여!

# 무위無爲의 경지

학문을 하면 날마다 할 일이 많아지고, 도를 실행하면 날마다 할 일이 줄어든다. 줄고 또 줄어서 하는 일이 없는데 이르게 된다. 무위無爲의 경지에 이르면 조작하지는 않지만 하지 않는 것이 없게 된다. 천하를 차지하는 것도 항상 하는 일이 없는 것으로 한다. 하는 일에 이르게 되면 천하는 차지할 수 없게 된다.

— 노자, 『도덕경』부분

학문을 하면 날마다 할 일이 많아지고, 도를 실행하면 날마다 할 일이 줄어든다.

'무위의 사상'으로 세계를 정복한 것은 노자 선생의 기념비적인 업적이라고 할 수가 있다.

# 이것을 도둑이라 한다

 큰길은 매우 평탄하여도 백성들은 지름길을 좋아한다. 궁궐은 매우 깨끗하나 전지田地는 너무 황폐하고 창고는 텅 비었으며, 궁정의 사람들은 아름다운 비단옷을 입고 예리한 칼을 찼으며, 음식을 배불리 먹고, 재물이 남아돌아간다. 이것을 도둑이라 한다. 도가 아니지 않은가.
 ― 노자,『도덕경』부분

모든 궁정은 수탈의 상징이며, 주지육림의 상징이다.
 도덕이란, 법이란, 예의란, 하인들, 즉, 아랫 것들의 생활과 그 질서를 잡기 위해서 있는 것이지, 궁정을 위해서 있는 것이 아니다.
 도는 '도둑의 도'이지, 선량한 '백성의 도'가 아니다.

# 아는 사람은 말하지 않고……

　아는 사람은 말하지 않고, 말하는 사람은 알지 못한다.
　— 노자, 『도덕경』 부분

'너 자신을 알라.'
아는 사람은 말하고 알지 못하는 사람은 말하지 못한다.

# 나라에 법령이 많을수록 도둑은 많아지게 된다

　천하를 바르게 한다고 하여 금지하는 일이 많으면 백성은 더욱 가난해지고, 백성에게 정예한 무기를 많이 가지게 하면 국가는 점점 더 어둡게 된다. 사람들의 기교가 많으면 괴상한 물건이 많이 나오게 되고, 나라에 법령이 많을수록 도둑은 많아지게 된다.
　— 노자, 『도덕경』 부분

금기가 많으면 백성들의 생활이 위축되고, 더 많은 자유가 허용되면 백성들은 더욱더 활기를 띠게 된다. 대한민국도 영국의 경우에서처럼 불문헌법을 도입할 때가 되었다.
　아침에 법을 만들고 저녁 때 뜯어고치는 식의 누더기법을 발의하고 만들기보다는, 그때 그때마다 수많은 연구와 판례들에 따라서 재판을 하는 것이 더욱더 실용적이고 효과적일 수도 있는 것이다.
　법이 많을수록 도둑이 많아진다.
　법이 많을수록 더욱더 부패하게 된다.

# 그 정치가 순박하고 온후하면……

그 정치가 순박하고 온후하면 그 백성들이 순박해지고, 그 정치가 조잡하면 그 백성들은 각박해진다. 화禍 곁에는 복福이 기대어 있고, 복 속에는 화가 숨어 있다. 누가 그 지극한 점을 알겠는가.
— 노자, 『도덕경』 부분

정치는 예술이다.
정치는 수천만, 혹은 수억만 명의 마음을 하나로 묶고, 그 민심으로 국가의 힘을 창출해내는 최대의 예술이다.
이 정치예술에 따라서, 우리 인간들의 행복과 불행이 결정되게 된다.

# 큰 나라는 천하의 암컷이다

    큰 나라는 강이나 바다 같아서 천하가 돌아가는 곳이다. 큰 나라는 천하의 암컷이다. 암컷은 항상 고요함으로써 수컷을 이기며, 고요함으로써 수컷의 아래가 된다.
    — 노자, 『도덕경』 부분

암컷은 고요하고 수컷은 소란스럽다. 고요함으로써 수컷을 이기지만, 수컷은 소란스러움으로써 암컷을 이긴다.
    노자는 양성 평등주의자이며, 천하의 이치를 이 암수의 결합으로 설명하고 싶었던 것인지도 모른다.
    하지만, 그러나 요즈음은 암컷의 세상이고, 암컷이 더욱더 소란스럽고, 암컷이 더욱더 전투적이다.
    말세다.
    말세의 연출자인 암컷이 천하를 호령하고 있다.

# 옛날에 도를 실천한 사람

옛날에 도를 실천한 사람은 백성을 현명하게 만들지 않고 어리석게 만들었다. 백성들을 다스리기에 곤란한 것은 그들이 많은 지혜를 가졌기 때문이다. 그러므로 지혜를 가지고 나라를 다스리는 것은 나라의 도둑이 되고, 지혜로써 나라를 다스리지 않는 것은 나라의 복이 되는 것이다.
— 노자, 『도덕경』 부분

아리스토텔레스가 그의 책을 펴내자 그의 제자인 알렉산더 대왕은 화를 벌컥 냈다고 한다. 왜냐하면 모든 사람들이 아리스토텔레스에게서 배운다면, 알렉산더 대왕의 지적 우월성이 사라져갈 것이기 때문이었다. 아리스토텔레스는 '수많은 사람들이 내 책을 읽어도 그것을 제대로 이해할 수 있는 사람은 거의 없을 것'이라고 알렉산더 대왕에게 말했다고 하지만, 진정한 대왕은 그의 백성들을 매우 어리석은 바보처럼 만들고 싶었던 것인지도 모른다.

우민화 정책의 기원에는 대왕이 있었고, 이 대왕의 존재 앞에는 아리스토텔레스와 노자와도 같은 대스승들이 있었던 것이다.

아리스토텔레스는 지혜를 찬양했지만, 노자는 지혜를 마구잡이로 헐뜯고 비난했다.

노자가 아리스토텔레스보다도 더 사악하고 더 나쁘다. 왜냐하면 지혜를 사기치는 기술이라고 그토록 비난했으면서도, 자기 자신은 끊임없이 그 사기치는 기술(지혜)을 생산해내고, 그것을 팔아서 먹고 살아갔기 때문이다.

# 세 가지의 보물

나는 세 가지의 보물을 가지고 있는데, 그것을 보존한다. 첫째는 자애慈愛이고, 둘째는 검약儉約이며, 셋째는 감히 천하보다 앞서는 일을 하지 않는 것이다. 자애하기 때문에 용감할 수 있고, 검약하기 때문에 재물을 널리 베풀 수 있고, 감히 천하보다 앞서지 않기 때문에 기틀의 으뜸이 될 수 있다.
— 노자, 『도덕경』 부분

자애, 즉 사랑하기 때문에 용감할 수 있고, 근검절약하기 때문에 널리 베풀 수 있다.

천하, 즉, 하늘보다 앞서지 않기 때문에 기틀의 으뜸이 될 수 있다.

알듯말듯한 매우 이상하고 아리송한 말이라고 하지 않을 수가 없다.

## 나를 알면 귀하게 된다

나를 아는 자는 드물다. 나를 알면 귀하게 된다. 그러므로 성인聖人은 남루한 굵은 베옷을 입었지만 가슴에는 보배를 품고 있다.
— 노자, 『도덕경』 부분

나는 누구인가? 나라는 존재는 누구에 의해서 태어났고, 인간은 어떻게 해서 탄생했는가?

수천 년, 아니 수십억 년의 인류의 역사상, 이 문제는 아직도 해결되지 않았다.

인간 존재는 서양의 철학사에서도 판단중지된 존재론에 지나지 않는다.

성인은 전지전능한 신일 수밖에 없다.

성인이 낡은 삼베옷을 입었거나, 황금도포를 입었거나 어떻게 그것이 문제가 될 수가 있겠는가?

# 성인聖人은 병이 없다

알면서 알지 못한다고 하는 것은 상덕上德이고, 알지 못하면서 안다고 하는 것은 병이다. 병을 병으로 알아야만 병이 되지 않는다. 성인聖人은 병이 없다.

— 노자, 『도덕경』 부분

소크라테스는 알면서도 알지 못한다고 했고, 이 속임수를 통하여 '알지 못하면서도 안다'고 했던 아테네의 허풍장이들을 모조리 때려눕혔다.

소크라테스는 당대 최고급의 논객이었지만, 그러나 그는 그 아테네의 허풍장이들(상류계급의 인사들)의 희생양이 될 수밖에 없었다.

이성복 시인의 말대로, 모두들 병들었는데 아무도 아프지 않았기 때문이다.

이상 시인의 말대로, 무사한 세상이 병원이고 끝끝내 치료를 받아야만 하는 무병無病이 있었기 때문이다.

# 큰 원한

큰 원한은 화해하여도 반드시 남는 원한이 있게 된다.
— 노자, 『도덕경』 부분

대한민국이 21세기 초에 박근혜라는 어리석고 우매하기 짝이 없는 독재자의 딸을 대통령으로 선택한 것은 단군 이래 최악의 비극적인 사건이라고 하지 않을 수가 없다. 그는 국가정보원과 국군 사이버사령부 등을 동원하여 매우 저질적이고도 악질적인 수법으로 대통령직을 가로채간 사람이며, 문화선진국이라면 벌써 탄핵심판을 받고 퇴진했어야 할 범죄인에 지나지 않았던 것이다.

최초에 국가정보원을 통하여 여론을 조작하고 대통령 선거에 개입한 것이 들통났을 때, "국민 여러분 죄송합니다. 이 사건을 매우 엄중하고 신속하게 수사하여 관련자들을 모두 처벌하고, 앞으로 다시는 이러한 일이 일어나지 않도록 하겠습니다"라고 약속을 했더라면 이처럼 엄청난 사건으로 비화될 수가 없었던 것이다. 박근혜가 대통령이 되고 나서는 하루도 바람 잘 날이 없었으며, NLL과 남북정상회담 대화록 공개와 그것의 폐기, 그리고 종북 등의 문제로 모든 국가의 정책이 다 실종되고 말았던 것이다. 이 모든 논제들은 사실상 아무런 국익도 되지 않는 정쟁의 도구들일 뿐이며, 모든 국민들을 '적 아니면 동지'로 편가름하는 분열의 씨앗에 지나지 않는 것이다.

  이석기 의원을 내란음모의 죄로 감옥에 보내고, 채동욱 검찰총장과 윤석열 수사팀장을 좌천시키고, 이제는 박근혜 씨의 퇴진을 역설한 박창신 신부를 형사처벌하겠다는 공안정국으로 그의 임기를 채울 모양인 것이다. 모든 반대세력들이 다 종북이라면, 이제는 그 종북의 망령들이 박근혜 씨의 목을 옥조이게 될 것이다. 박근혜 씨의 너무나도 큰 원한이 너무나도 큰 원한으로 되돌아오고, 대한민국은 끊임없이 문화적 후진국으로 추락을 하게 될 것이다.

# 하늘의 도

하늘의 도는 사사로운 친애가 없고 항상 착한 사람의 편에 있다.
— 노자, 『도덕경』 부분

착한 사람만이 전지전능하고, 착한 사람만이 행복하게 살 수가 있다. 오오, 그러나, 그 착한 사람들은 다 어디로 사라져가 버렸단 말인가?

# 대춘大椿이란 나무

아침에 피었다 저녁에 지는 버섯은 한 달의 섭리를 알지 못하고, 아침에 태어나 저녁에 죽는 쓰르라미는 봄, 가을의 변화를 모르거니, 이들더러 단명이라 한다.

초나라 남쪽엔 명령冥靈이란 나무가 있거늘, 오백년을 살아도 그에겐 봄 한철, 가을 한철 지낸 것에 불과하다 했고, 상고上古 때 대춘大椿이란 나무는 팔천년을 살아도 그에겐 봄 한 철, 가을 한 철 지낸 것에 불과하다 했다. 지금 세상에 몇 백년을 살았다는 팽조彭朝를 들어 장수의 상징을 삼아, 사람마다 다 부러워한다니, 어찌 슬프다 하지 않겠는가?

— 장자, 『莊子』부분

장자는 기원전 369년 경에 송나라에서 태어났고, 기원전 289년경 80세의 전후로 죽었다고 한다. 장자는 칠원리漆園吏, 즉, 옻나무 농장의 관리인으로 잠시 지냈지만, 초나라 위왕의 재상직도 거절하고 한평생을 초야에 묻힌 무명 인사로 살다가 갔다고 한다.

장자의 자연주의는 그만큼 설화적이고도 신비한 자연주의이며, 노자의 자연주의에 비하여 좀 더 구체적이고 그만큼 더 친근하게 만인들의 심금을 울리고 있다고 하지 않을 수가 없다.

아침에 피었다가 저녁에 지는 버섯, 아침에 태어났다가 저녁에 죽는 쓰르라미, 오백년을 살았던 명령冥靈이란 나무, 상고上古 때 팔천 년을 살았던 대춘大椿이란 나무—.

하지만, 그러나 아침에 태어났다가 저녁에 죽었거나, 오백년, 또는 팔천년을 살았다고 해서, 그것은 아무런 차이도 없는 것에 지나지 않는다. 왜냐하면 팔천년을 살았다고 하더라도 그에게는 아침에 태어났다가 저녁에 죽은 것에 불과하기 때문이다.

장자는 이 설화를 통해서 팽조彭祖의 장수를 야유하고 비판하고 싶었던 것인지도 모른다.

단명과 장수는 없고, 오직 천명天命만이 있을 뿐인 것이다.

# 요堯임금과 허유許由

요堯임금은 천하天下를 허유許由에게 양보하려 했다.

"선생께서 천자天子가 되어 천하를 다스린다면 잘 다스려질 것입니다. 내가 임금 노릇을 하면서 스스로 내 부끄러움을 알겠노니, 청컨대 이 천하를 물려받아 주십시오."

허유의 대답은 이러했다.

"당신이 천하를 다스리매 천하는 이토록 태평합니다. 그런데 내가 당신을 대신하여 천하를 다스린다면 나는 그 이름을 꾀하는 것밖에 되지 않습니다. 이름이란 빈(空) 것입니다. 실체가 주인이라면 이름은 손님같은 것입니다. 내가 그 손님 노릇을 해야 합니까?"

— 장자, 『莊子』 부분

천하를 양보하려고 했던 요임금이나 그 임금의 자리를 거절했던 허유는 따지고 보면 대권의 욕망이 없는 성자라고 할 수가 있다.

임금의 자리는 하늘 아래의 최고의 자리이며, 모든 백성들의 생사여탈권을 움켜쥐고 있는 자리이다.

모든 싸움은 권력투쟁이며, 이 권력투쟁을 거절한다는 것은 그 주체자는 영원히 떠돌이—나그네의 삶을 살아갈 수밖에 없는 것이다.

노자와 장자의 사상은 유교의 출세주의를 야유하고 거절하는 사상이라고 하지 않을 수가 없다.

# 큰 슬기를 지닌 사람

 큰 슬기를 지닌 사람은 언제나 유유하고, 작은 슬기를 지닌 사람은 언제나 급급하다.
 그 언어를 비교해도 그렇다. 훌륭한 말이란 말씨가 거침이 없이 흐르고, 못된 말이란 쓸데없이 수다스럽다.
 — 장자, 『莊子』부분

 산천초야에 묻혀서 은둔자의 삶을 살아가는 자는 큰 슬기를 지닌 사람이며, 대도시에 살면서 언제, 어느 때나 바쁘게 살아가는 자는 작은 슬기를 지닌 사람이다.
 모든 욕망을 비운 사람의 말은 거침이 없고, 그 욕망을 버리지 못한 사람의 말은 쓸데없이 수다스럽다.

# 자연은 인류를 낳았고……

자연은 인류를 낳았고, 인류는 자연에 순응하는 자연의 소규모 현상에 지나지 않는다.

자연이 아니면 내가 존재할 수 없고, 내가 아니면 자연의 섭리를 체득할 수 없으나 나와 자연은 그렇게 가까운 것이다.

— 장자, 『莊子』 부분

자연의 옷자락은 넓고, 모든 생명들을 그 넓고 넓은 옷자락에 다 품어준다.

하루바삐 자연에 거역하는 우리 인간의 만행들은 중단되지 않으면 안 된다.

휴머니즘은 생태환경 파괴의 주범이며, 모든 인류의 소멸을 앞당길 대재앙으로 나타나게 될 것이다.

# 세상에 모든 사물은 상대적이다

세상에 모든 사물은 상대적이다. 모든 사물은 '그'가 아닌 것이 없고, '이것'이 아닌 것이 없다. 자기가 아닌 그의 입장에서 볼 때엔 보이지 않는 것도, 자기의 입장에서는 볼 수 있는 것이다.

그러므로 '그'는 '이것'이 있기에 생겼고, '이것'은 '그'가 있기에 생긴 것이다. 이같이 '자기는 옳고, 남은 그르다'의 관념은 상대적으로 발생된 것이다. 생生에 상대되는 것으로 사死가 있고, 사에 상대되는 것으로 생이 있다. 마찬가지로 가능에 상대되는 것으로 불가가 있고, 불가에 상대되는 것으로 가능이 있다. 옳은 것 때문에 그른 것이 있고, 그른 것 때문에 옳은 것이 있다.

때문에 성인이라야 상대적 입장에 서지 않고, 자연의 입장에서 사물을 보는 것이다. 그것은 시비의 상대성을 초월한 지라 시비와 피차에는 아무런 분별이 없는 것을 알 수 있는 것이다.
— 장자, 『莊子』 부분

상대주의의 역사는 이처럼 유구하고 오랜 역사적 기원을 지녔다.

모든 것들은 선악이나 남녀처럼 그 짝을 가졌고, 그 짝이 있음으로 해서 상호간에 공존할 수가 있는 것이다.

하지만, 그러나 생존경쟁은 때때로 이 공존의 법칙을 위협하고, 타자의 존재 자체를 부정하게 된다.

따라서 때로는 이 상대주의를 초월하여 자연의 입장에서 모든 것을 바라볼 필요가 있는 것이다.

자연은 어느 특정 개체의 생사에는 관심이 없고, 그 종들과 종들 사이의 균형에만 관심이 있는 것이다.

자연은 성자이고, 성자는 자연이다.

# 도를 밖으로 빛나게 함은……

도를 밖으로 빛나게 함은 진정한 도가 아니요, 말을 지나치게 지껄이면 진실에 미치지 못한다. 따라서 인仁도 너무 고집하면 널리 퍼질 수 없고, 염결도 강연히 고집하면 도리어 그 내심을 믿을 수 없게 되며, 용기도 너무 맹렬하면 도리어 남의 원한을 얻는 법이다.

이 다섯 가지는 본래 둥근 것이거늘, 형적形迹에 구애되어 오히려 모진 것으로 가까워지고 만 것이다.

그러므로 사람의 지혜란 모르는 데에 그치고 마는 것이 오히려 최고의 지혜가 된다.

— 장자, 『莊子』 부분

장자는 순수하고 때 묻지 않은 말을 사랑한다. 순수하고 때 묻지 않은 말은 그 어떤 욕망도 배어 있지 않은 말이다.

도를 도라고 말하는 순간 그 도는 때가 묻게 되고, 인을 인이라고 말하는 순간 그 인은 때가 묻게 된다.

지혜는 최고의 악이 되고, 무식함은 최고의 선이 된다.

장자 역시도 지혜를 거절하면서도 이 지혜를 팔아먹고 살아갔던 대악당에 지나지 않는다.

# 나는 한 마리의 나비였었다

예전에 나는 내가 나비가 되어 훨훨 날아 본 꿈을 꾼 적이 있다.

그때 나는 우쭐대면서 훨훨 날아다니는 한 마리 나비였었다.

그리고 그냥 즐거울 뿐 별로 그것이 싫지 않았을 뿐 아니라 그것이 바로 장주莊周인 줄도 까맣게 잊고 있었다.

소스라쳐 꿈이 깨자, 나는 여전히 형체가 있는 나인 줄도 알게 되었다.

도대체 장주가 나비된 꿈을 꾼 것인지, 아니면 나비가 장주된 꿈을 꾼 것인지 모르겠다. 그러나 장주와 나비는 분명히 별개의 것이다. 그러나 꿈속에선 누가 누구인지 서로의 관계가 애매해진다.

— 장자, 『莊子』 부분

장자는 철학자이자 심리학의 대가이다.

장자의 '나비의 꿈'은 세계에서 가장 유명한 명언 중의 하나이다.

# 庖丁의 칼

양혜왕梁惠王의 주방장이 왕을 위해 소를 도살한 적이 있다.

그 손이 닿는 곳, 어깨를 미는 곳, 발로 밟는 곳, 무릎으로 누르는 곳, 그 동작동작이 움직일 때마다 삐걱삐걱 쓱쓱하며 뼈와 살이 떨어지는 소리와 칼질하는 소리가 범벅이 되어 들렸는데 그것이 모두 음악의 가락에 맞았다.

마치 상림桑林의 춤과 같고, 경수經首의 음악도 연상케 했다.

보고 있던 양혜왕이 탄식하며 입을 열었다.

"대단하군! 손재주가 이 정도로 정련될 줄이야!"

주방장은 칼을 놓고 대답했다.

"제가 즐기는 것은 도락道樂입니다. 이미 손재주의 과정은 지나쳐 버렸습니다.

제가 처음으로 칼잡이가 되어 소를 가를 때만 해도 눈에 보이는 것은 소뿐이었습니다. 그런데 3년이 지나자 소의 모습은 완전히 보이지 않았습니다. 지금 저는 마음으로 소를 처리하는 것이지, 결코 눈으로 관찰하는 것은 아닙니다. 감각의 작용은 모두 정지되고 오직 내 마음의 경로만을 따라서 소의 자연적인 구조를 만지고 있는 것입니다.

칼을 골절이 연접된 골짜기에 대고 거기를 쪼개는가 하면, 거기 빈 골절 사이를 왔다갔다 하는 것이니, 말하자면 자연의 도리를 따라 칼질하는 것입니다. 제 칼날은 결코 가로 세로 얽혀진 힘줄을 다치지 않게 하거늘, 하물며 커다란 뼈를 아프게 하는 일은 있을 수 없습니다.

능숙한 칼잡이도 1년에 한 번은 칼을 바꿉니다. 그것은 살을 너무 많이 벤 까닭입니다. 어중간한 칼잡이는 한 달이면 한 번씩 칼을 바꿉니다. 그것은 칼로 살을 베는 게 아니라 뼈를 베는 까닭입니다.

지금 제가 쓰는 칼은 벌써 19년이나 써오고 있으며, 이 칼로 가른 소만도 몇 천마리는 될 것입니다. 그러나 칼날은 금방 숫돌에 갈아 온 듯 날카롭습니다.

그 까닭은 이렇습니다. 원래 뼈마디끼리 잇단 곳에 빈 틈이 있기 마련인데, 제가 쓴 칼날은 그 빈 틈보다 엷습니다. 엷은 두께로 넓은 간격을 휘두르면 아무리 해보아도 칼날은 칼날대로 보전되는 것입니다.

비록, 그렇기는 하나, 힘줄과 뼈가 엉켜진 곳을 만났을 때엔 저도 그것이 어려운 줄 알고, 한층 긴장하여 조심합니다.

제 눈빛을 한곳에 모으고 저의 손발도 서서히 움직이면서 칼질을 가볍게 뚫고 나가면, 와르르 소의 골육은 조용히 갈라져서 마치 흙덩이가 땅에 떨어지듯 우수수 흩어집니다.

그리고 나서야 저는 칼을 집고 일어서서 사방을 휘둘러봅니다. 가슴에 일렁이는 만족감을 안은 채 저는 다시 칼을 손질하여 넣어 둡니다."

양혜왕은 몹시 감동했다.

"훌륭하다. 나는 칼잡이의 말을 듣고 드디어 양생하는 법을 체득하였구나."

― 장자, 『莊子』 부분

'庖丁의 칼'은 천하 제일의 명장의 칼이며, 장자의 '일도필살―刀必殺'의 검객의 솜씨를 보여준다.

장자는 어떻게 이 아름답고 장엄한 포정의 칼을 쓰게 되었던 것일까?

# 명예와 지혜는 흉기일 뿐

 명예욕은 남을 훼방하는 근본이 되며, 지혜는 남과 다투는 무기에 지나지 않는다. 이 두 가지는 모두 흉기일 뿐, 결코 처세의 정도가 될 수 없는 것이다.
 ─ 장자, 『莊子』 부분

명예도 흉기이고, 지혜도 흉기이다.

장자의 입도, 그의 성기도 흉기이다.

 골을 못 넣는 골잡이와 K.O 펀치를 못 날리는 권투선수를 생각해보아라!

 구더기 무서워서 장을 못 담그는 바보 얼간이가 장자이기도 한 것이다.

 이 세상의 삶이 아름답고 행복한 것은 일진일퇴―進―退를 거듭하는 진검승부의 세계이기 때문인 것이다.

# 무릇 사람의 언어는 풍랑처럼 위험하여……

    무릇 사람의 언어는 풍랑처럼 위험하여, 그 행동에 진실을 잃기가 쉽습니다. 언어가 풍랑처럼 흔들리기 쉽기에, 따라서 행동도 갈피를 못 잡다가 드디어는 위태롭게 됩니다. 그러므로 분노가 일어나는 것은 다름이 아니라, 바로 달콤한 말이나 치우친 말 때문인 것입니다.

  — 장자, 『莊子』 부분

언어는 인간을 살릴 수도 있고, 언어는 인간을 죽일 수도 있다.

언어는 빛보다도 빠르고, 언어는 원자폭탄보다도 그 파괴력이 더 크다.

카이사르는 '공화정의 파괴자'라는 언어 때문에 죽어갔고, 나폴레옹은 '식인귀, 살인마'라는 언어 때문에 죽어갔다.

제1차 세계대전과 제2차 세계대전이 일어난 것도, 이 언어 때문에 일어났던 것이다.

알프스와 옐로우스톤보다도 더욱더 아름다운 언어,

히말라야와 금강산보다도 더욱더 아름다운 언어—.

히로시마와 나가사키를 죽음의 땅으로 몰고갔던 원자폭탄이나 후쿠시마의 원자력 발전소의 폭발보다도 더욱더 무섭고 끔찍한 언어—.

# 당신은 사마귀를 본 적이 있소?

당신은 사마귀를 본 적이 있소?

그 놈은 그 팔을 활짝 벌리고 커다란 수레바퀴에 곧잘 대들더군요. 그 놈은 자기 힘으로는 도저히 당해낼 수 없는 것은 모르고 오히려 재주가 꽤 있는 줄로 믿더군요.

이런 일은 조심하고 삼가해야 합니다.

─ 장자, 『莊子』 부분

큰 수레에 대항하는 사마귀는 바보 천치일 수도 있지만, 그러나 이 사마귀의 기개는 만고불변의 진리가 된다.

목에 칼이 들어와도 할 말은 해야 하고, 우리는 모두가 당랑거철螳螂拒轍의 사마귀가 되지 않으면 안 된다.

표절, 즉, 글도둑질이 대성황을 이루고 있는데도, 우리 한국인들은 어느 누구 한 사람도 당랑거철의 사마귀가 되려고 하지를 않는다.

# 큰 나무 한 그루

남백자기南伯子綦가 상구商丘를 여행할 때 큰 나무 한 그루가 유별난 것을 보았다. 천 대의 네 필 말 수레를 한곳에 모은다 해도 그 그늘에 덮여 보이지 않을 정도였다.

자기가 말했다.

"이것은 무슨 나무일까? 반드시 좋은 목재로 쓰이겠군."

우러러 그 잔가지를 살피니, 하도 꼬불꼬불하여 기둥이나 대들보로는 쓸 수 없었고, 머리 숙여 뿌리를 보았더니, 이리 꼬불 저리 꼬불한데다 속조차 비어 관목으로도 쓸 수 없었다. 또 그 잎을 핥아 보았더니, 입이 부르트고, 냄새를 맡았더니만, 술에 취한 듯 혼취되어 사흘 동안 깨어나지 않을 정도로 고약했었다.

자기는 말했다.

"역시 목재가 되지 않는 나무였기에 이렇게 클 수 있었구나. 그러면 신인神 人도 쓸모 없기에 그의 천명을 있는대로 누릴 수 있었던 것이다.

— 장자, 『莊子』 부분

장자는 쓸모 있는 것의 허망함을 다음과 같이 설명해놓고 있다.

한 움큼쯤 되는 나무는 원숭이 말뚝감으로 베어가고, 세 아름이나 네 아름쯤 되는 것은 호화스런 저택의 대들보로 베어가고, 일곱 여덟 아름쯤이나 큰 것은 귀인이나 부유한 상인들의 관목으로 베어간다. 그러므로 이들은 천부의 수명을 다하지 못한 채 중도에 도끼날에 요절되고 말았으니, 이는 쓸모 있기에 당한 환관인 것이다.

쓸모 없는 것은 오래 살 수 있지만, 쓸모 있는 것은 오래 살지 못한다.
이 쓸모 없는 나무가 오래 살고, 그 오랜 삶이 만인들의 탄성을 자아내게 한다.
하지만 우리는 이 동물적인 자연의 삶을 거절하고 구중궁궐의 대들보가 되지 않으면 안 된다.
어차피 좀 더 오래 살았거나 좀 더 일찍 죽거나 다 마찬가지가 아니던가?
나는 '거목巨木이 아닌 잡목雜木처럼, 인간이 아닌 동물처럼', 생존 자체가 최고인 삶을 찬양했던 장자의 말에는 찬성을 할 수가 없는 것이다.

무릇 배를 골짜기에 숨겨 놓거나 산을 연못 속에 숨겨 둔다면, 도둑맞을 염려가 없이 든든하다고 여길 것이다.
그러나 밤중쯤 기운 센 사람이 이를 갖고 도망갈지도 모르건만, 우매한 사람은 그것을 까맣게 모르고 있다.
큰 물건을 감추었든, 작은 물건을 감추었든 적당한 곳에 감춰 두었다 할지라도, 그들에게 변화가 없을 수 없는 것이다.

그러나 천하를 천하 속에 감추어 둔다면 그것은 영원히 도둑맞을 수 없는 것이니, 이는 영원한 진리인 것이다.

— 장자, 『莊子』 부분

천하에 천하를 감춰 둘 필요는 없다.

하늘 아래 '네 것', '내 것'이란 없다.

하늘 아래 '네 것', '내 것'이 없으니까, '네 것, 내 것'을 따지고, 끝끝내는 생사를 넘어선 싸움까지도 마다하지를 않는다.

# 물오리와 학

　물오리의 다리가 비록 짧다 하지만, 그것을 길게 늘여 준다면, 오히려 걱정을 끼치는 결과가 되겠고, 학의 다리가 비록 길다 하지만, 그것을 짧게 잘라 준다면 오히려 슬픔을 주는 결과가 되겠다.
　그러므로 본래 길게 타고난 것은 잘라 줄 필요가 없으며, 본래 짧게 태어난 것을 길게 해 줄 필요가 없으니, 그렇게 한다면 스스로 걱정을 불러들이는 일도 없는 것이다.
　— 장자, 『莊子』 부분

물오리는 물오리의 삶에 만족하고, 학은 학의 삶에 만족한다.
장자는 장자의 삶에 만족하고, 나는 나의 삶에 만족한다.
장자의 운둔자의 삶은 자연스럽지 못한 삶이고, 나의 일상적인 삶은 자연스러운 삶이다.

# 백이와 도척, 혹은 군자와 소인

  소시민은 이익을 위해 자신을 희생하고, 지식인은 명예를 위해 자신을 희생하고, 관료는 가문을 위해 자신을 희생했다. 이들이 하는 사업이나 명칭은 달랐으나, 본성을 상실하고 자신을 희생하는 점에서는 공통하고 있다.
  伯夷는 수양산에서 굶어 죽었고, 盜跖은 동릉산에서 처형당했으니, 두 사람의 사인은 다르지만, 생명과 본성을 손상시킨 점에서 공통하고 있다.
  그런데 하필이면 백이만 옳고 도척은 나쁘다고 할 수 없지 않은가?
  천하 사람들은 모두 무엇을 위해 희생하고 있다. 인의를 위해 희생하면 속인들은 군자라 칭찬하고, 재물을 위해 희생하면 속인들은 소인이라 경멸한다. 자기를 희생하는 점에서는 같은데 군자가 있고 소인이 있으니, 만일 생명과 본성을 손상시킨 점에서 보면 伯夷와 盜跖 사이에 다를 바가 무엇이며, 더구나 그 사이에 군자와 소인의 차별을 둔 것은 무엇 때문인가?
  ― 장자, 『莊子』 부분

백이와 도척은 둘이 아닌 하나이다.
군자와 소인도 둘이 아닌 하나이다.
누가 누구를 구별하고, 누가 무엇을 존중할 수가 있는가?
장자는 철두철미하게 반사회적 인간이며, 이 반사회적인 인간으로서 우리 인간들의 삶에 참여하고 있는 것이다.

# 과실過失

    그런데도 세상 사람들은 으레이 백락伯樂은 말을 잘 기르고, 옹기장이와 목수는 진흙과 목재를 잘 다룬다고 칭찬했다.
    그렇다면 위정자들도 백성을 못 살게 굴면서도 백성을 잘 다스린다고 말할테니, 실상은 백락이나 옹기장이와 목수와 같은 과실을 범하고 있는 것이다.
— 장자, 『莊子』부분

    모든 교육은, 예술은 끊임없이 그 대상을 억압하고 못살게 구는 것이다.
    자연은, 비바람은 끊임없이 거대한 산을 깎고, 또 깎아서 천하 제일의 풍광을 연출해놓고 있지 않던가?
    장자는 장자 자신의 몸과 마음을 깎고, 또 깎아서 천하 제일의 사상으로 연출해 놓지 않았던가?
    자기 자신이 명품인 줄도 모르고, 끊임없이 자기 자신을 불량품으로 끌어내리는 어릿광대는 장자 말고는 없을 것이다.

## 천방天放

    나는 천하를 잘 다스리는 위정자는 그렇지 않다고 생각한다.
    백성에겐 상성常性이 있다. 누가 시키지 않아도 베를 짜서 옷을 입고, 논을 갈아 곡식을 먹기 마련이니, 이것은 모든 사람의 공통된 요구다. 자연의 뜻대로 혼연일체되어 인위적으로 편당을 하지 않은 것을 천방天放이라고 한다.
    그러므로 성덕盛德시대에는 사람의 행동들이 느릿느릿하고 그 안광眼光도 담담하였다.
    그때 사람은 각기 자급자족하였기에 산에 소로 길을 만들지도 않았고, 못에는 배나 다리를 놓지 않았다. 모든 만물은 각각 태어난 대로 살며 서로 간섭하지 않았고, 다만 이웃을 사귈 뿐이었다. 새는 새끼리, 짐승은 짐승끼리 서로 떼를 이루었고, 초목은 초목대로 무성하였다. 나아가서는 새와 짐승과 사람이 한덩이가 되어 한데 놀았고, 나무 위에 올라 새 둥우리를 들여다 보아도 새들은 사람을 무서워하지 않았다.

  ― 장자, 『莊子』 부분

새는 새끼리, 짐승은 짐승끼리, 언제, 어느 때나 사이좋게 지내는 것은 아니다.

모든 생명체들은 끊임없이 영역다툼과 짝짓기의 싸움을 하고, 그 싸움의 전제조건인 질투와 시기와 온갖 중상모략으로 애간장이 다 타들어가고 있는 것이다.

이 싸움이 없으면 종의 건강과 종의 진보가 가능하지 않고, 이 싸움이 없으면 이 싸움으로 인한 상호간의 공생과 공존이 없게 된다.

장자는 영원한 철부지이고, 크게 어리석은 판단력의 어릿광대에 지나지 않았던 것이다.

# 성인이 죽으면……

다시 자세히 말하면, 세상에서 말하는 가장 지혜로운 사람은 결국 큰 도둑을 위해서 재물을 모아두는 사람이고, 성인이란 큰 도둑을 위해 그것을 지켜주는 사람이 아닌가? (……)

그래서 도척盜跖의 도당徒黨이 도척에게 물었다.
"도둑에게도 도가 있나요?" 했을 때, 도척은 이렇게 말했다고 한다.
"어디를 가나 도가 없을 수 있나? 말하자면 집안에 간직한 재물을 짐작하려는 것이 신령스럽기 때문에 성聖이라 할 것이요, 앞장서서 들어가는 것은 용勇이요, 나중에 나오는 것은 의義요, 사태를 보아 안위安危를 판단하는 것은 지知요, 그것을 고루게 분배하는 것은 인仁이다. 이 다섯 가지를 갖추지 않고도 큰 도둑이 된 사람은 천하에 없는 것이다."
(……)
그렇다면 성인을 없애고, 도척들을 내버려둔다면 천하는 오히려 태평해질 것이다.
무릇 시내가 마르면 골짜기는 더욱 허허해지고, 언덕을 평평히 하면 못이 메인다고 한다. 성인이 죽으면 큰 도둑도 생기지 않고, 따라서 세상은 태평 무사할 것이다.

— 장자, 『莊子』 부분

 도둑은 적게 훔치고, 성자는 크게 훔친다. 도둑은 모든 것을 다 잃고 형무소로 가게 되지만, 성자는 모든 것을 다 얻고 만인들 위에 군림하게 된다.

 오늘날 다국적 자본가들의 힘은 국가의 권력을 초월해 있으며, 그들은 그들의 탐욕을 은폐한 채 자선사업가로 그 가면을 바꿔쓰고 있다.

 빌 게이츠, 워런 버핏, 조지 소로스 등은 세계적인 자선사업가이며, 성자이다.

 새로운 금맥金脈을 찾아나서는 것은 성聖이고, 남보다 먼저 재빠르게 투자하는 것은 용勇이다. 자기 자신의 충복들이 형무소를 가는 한이 있다고 하더라도 배신을 때리지 않게 보살펴주는 것은 의義이고, 더 이상의 사태를 방치하지 않는 것은 지知이고, 자선사업단체를 만들어서 해마다 수조 원이나 수십조 원씩 자선행사를 하는 것은 인仁이다.

 수조 원을 기부하고, 수십조 원씩 챙겨나가는 승자 독식구조가 오늘날의 성자들(대도둑들)의 근본토대이기도 한 것이다.

# 남의 나라를 훔친 큰 도둑

　남의 허리띠를 훔친 좀도둑은 사형을 받지만, 남의 나라를 훔친 큰 도둑은 제후가 되고, 그 제후의 부제府制에는 인의가 규제하니, 곧 그 인의나 성지까지도 위장하고 역이용하는 것이 아닌가?
　— 장자, 『莊子』부분

모든 국가는 전투체제로 편성되어 있으며, 그 국가의 원수는 상승장군이었다.

상승장군은 전쟁, 약탈, 방화, 강간, 살해의 명수이며, 그는 그것을 은폐하고 어질고 인자한 군주로 군림하고자 한다.

언제, 어느 때나 군주의 법은 좀도둑을 인정하지 않는다.

크게 훔쳐라!

그러면 그대는 마이크로 소프트사의 빌 케이츠처럼 만인들의 존경을 받게 될 것이다.

# 인의仁義

나는 성聖이니 지혜니 하는 따위가 결국 다리나 목을 비틀어매는 형틀이나 수갑틀을 씌우는 사람이라는 것을 알 수 있으며, 인의란 것도 기껏해야 차꼬나 수갑 노릇밖에 하지 않는 걸로 생각한다.
— 장자, 『莊子』 부분

모든 도덕은 인위적인 것이며, 그것은 우리 인간들의 자유를 구속하는 것이다.

## 천도天道와 인도人道

　도에는 천도天道와 인도人道가 있다. 무위인 채로 존귀한 것은 천도요, 인위적이면서도 번거로운 것은 인도라 할 것이다.
　― 장자,『莊子』부분

　모든 사람들이 다같이 자유롭게 산다면 '만인 대 만인의 투쟁'이 일어나게 될 것이고, 천도는 그 종적도 없이 사라져 가게 될 것이다.
　천도란 다만 가짜 환영이며, 인도만이 최선의 삶의 길인 것이다.

# 아들이 많으면 근심이 많고……

 아들이 많으면 근심이 많고, 돈이 많으면 일이 많고, 장수하면 욕이 많은 법이오.
— 장자, 『莊子』 부분

아들이 많으면 근심이 많고, 돈이 많으면 일이 많고, 오래 살면 욕을 얻어 먹게 된다.
 아들도 적당히 낳고, 돈도 적당히 벌고, 칠십 이전에 죽어야 한다.

# 최고의 귀貴는……

 최고의 귀貴는 벼슬자리마저도 내던지는 것, 최고의 부는 큰 재산마저도 던지는 것, 최고의 기원은 명예마저도 버리는 것이라고 했소.
 때문에 도는 모든 부귀와 명예를 버린 영원불변의 것이오.
 ― 장자, 『莊子』 부분

언제, 어느 때나 최선의 노력을 다하고, 인생의 정점에서 그 모든 것을 다 던지고 죽어갈 줄을 알아야 한다.
 서해 바다의 일몰처럼 아름답고 장엄해야 할 것이다.

# 고니와 까마귀

   고니는 날마다 목욕을 하지 않아도 하얗게 정결하고, 까마귀는 매일 먹칠을 하지 않아도 까맣게 우중충합니다.
  — 장자, 『莊子』 부분

고니는 하얗고, 까마귀는 검다.
고니도 깨끗하고, 까마귀도 깨끗하다.
고니는 깨끗하고 까마귀는 더럽다는 것은 우리 인간들의 편견에 지나지 않는다.

# 그 용은 바로 노자였다

공자는 노자를 만나고 돌아가서는 사흘이나 아무 말을 하지 않았다. 이를 본 제자들이 물었다.

"선생님께서는 노자를 만나셨으니, 무얼 가르쳐 주셨습니까?"

공자의 대답이었다.

"나는 이제야 비로소 용을 보았다. 그 용은 변화무쌍하여 몸을 한데 모으면 묘한 체구를 이루고, 기운을 분산시키면 현란한 무늬를 이룬다. 구름을 타고 음양의 이치를 따라 모든 만물을 기르고 있는 용이 있다. 그 용은 바로 노자였다. 나는 노자를 만나자 두려운 나머지 입을 벌린 채 닫혀지지 않더군. 그런데 어떻게 노자를 가르친단 말이냐?"

— 장자, 『莊子』 부분

공자는 인, 의, 예를 중요시 한 도덕군자이며, 이 공자의 도덕철학은 모든 군주들의 경전이 되었다고 해도 과언이 아니다.

공자는 입신 출세주의자이며, 그는 하늘 나라의 천국이나 인간의 사후의 세계에 대해서는 전혀 관심조차도 없었다고 한다.

하지만, 그러나 공자의 도덕철학은 어디까지나 말들의 잔치에 지나지 않았을 뿐, 이 세상의 부정부패는 더욱더 심해졌고, 오직 탐관오리들만이 활보를 하고 있었던 것이다.

 이 공자의 유교사상에 전면적으로 반기를 든 사람이 노자와 장자였고, 그들의 무위의 사상이 수많은 사람들의 심금을 사로잡게 되었던 것이다.

 노자는 구름을 타고 모든 만물을 기르는 용이었지만, 공자는 그 용의 위용 앞에서 벌벌벌 떨고 있는 청개구리에 지나지 않았다.

 모든 사상의 역사는 혁명의 역사이며, 중화민국이 세계 최고의 강대국이 되었던 것은 이처럼 공자, 맹자, 노자, 장자, 한비자, 묵자, 순자 등, 세계적인 사상가들을 배출해냈기 때문이었던 것이다.

# 사람이 태어나 산다는 것은 근심과 함께 산다는 뜻이며……

무릇 세상 사람이 숭배하는 것은 부, 귀, 수, 명예, 네 가지다. 그리고 즐기는 것은 몸의 편안함과, 입에 맞는 음식, 아름다운 의복, 만족한 색욕, 아름다운 음악 등이다. 그리고 천히 여기는 것은 가난과 비천, 요사夭死, 악명惡名 따위다. 그리고 괴롭게 여기는 것은 몸이 편하지 못한 것, 맛있는 음식을 먹지 못하는 것, 아름다운 옷을 못 입는 것, 좋은 음악을 듣지 못하는 것 따위다.

무릇 부자가 몸을 괴롭히면서 열심히 일하여 많은 재물을 모았지만, 그것들은 다 쓰지 못하거늘, 이렇게 육체를 위한 일이란 외부의 물질에 만족할 따름이다. 또 지위가 높은 사람은 밤낮 없이 자기 지위의 안위를 걱정하고 있거늘, 그것은 자기 육체에 대하여 너무 소홀한 것이다.

사람이 태어나 산다는 것은 근심과 함께 산다는 뜻이며, 오래 산다 한들 역시 근심에 매여 차라리 죽고 싶어도 죽어지지 않으니, 얼마나 괴로운 일인가?

— 장자, 『莊子』 부분

산다는 것은 근심과 함께 산다는 것이며, 근심과 함께 산다는 것은 기쁨과 함께 산다는 것이다.

오르막이 있으면 내리막이 있고, 내리막이 있으면 오르막이 있다.

근심만이 있다면 어느 누구도 살고 싶지 않을 것이고, 기쁨만이 있다면 그 무한한 정열의 낭비 때문에 이 세상의 삶이 유지될 수가 없을 것이다.

# 장자의 아내가 죽자……

 장자의 아내가 죽자, 혜자惠子가 조문을 갔더니, 장자가 두 다리를 키 모양으로 쭉 뻗고 물동이를 치면서 노래를 하고 있었다.
 혜자가 놀란 채 물었다.
 "부부 동거하여 자식을 기르다가 늙어 죽은 아내를 위하여 곡하지 않는 것은 모르겠거니와, 물동이를 치면서 노래함은 너무 심하지 않습니까?"
 장자가 대답했다.
 "모르는 소리! 아내가 죽었을 때, 난들 어찌 슬프지 않았겠는가? 그러나 아내라는 생명의 시초를 캐어보면 당초는 생명이 없었던 걸세. 생명이 없었을 뿐 아니라 형체도 없었고, 형체만 없었을 뿐 아니라 음양의 기운도 없었네.
 따져 보면 혼돈한 상태 속에 섞여 변화를 따라 기氣가 생겼고, 다시 그 기가 변하여 형체를 이루었고, 다시 그 형체가 생명으로 변했다가, 이제금 다시 죽음으로 변화된 것이니, 이는 춘하추동의 사시가 운행하는 것이나 다름 없는 일일세.
 그녀는 지금 천지라는 커다란 방안에 편히 쉬려 하거늘, 내가 꽥꽥 소리치며 남들처럼 통곡한다는 것은 아무래도 천명에 통달하지 못한 듯하여 곡을 그만두었네.

— 장자, 『莊子』 부분

우리는 우리가 집에서 키우던 개나 소가 죽었을 때에도 그 슬픔 때문에 눈물을 흘린다.

정이란 이 세상의 삶의 원동력이고, 이별이란 그 정의 상실이기 때문에 슬픈 것이다.

죽음은 이별 중의 가장 큰 이별이고, '애도'는 그 이별의 슬픔을 양식화한 것이다.

하지만, 그러나 죽음을 삶의 완성으로 생각하거나 하늘 나라의 천국으로의 입문으로 생각한다면, 그 죽음은 대축복 속의 영광일 수도 있는 것이다.

아름답고 행복한 삶을 살다가 천수를 다 누리고 간 사람, 모든 것이 다 갖추어져 있고, 어느 것 하나 부족한 것이 없는 천국으로 간 사람을 위하여 눈물과 콧물을 흘리며 운다는 것은 대단히 잘못된 일일 수도 있는 것이다.

동남아의 어느 부족의 장례식은 그야말로 모든 부락민들의 축제였던 것이다.

# 생명이란 먼지와 때에 불과한 것

 지리숙支離叔과 골개숙滑介淑 두 사람이 옛날 황제가 놀았다는 곤륜崑崙의 황야 명백冥伯의 언덕을 찾아갔다.
 갑자기 골개숙의 왼팔꿈치에 혹이 생겼다. 그는 깜짝 놀라 그것을 두려워했다.
 그러자 지리숙이 물었다.
 "그게 싫은가?"
 "아니 이게 무엇이 싫겠는가? 무릇 생명이란 빌어 온 것이 아닌가? 생명이란 여러 가지를 빌어다가 빚어 놓은 것이거늘, 먼지나 때에 불과한 것. 우연히 바람에 날리어 이렇게 모여진 것이 아닌가? 생사는 주야가 저절로 바뀌듯이 변하는 하나의 순환인 것뿐이야!
 그리고 자네나 나는 생사의 변화를 구경하러 왔거늘, 지금은 그 변화가 나에게 닥친 것뿐이야. 그런데 그 자연의 순환을 어쩌자고 싫어하겠는가?"
 ― 장자,『莊子』부분

이삼십 년 전만 하더라도 우리 한국인들의 평균 수명은 60세 전후였고, 지금의 내 나이는 이 세상을 떠나가기에 가장 좋은 나이(60세)라고 할 수가 있다.

나는 오래 전부터 장수에는 별다른 관심이 없었고, 이제는, 때때로 나의 죽음에 대하여 생각해볼 때가 많아졌다.

이제까지 나는 건강하게 살아왔고, 스스로 목숨을 끊는 것만이 나의 장수를 막는 일일 것이다.

하지만, 그러나 자살은 너무나도 싫고 비인간적인 행위라고 생각된다.

하루바삐 '인간수명제'를 채택하여 국가에서 대대적으로 '존엄사'(안락사)를 실시하는 것만이 고령화 사회라는 대재앙을 퇴치할 수 있는 최선의 대책이라고 생각된다.

나는 나에게 암이 찾아왔으면 한다.

나에게 있어서 암은 삶의 해방이며, 대축복의 은혜가 될 것이다.

# 내가 어찌 군왕 같은 즐거움을 버리고……

장자는 그것이 믿기지 않아 다시 물었다.

"내가 목숨을 관장하는 신에게 부탁하여 그대를 부활케 하고, 그대의 골육과 살결을 재생케 하여 그대가 그리워하는 부모처자와 고향 친구를 만나게 할 터니, 그대는 원하는가?"

해골은 몹시 눈썹을 찡그리고 이마를 찌푸리며 말했다.

"내가 어찌 군왕 같은 즐거움을 버리고, 다시 인간 세상의 고통으로 돌아가겠는가"

— 장자, 『莊子』부분 ·

삶이 아닌 죽음에 관한 한 나와 장자의 생각은 거의 같다.

# 남을 이용하는 사람은 번거로움을 당하고……

　남을 이용하는 사람은 번거로움을 당하고, 남에게 이용을 당하는 사람은 근심을 면하지 못합니다. 요堯같은 성왕은 남을 이용하지도 않았고, 남에게 이용을 당하지도 않으셨습니다.
　— 장자, 『莊子』 부분

이 세상에서 남을 이용하지도 않고, 남에게 이용을 당하지 않고 살아간 사람은 단 한 사람도 없다.

# 곧게 솟은 나무

곧게 솟은 나무란 먼저 목수에게 베이고, 달디단 샘물이란 먼저 마르기 마련이다.
— 장자, 『莊子』 부분

나는 목수에게 베일지라도 곧은 나무가 되고 싶고, 곧 그 수원이 고갈될지라도 달디단 샘물이 되고 싶다.

# 죽음은 생의 시작이거늘……

황제는 말을 이었다.

"인간의 출생은 반드시 죽음을 부수한다. 그래서 생은 죽음의 동반이요, 죽음은 생의 시작이거늘 누가 그 생사生死의 처음과 끝을 조성하고 있는지 모른다.

— 장자, 『莊子』 부분

삶의 동반자는 죽음이고, 죽음의 동반자는 삶이다.
오오, 죽음이여, 언제, 어느 때나 나를 찾아오라!
나는 그대를 대환영할 것이다.

# 어진 사람을 골라 정사를 맡기면……

　어진 사람을 골라 정사를 맡기면 백성은 서로 어질고자 중상하고, 슬기로운 사람을 골라 정사를 맡기면, 그 백성은 그 슬기를 배워 서로 도둑질한다.
　— 장자, 『莊子』 부분

어짊이 중상모략의 대상이 되고, 지혜가 대도둑의 길이 되는 세계에서 우리 인간들의 삶이란 완벽한 사기와 완벽한 범죄 행위에 지나지 않는다.
　노자와 장자의 염세주의가 '무위 자연'의 사상을 낳은 것이다.

# 재산을 쌓아 놓지 못한 탐욕자는 우울하고……

 재산을 쌓아 놓지 못한 탐욕자는 우울하고, 권세를 강화하지 못한 세도가는 늘 비관한다. 권세나 재물을 탐하는 자에겐 세상의 화변을 바라고, 때를 만나면 온갖 소행을 저지른다.
― 장자, 『莊子』 부분

재산은 삶의 텃밭이고, 권력은 삶의 기쁨이다.

# 그의 성격은 너무 청렴결백하여……

 그의 성격은 너무 청렴결백하여 자기보다 못한 사람은 사귀려 하지 않고 또 남의 과실을 한 번만 발견하더라도 두고두고 잊지 못합니다. 그런 사람에게 국사를 맡기면 위로는 너무 충직하여 임금께 반항하고, 아래로는 너무 청렴하여 백성들과 어긋날 것입니다. 결국 임금께 득죄할 날이 멀지 않았습니다.

― 장자, 『莊子』 부분

 신성모독자와 반란자와 혁명가는 너무나도 청렴결백한 인간의 초상일는지도 모른다.
 너무나도 청렴결백하면 부정부패와 악에 대한 면역력이 없게 되고, 그는 청렴결백이라는 중증 질환을 앓게 된다.

# 창피를 모르는 사람이라야 부자가 되고……

    창피를 모르는 사람이라야 부자가 되고 말을 잘 하는 사람이라야 출세를 한다. 무릇 명리를 크게 이룬 사람이란 거의 창피를 모르고 지껄이는 사람이다.

  — 장자, 『莊子』 부분

부자도 뻔뻔스럽고 웅변가도 뻔뻔스럽다.
이 뻔뻔스러움이 최고의 자산이 되고, 그들은 그것으로 출세를 한다.
자본주의 사회는 너무나도 뻔뻔스럽고 파렴치한 부자들이 최고의 성자가 되는 그런 사회에 지나지 않는다.

# 성공하면 임금이 되고 실패하면 하졸이 된다

 속담에도 "누가 옳고 그르냐? 성공하면 임금이 되고 실패하면 하졸이 된다"고 했지 않았나?
— 장자, 『莊子』 부분

성공하면 임금이 되고 실패하면 하졸이 된다.
예나 지금이나 최종심급은 승자독식구조인 것이다.

# 소인은 재물을 위해 자기를 버리고……

소인은 재물을 위해 자기를 버리고, 군자는 명성을 위해 자기를 버린다.
— 장자, 『莊子』 부분

소인이나 군자는 모두가 다같이 어리석은 인간에 지나지 않는다.
왜냐하면 그들은 자기를 얻지 못하고, 자기를 버리고 있기 때문이다.

# 식食은 나라의 보배요

식食은 나라의 보배요, 병력兵力은 그 나라에 있어서 마치 동물의 발톱과 같은 것이며, 성곽은 자기 자신을 수비하는 것이다. 이 세 가지는 국가로서 구비해야만 할 것이다.

— 묵자, 『墨子』 부분

묵자(기원전 470년~391년)는 노예노동자로 태어났고, 그가 태어났을 때는 수많은 열국列國들이 전쟁을 일삼고 있었다고 한다. 묵자는 너무나도 당연하게 전쟁을 미워하고 혐오한 평화주의자이며, 그의 겸애주의兼愛主義는 그의 사상의 중심축을 이루고 있다고 해도 과언이 아니다. "싸움은 왜 일어나는 것인가? 서로가 사랑하지 않기 때문이다. 도적은 왜 있는가? 제 집만 사랑하고 남의 집을 사랑하지 않기 때문이다"라는 말이 바로 그것을 말해준다. 묵자는 사랑의 결핍을 재난의 근본원인으로 보았던 것이다.

"식食은 나라의 보배요, 병력兵力은 그 나라에 있어서 마치 동물의 발톱과 같은 것이며, 성곽은 자기 자신을 수비하는 것이다." 이 말은 등골이 오싹해지고, 이마에 식은 땀이 날정도로 무섭고도 그만큼 잔인한 말이다. 평화주의자도, 겸애주의자도 먹고 살아야 하고, 늘, 항상 외부의 침입자와 외부의 적을 방어하고 물리칠 수 있는 준비를 하지 않으면 안 된다.

"창고에 저축되어 있는 곡식이 없다면 흉년과 기근에 대처할 도리가 없다. 창고에 준비된 무기가 없다면, 제 아무리 의로운 목적이 있다고 하더라도 불의를 이겨낼 도리가 없다."

먹는 것은 성인이 보배로 삼는 일이다. 때문에 『周書』에 "나라에 3년 분의 식량이 없다면 그 나라는 형체가 있으나 실속 없는 나라다. 집에 3년 분의 식량이 없으면 아들이 있어도 아들이라고 할 수가 없다"라고 했다."

# 온 천하로 하여금 서로 사랑하게 한다면……

만약 온 천하로 하여금 서로 사랑하게 한다면 나라와 나라는 서로 공격하지 않을 것이고, 도적들은 없어지고, 임금과 신하와 아버지와 아들은 모두 효도를 다하고 자애로와질 것이다. 이렇게 되면 천하는 잘 다스려질 것이다. 천하를 다스리는 일을 하는 성인이라면 어찌 악을 금지하고 사랑을 권장하지 않을 것인가? 천하가 서로 사랑하게 되면 곧 잘 다스려질 것이며, 서로 미워하면 어지러워질 것이다.

― 묵자, 『墨子』 부분

인간이 인간을 사랑하고 서로 공격하지 않는다면 모두가 다같이 잘 살고 행복하게 될 것이다.

하지만, 그러나 인간이 인간을 사랑하는 한편, 그만큼 그 반대 방향에서 피비린내나게 싸우지 않는다면 '인간이라는 종'은 더없이 퇴화되고, 끝끝내는 소멸을 하게 될 것이다.

어제의 적이 오늘의 동지가 되고, 오늘의 동지가 내일의 적이 된다. 사랑이란 기껏해야 가족, 친구, 단체, 정당, 민족, 조국 속의 이념에 불과하고, 그리고, 때때로는 그 울타리 속에서마저도 상호간의 질투와 시기와 배신을 밥 먹듯이 하는 증오의 씨앗으로 자라나고 있을 뿐인 것이다.

사랑은 증오의 씨앗을 뿌리고, 증오는 사랑의 씨앗을 뿌린다.

# 군자의 학문과 소인의 학문

 군자의 학문은 귀로 들어서 마음에 간직하고, 온몸으로 퍼져서 동정動靜에 나타난다. 소곤소곤 말하고 조금씩 움직여도 모두 법도가 될 것이다. 소인의 학문은 귀로 들어와 곧바로 입으로 나온다. 입과 귀의 사이는 네 치 밖에 안 되지만, 어찌 일곱 자나 되는 몸을 아름답게 할 수 있을 것인가?
 ─ 순자, 『荀子』 부분

 순자(기원전 298년~238년)는 그의 스승인 맹자의 '성선설'을 정면으로 비판했는데, 왜냐하면 인간의 본성은 악하기 때문이었다. 인간은 본디 자기 자신만의 이익을 쫓아가는 악마에 지나지 않으며, 이 악마의 본질을 다스리는 것은 보다 더 강력하고 엄격한 사법질서 뿐이었던 것이다.
 군자는 임금이며, 이때의 임금은 그 사회적 지위가 인신人神으로까지 올라간 사람을 말한다. 군자의 말은 단 한 마디의 허튼 말도 없으며, 모든 사람들이 자발적으로 추종하는 진리가 된다.
 이에 반하여, 소인의 말은 단 한 마디도 귀담아 들을 말이 없으며, 언제, 어느 때나 그의 말은 눈앞의 허명만을 쫓아가고, 미래의 영웅의 싹을 지닌 사람을 알아보지 못한다.

우리 한국인들은 맹자와 순자의 이름은 알아도 그들의 진정한 실력은 알아보지 못한다. 왜냐하면 무지하고, 또 무지한 소인배의 민족이기 때문이다.

# 선함을 보면……

 선함을 보면 마음을 가다듬고 반드시 스스로 살펴보고, 선하지 못한 것을 보면 걱정스런 마음으로 반드시 스스로 반성해야 한다. 선함이 자기 자신에 있으면 반드시 꿋꿋이 스스로 즐길 것이며, 선하지 못한 것이 자기 자신에 있으면 반드시 걱정하여 스스로 미워해야 할 것이다. 그러므로 나를 비난하더라도 올바른 사람은 나의 스승이고, 나를 옳게 생각하면서도 올바른 사람은 나의 친구이고, 나에게 아첨하는 사람은 나의 적인 것이다.
 ─ 순자, 『荀子』 부분

 고대 유태사회는 귀족사회였고, 이 귀족들은 더없이 타락했고, 부정부패가 온천하에 가득차고도 넘쳐났다. 예수가 하나님의 아들로서 이 유태사회를 개혁하고자 했을 때, 그들은 예수를 어떻게 대했던 것일까? 대부분의 유태인들은 예수에게 돌을 던졌고, 예수를 십자가에 못 박혀서 죽어가도록 단죄를 했다.
 선함은 없었다. 선함은 자기 자신의 이해관계에 따라서 언제, 어느 때나 카멜레온처럼 가면을 쓰기 시작한다. 인권문제는 보편적 진리라고 말하면서도, 우리 한국인들은 북한의 인권문제만을 거론하지, 미국이나 중국의 인권 문제는 거론조차도 하지 않는다.

예수가 되어야 한다. 부처가 되어야 한다.
자기 자신의 선함이 성자의 사상이 되지 않으면 안 된다.

# 군자는 가난하여도 뜻이 넓고……

　군자는 가난하여도 뜻이 넓고, 부유하며 귀하여도 몸가짐이 공손하다. 편안히 즐길 때에도 혈기가 해이해지지 않고, 수고롭다 해도 용모가 일그러지지 않는다. 노엽다고 지나치게 뺏지 않고, 기쁘다고 해서 지나치게 주지 않는다. 군자가 가난하여도 뜻이 넓은 것은 어질기 때문이다.
　― 순자, 『荀子』 부분

나는 산지기 움막집에서 태어났고, 초등학교를 졸업하자마자, 마치 아프리카의 흑인 노예처럼 자그만 상점의 종업원으로 팔려나갔었다. 나는 나의 어린시절과 그 불행했던 삶을 두 번 다시 떠올려 보고 싶지도 않고, 그것을 아름다운 추억으로 미화시키고 싶지도 않다. 너무나도 가혹하고 끔찍했던 악몽이며, 이제는 내 기억에서 다 지워져나간 어린 시절일 뿐이었던 것이다.
　나는 리어카를 끌고 짐 자전거를 끌면서도 시간나는 대로 엄청나게 많은 책을 읽었고, 그 결과, 한평생을 가난하게 살고자 했었다. 나는 나의 가난을 돈으로써 극복하고자 하지 않았고, 더욱더 가난한 생활을 통하여 인간의 마음과 정신을 아름답고 깨끗하게 가꾸어 나가고 싶었던 것이다. 나는 맹자도 몰랐고, 순자도 몰랐지만, 나의 마음 속에는 이미 그 사상가들이 들어와 살고 있었던 것이다.

낙천주의는 아름답고 행복한 삶과 아름답고 행복한 죽음에 대한 나의 성찰의 결과이다.

천하의 광거廣居에 서고 천하의 정위正位에 서며 천하의 대도大道를 행한다. 뜻을 얻으면 백성과 더불어 그것을 실천하고 뜻을 얻지 못하면 홀로 그것을 실천한다. 부귀도 음淫할 수 없고 가난도 뜻을 전향하게 할 수 없으며 위무威武도 굴屈케 하지 못한다 (孟子,「滕文公 章句 下」).

# 개와 돼지만도 못하다

    젖 먹이는 돼지는 호랑이를 들이받고, 젖 먹이는 개는 멀리 놀러가지 않는다. 그 어버이를 잊지 않는 것은 사람이다. 근심은 몸을 잊게 한다. 안으로 그 어버이를 잊고, 위로는 임금을 잊는 사람은 개와 돼지만도 못하다.

    — 순자, 『荀子』 부분

  현대 자본주의는 모든 인간 관계를 파탄시켜놓는 쌍놈들의 철학의 산물이라고 하지 않을 수가 없다. 돈 앞에서는 임금도 없고, 나라도 없다. 돈 앞에서는 아버지도 죽이고, 어머니도 죽인다.

  가령, 예컨대 30여년 전에 아버지가 대부분의 재산을 큰 아들에게 물려주었다고 하더라도, 이제는 나머지 형제들에게 그 몫을 돌려주지 않으면 안 된다. 30년은 까마득한 과거이지만, 그러나 새로운 법률은 그 상속재산을 두고 모든 형제들간에 이전투구를 벌이게 만든다.

  자본주의 사회의 인간은 순자의 말대로 개와 돼지만도 못한 짐승들에 지나지 않는다.

# 사랑과 정의의 덕행

사랑과 정의의 덕행은 항상 편안하게 하는 방법이니, 반드시 위태롭지 않다. 오만과 방탕은 항상 위태롭게 하는 방법이니 반드시 편안하지 않다.
― 순자, 『荀子』 부분

넬슨 만델라 대통령은 20세기 말과 21세기 초를 빛낸 가장 위대한 정치지도자인데, 왜냐하면 그는 남아프리카의 인종차별정책을 단번에 철폐시키고, 대국민화합을 이끌어냈기 때문이다. 그의 장중하고 울림이 큰 통치철학과 어떠한 보복도 하지 않은 권력의 행사는 그 무엇보다도 자기 자신의 희생정신에 기초해 있었고, 그 결과, 그의 장례식에는 100여개 국의 정상들이 참석하는 세계적인 감동의 드라마를 연출해내고 말았던 것이다.

사랑과 정의의 덕행은 항상 편안하게 만들고, 반드시 위태롭게 하지 않는다.

조지 소로스 1930년생, 소로스 펀드 매니지먼트 회장(83세).
루 퍼트 머독 1931년생, 뉴스 코퍼레이션 회장(82세).
실비오 베를루스코니 1936년생, 전 이탈리아 총리(77세).

조지 소로스, 루 퍼드 머독, 실비오 베를루스코니는 살아야 할 때와 죽어야 할 때를 모르는 철부지 어린 아이들이며, 하루바삐 이 지구상에서 사라져가 주는 것만이 세계평화와 인류의 행복에 더욱더 기여를 하게 될 것이다.

살아 있어도 죽은 것만도 못한 그 더러운 입으로 세계평화와 인류의 행복을 부르짖고, 어린 증손녀와 손녀와도 같은 미인들과 염문을 뿌려대는 그들의 행태는 자본주의 사회의 가장 더럽고 추한 치부를 보여주고 있다고 해도 과언이 아니다.

나는 왜, 그들의 더럽고 추한 성매매와 성매수 앞에서 모든 여성 단체들이 침묵을 지키고 있는지 알 수가 없다.

날이면 날마다 어느 유명 인사들의 성추행과 성매매를 문제 삼으면서도, 이 세계적인 늙은이들의 성매매와 성추행은 왜, 문제를 삼고 있지 않는지를 모르겠다.

조지 소로스, 루 퍼드 머독, 실비오 베를루스코니 등과도 같은 산 송장들에게 여성의 정조를 파는 매춘부들이 있다는 것만으로도 오늘날의 여성 단체들은 그 존재의 정당성을 상실해버리고 있는 것이다.

오만과 방탕은 항상 위태롭게 하고, 항상 편안하게 하지 않는다.

# 정치는 어떻게 하면 됩니까?

어떤 사람이 정치는 어떻게 하면 됩니까하고 물었다. 나는 다음과 같이 말하였다.

어질고 능력 있는 사람은 차례를 기다릴 것 없이 등용하고, 부족하고 능력 없는 사람은 잠시도 지체할 것 없이 파면시키며, 가장 악한 사람은 기다릴 것 없이 죽이면 된다.

― 순자, 『荀子』 부분

누가 어질고 능력 있는 사람이고, 누가 부족하고 능력이 없는 사람일까? 그리고 누가 궁극적으로 악한 사람일까?

이 기준의 궁극적인 잣대는 자기 자신을 희생시키고 타인을 위해서 살아가는 살신성인의 희생정신이며, 스스로 자발적으로 단 한 개의 돌멩이도 사유재산으로 취하지 않을 사람이 정치를 하지 않으면 안 된다.

정치인과 사유재산은 양립할 수가 없는 것이다.

# 사람의 본성은 악한 것이니······

 사람의 본성은 악한 것이니 그것이 선하다고 하는 것은 거짓인 것이다. 지금 사람들의 본성은 나면서부터 이익을 좋아하는데, 이것을 쫓기 때문에 다투고 빼앗고 하는 일이 생기며, 사양하는 것이 없어지는 것이다. 사람은 나면서부터 질투하고 미워하고 하는데, 이것을 쫓기 때문에 다른 사람을 상하게 하고 해치는 일이 생기며 충성함과 신용이 없어지는 것이다. 사람은 나면서부터 귀와 눈의 욕망이 있어서 아름다운 소리와 빛깔을 좋아하는데, 이것을 쫓기 때문에 음란한 행동이 생기고, 예의와 아름다운 형식이 없어지는 것이다.

― 순자, 『荀子』 부분

부도덕이 있기 때문에 도덕이 생겨났고, 불법이 있기 때문에 법률이 생겨났다. 도덕과 법률이란 그 구성원들간의 삶의 질서이며, 이 질서가 무너지면 공동체 사회는 존재할 수가 없다.
 인간은 본디 사악한 존재이고, 다른 한편, 인간은 본디 선한 존재이다. 사악한 존재일 때는 자기 자신의 이익만을 쫓아가고, 선한 존재일 때는 타인들의 이익을 위해서 자기 자신을 희생시킨다.
 사랑과 믿음과 존중이 없어도 살 수가 없고, 질투와 시기와 중상모략이 없어도 살 수가 없다.
  모든 법률은 성악설에 기초해 있다.
  그러나 삶은 이 법률과 성악설을 넘어서 있는 것이다.

# 스승과 법도의 가르침

 그러므로 굽은 나무는 반드시 댈 나무를 대고 쪄서 바로잡은 뒤에야 곧아지며, 무딘 쇠는 반드시 숫돌에 간 뒤에야 날카로와지듯이, 지금 사람의 본성이 악한 것은 반드시 스승과 법도의 가르침이 있은 뒤에야 올바르게 되고, 예의 규제를 받은 뒤에야 다스려지는 것이다.
— 순자, 『荀子』 부분

순자는 극단적인 '성악론자'이며, 법치주의의 신봉자이다.

# 그렇지 않다

　맹자는 "사람이 배우는 것은 그 본성이 선하기 때문이다"라고 말하였다. 그러나 그렇지 않다고 나는 말하겠다. 그것은 사람의 본성을 제대로 알지 못하여 사람의 본성과 작위의 구분을 잘 살피지 못했기 때문이다.
　— 순자, 『荀子』 부분

'순자 대 맹자.'
　나는 법치주의를 옹호한다는 점에서는 순자의 후예이지만, 그러나 삶은 이 법치주의를 초월해 있다는 점에서는 맹자의 후예이다.
　인간은 본디 착하고 선량하다.
　인간은 본디 착하고 선량하다는 이 말이, 그러나 비록 빈 말이라도 가능하지 않은 사회를 생각해보아라!
　오오, 맹자여, 맹자여—!

# 사방의 이웃 나라와 제후들이 래조來朝하게 하는 방법

　신이 죽음을 무릅쓰고 대왕(진시황)을 뵙기 바라는 것은 천하의 '합종책合從策'\*을 타파함으로써 조나라를 정복하고 한나라를 멸망시키며, 초나라와 위나라를 굴복시키고 제나라와 연나라를 화친하게 하여, 패왕의 명성을 이룩하여 사방의 이웃 나라와 제후들이 래조來朝하게 하는 방법을 말씀드리려고 하기 때문이다.
　— 한비자, 『韓非子』 부분

　한비자(기원전 280~233년)는 유학의 대가인 순자의 제자이며, 서양의 마키아벨리는 이 한비자의 후예라고 하지 않을 수가 없다. 그는 인간들이 매우 사악하기 때문에, 법전을 지침으로 삼고 사법관리를 교사로 삼지 않으면 통치가 불가능하다는 법치주의자(법가法家)이며, 그 법치를 통하여 진시황제에게 천하통일의 비법을 알려주고 싶었던 것이다. 그의 법치주의는 현실주의이며, 그의 현실주의는 좀 더 강력하고 화려한 군주의 길에 맞닿아 있었던 것이다.
　'합종책合從策'이란 조나라, 한나라, 초나라, 위나라, 제나라, 연나라 등이 힘을 합쳐 진나라에 대항하려는 것을 말하지만, 그러나 한비자는 이 연합군의 합종책을 무력화시키고 진시황제의 대제국을 건설해주고 싶었던 것이다.

  하지만, 그러나 한비자는 진시황을 알현하기도 전에, 이사李斯라는 기이한 인물의 중상모략에 의하여, 진시황의 독배를 마시고 이 세상을 마감했다고 한다.

# 군주의 형제가 군주에게 복종하지 않으면……

 군주가 총애하는 신하에게 너무 지나치게 친해지면 그들은 군주의 몸을 위태롭게 하고, 또한 대신의 권위가 높아지면 반드시 군주의 위를 빼앗게 된다. 정실正室과 측실側室을 같이 취급하여 상하의 차를 인정하지 않으면 어떻든 적자嫡子의 지위는 안전하지 못하다. 군주의 형제가 군주에게 복종하지 않으면 반드시 국가는 위태롭게 된다.
― 한비자, 『韓非子』부분

 권력은 무섭고 끔찍하며 잘못 손을 대면 곧 폭발할지도 모르는 시한폭탄과도 같다.
 하지만, 그러나 권력은 이 세상의 삶의 본능을 옹호하고 우리 인간들의 삶을 가장 아름답고 활기차게 이끌어주는 어진 성군과도 같다.
 군주는 그의 신하와 너무 친근하게 지내서도 안 되고, 또한 그 어떤 대신에게도 너무 많은 권한을 주어서도 안 된다. 때로는 상하의 위계질서와 그 신분의 차이를 은산철벽처럼 보여주어야 하고, 때로는 임금과 신하가 다같이 한 배를 타고 있는 '군신일체君臣一體'라는 사실을 인식시켜주지 않으면 안 된다.
 군주는 군주다워야 하고, 신하는 신하다워야 한다.

# 군주는……

 군주는 자기의 하고자 하는 것을 보이지 말 것이니 하고자 하는 바를 보이면 신하들이 장차 꾸밀 것이다. 군주는 그 의사를 보이지 말 것이니 의사를 보이면, 신하들이 장차 특이하게 표시할 것이다.
— 한비자,『韓非子』부분

한비자는 절대군주의 찬양자이며, 군주는 자기 자신 이외에는 그 어떠한 충신도 믿지 말아야 한다고 역설하고 있는 것이다.

하지만, 그러나, 부르터스의 암살음모를 보고받았을 때에도 아무런 의심도 없이 그를 믿고, 그리하여 끝끝내 부르터스가 그에게 칼날을 들이댔을 때, "부르터스 너마저"라는 말을 남기고 죽어간 카이사르, 즉, 줄리어스 시이저를 우리는 과연 어떻게 이해하고 받아들여야만 하는 것일까?

# 군주는 가만히 있는 것으로 보배를 삼아……

  군주는 가만히 있는 것으로 보배를 삼아 자기가 사무를 보지 않아도 신하의 교巧함과 졸拙함을 알고 자기가 꾀를 내고 생각하지 아니하여도 복福과 나쁜 것을 안다. 신하들이 말로 진술하면 군주는 그 말대로 일을 맡겨 보아 일로써 성공을 책임지워서 공이 그 일에 당하고, 일이 그 말에 당하면 상을 주고 그와 반대일 때에는 죽여야 한다.
  ― 한비자, 『韓非子』 부분

  신하의 뛰어남과 신하의 못남을 알아보는 것만으로도 그 군주의 능력은 대단히 탁월하다고 하지 않을 수가 없다.

# 인애보다는 위엄이 더 잘 복종시키기 때문이다

    유가儒家에서는 형법보다는 인애仁愛를 해야 한다고 주장하지만 그렇지 아니하다. 예를 들면 자식을 사랑하는데는 아버지보다도 어머니가 더 하지만, 자식이 어머니의 말보다는 아버지의 말을 더 잘 듣는다. 스승이 제자를 사랑하는 것보다도 아버지의 자식 사랑이 더 하지만, 아이들이 아버지의 말보다는 스승의 말을 더 잘 듣는다. 법관보다는 스승이 더 인애하지만, 스승의 말보다는 법관의 말을 더 잘 듣는다. 이것은 무슨 까닭이냐, 인애보다는 위엄이 더 잘 복종시키기 때문이다.

— 한비자, 『韓非子』 부분

  프로야구 선수와 프로축구 선수들이 구단과의 마찰 때문에 재계약이 이루어지지 않으면 그가 제아무리 뛰어난 선수라고 하더라도 자기 스스로 개인 연습을 통해서 그 체력과 기량을 유지할 수가 없게 된다. 최동원과 고종수처럼 대부분이 몸과 마음이 망가져서, 그들이 가졌던 최고의 기량을 되찾지 못하고 끝끝내 은퇴를 하게 되고 만다.

  인애仁愛, 사랑마저도 법으로 정하고, 그 법으로 다스리지 않으면 안 된다.

  모두가 스스로 자발적으로 자기 할 일을 다 한다면 법이 필요 없겠지만, 그러나 그러한 법이 필요 없는 사회는 지극히 애석하게도 이 세상에 존재하지 않는다.

　법가는 공익을 쫓아가고 유가는 사리사욕을 쫓아간다. 아니다. 유가의 사람들이 인애를 배반하고, 자기 자신의 이익만을 쫓아갔던 것이다.

# 제2부

탈레스, 페리안드로스, 비아스, 쿨론

클레이오브로스, 솔론, 아낙시메네스

피타고라스, 헤라클레이토스, 파르메니데스

제논, 데모크리토스, 프로타고라스

고르기아스, 소크라테스, 플라톤, 아리스토텔레스

테미스토클레스, 데모스테네스, 알렉산더

한니발, 카이사르, 부르터스, 에피쿠로스

# 철학자

철학자는 모든 것을 다 할 수 있으며, 마음만 먹으면 많은 돈도 벌 수 있다.
— 탈레스

탈레스(기원전 624년~546년)는 그리스의 일곱 현인 중, 최고의 현인이었으며, 밀레토스 학파의 시조라고 할 수가 있다. 탈레스는 '만물의 근원'을 물이라고 주장했던 '수성론자水性論者'이었으며, 탈레스의 법칙을 통해서 피라미드의 높이를 알아내고, 기원전 585년의 개기일식을 예언했던 철학자이기도 했다. 어느날 탈레스가 밤하늘의 별자리를 관찰하다가 발밑의 우물에 빠졌을 때, "발밑의 우물도 모르면서 어떻게 밤하늘의 별자리를 알아내겠느냐"고, 그의 하녀가 그를 놀려주었다고 한다.

아무튼 탈레스는 매우 가난했고, 그가 매일같이 빈둥빈둥 노는 것처럼 보였기 때문에, 그는 그를 비난하는 사람들을 향해서, "철학자는 모든 것을 다 할 수 있으며, 마음만 먹으면 많은 돈도 벌 수 있다"라고 호언장담을 하기도 했다고 한다. 실제로 그는 밤하늘의 별자리를 관찰한 끝에 그해에는 올리브 농사가 풍년이 될 것을 예상하고, 올리브잎이 나기도 전에, 올리브 기름을 짜는 기계를 모두 다 빌렸다고 한다. 그가 예측했던 대로 올리브 농사는 대풍년이 되었고, 그 결과, 그는 올리브 기름 짜는 기계를 아주 비싼 값으로 대여를 해주고, 많은 돈을 벌었다고 한다.

철학이란 지혜사랑이며, 이 지혜는 전지전능한 힘의 기원이 되고 있는 것이다.

모든 인간들은 철학자의 충직한 신하에 지나지 않는다.

# 세상에서 가장 아름다운 것은 평온이다.

세상에서 가장 아름다운 것은 평온이다.
— 페리안드로스

페리안드로스는 BC 8~6세기 경에 활동했던 그리스의 일곱 현인—솔론, 탈레스, 피라코스, 비아스, 쿨론, 페리안드로스, 클레아보울로스—중의 한 사람이었다고 한다.

평온은 정적인 상태이며, 이 정적인 상태만으로는 이 세상을 살아갈 수가 없다.

세상에서 가장 아름다운 것은 전쟁일 수도 있다.

전쟁은 파괴의 신이자, 생산의 신일 수도 있다. 모든 문명과 문화의 아버지는 전쟁이며, 이 전쟁이 없으면 더 이상의 문명과 문화의 진보는 가능하지가 않다.

# 인간은 악한 존재다

인간은 악한 존재다
― 비아스

인간은 본래 착한 존재이다. 자기 자신의 삶의 터전이 위협을 받지 않는 한 인간은 온순하고 타인을 돕고자 한다.

인간은 본래 악한 존재이다. 자기 자신의 부유함이 태산처럼 쌓여 있는데도 타인의 피와 땀을 더 빨아먹지 못해서 환장을 하고 있는 흡혈귀와도 같다.

나는 인간은 악한 존재도 아니고, 착한 존재도 아니라고 생각한다. 인간은 때로는 착하고, 때로는 악하다.

인간의 행동은 선악을 넘어서 있는 것이다. 비아스―BC 8~6세기 경에 활동했던 그리스의 일곱 현인 중의 한 사람. 성악론자性惡論者―와 소크라테스(성선론자性善論者)와 맹자(성선론자)와 순자(성악론자)는 이 점을 이해하지 못했다.

# 너 자신을 알라

너 자신을 알라
— 큘론

'너 자신을 알라'는 큘론(BC 8~6세기 경에 활동했던 그리스의 일곱 현인 중의 한 사람)의 말이기는 하지만, 소크라테스가 자기 자신의 철학적 명제로 삼은 말이며, 그는 이 철학적 명제 때문에, 그토록 의연하고 당당한 '지혜사랑의 순교자'가 되어갔던 것이다.

인간은 영원히 불완전하고 생성 중에 있는 인간이지, 전지전능한 존재가 아니다. 자기가 자기 자신을 제대로 알고 있는 인간은 단 한 사람도 없다는 것이 모든 비극의 씨앗이자 불행의 시작인 것이다.

나는 누구이며, 누구를 사랑하고 어떻게 살아가야 하는 것일까?

나는 누구이며, 누구를 왜 미워하고, 왜, 그토록 돈과 명예와 권력을 좋아하며, 너무나도 맑고 깨끗한 죽음을 원하면서도 더욱더 추악한 노년의 삶에 집착하는 것일까?

'너 자신을 알라'는 이처럼 어느 누구도 실천할 수 없는 미완의 과제이기도 한 것이다.

# 중용이 가장 좋은 것이다

중용이 가장 좋은 것이다.
― 클레오브로스

클레오브로스도 BC 8~6세기 경에 활동했던 그리스의 일곱 현인―솔론, 탈레스, 피라코스, 비아스, 쿨론, 페리안드로스, 클레아보울로스―중의 한 사람이었다고 한다.

진보주의자와 보수주의자가 싸울 때, 그 싸움을 조정하고 화해시킬 수 있는 사람은 진정한 중용주의자의 덕목을 지녔다고 할 수가 있다.

친구와 친구, 단체와 단체, 국가와 국가 사이에서도 중용주의자들의 덕목은 가장 찬란하고 화려한 사교술과 외교적인 예법으로 그 힘을 발휘하게 될 것이다.

하지만, 그러나 중용주의자의 한계는 전쟁과 평화, 또는 수많은 난제와 난제들 중, 어느 것 하나도 선택하지 못하는 우유부단함과 함께, 그때 그때마다 자기 변신만을 도모하는 기회주의자의 처세술이 될 수도 있다.

일본군 장교에서 공산주의자로, 공산주의자에서 반공주의자로, 그때 그때마다 자기 변신을 거듭했던 박정희 대통령처럼―.

# 순명하는 법을 배워라

순명하는 법을 배워라. 그러면 명령하는 방법을 터득하게 되리라.
— 솔론

솔론 역시도 BC 8~6세기 경에 활동했던 그리스의 일곱 현인—솔론, 탈레스, 피라코스, 비아스, 쿨론, 페리안드로스, 클레아보울로스—중의 한 사람이었다고 한다.

어느 누구도 도덕, 법, 권위 앞에서 순명하는 법을 배우지 않고, 태어나면서부터 대뜸 명령자의 위치에 설 수는 없다.

명령자는 명령자가 되기 이전에, 복종하는 법부터 배우지 않으면 안 된다.

# 공기는 생명의 입김

공기가 엷어지면 불이 되고, 공기가 짙어지면 물이 되며, 더 짙어지면 흙이 된다. 공기는 생명의 입김이며, 모든 생명체는 이 공기로 살아 숨쉰다.
— 아낙시메네스

아낙시메네스(BC 585년~BC 525년 경)는 이 세상의 근본물질을 공기라고 생각한 철학자이며, 그의 공기 이론은 매우 독특하다고 하지 않을 수가 없다.

하지만, 그러나 공기는 과연 무엇으로 설명할 수가 있는 것일까? 공기 중에는 산소, 수소, 이산화탄소, 질소, 수은, 납 등, 수많은 물질들이 뒤섞여 있기 때문에, 그것으로 이 세상의 근본물질이라고 할 수는 없을 것이다. 원자는 더 이상 분할할 수 없는 물질이고, 불은 모든 물질의 에너지이다. 원자나 에너지는 이 세상의 근본물질이 될 수 있지만, 공기는 그럴 수가 없는 것이다.

# 착하고 정의롭게 살면……

착하고 정의롭게 살면 부자로 태어날 수 있고, 못된 짓만 하면 짐승으로 태어나게 된다.
— 피타고라스

피타고라스(기원전 582년~기원전 479년)는 만물의 근원을 수數로 보았으며, 오늘날까지도 '피타고라스의 정리'를 통하여 '수학의 아버지'로 추앙을 받고 있다.

과연 착하고 정의롭게 살면 부자로 태어날 수 있고, 못된 짓만 하면 짐승으로 태어나게 되는 것일까?

도덕은 도덕군자의 위선이며, 가난한 사람들의 불평과 불만을 잠 재우는 자장가에 지나지 않는다.

착하고 정의롭게 산 사람들이 이 세상을 건강하게 이끌어가고 있는 사람들이기는 하지만, 그러나 그들은 대부분이 가난하고 어렵게 살아갔다는 것을 모든 역사가 증명해주고 있는 것이다.

# 인간은 세상의 손님

　인간은 세상의 손님이고, 육신은 영혼의 무덤이다. 그러나 신의 명령 없이 자살하면 다시 태어나지 못한다.
　— 피타고라스

피타고라스는 그 어떤 글도 남기지 않았기 때문에, 그의 말은 그의 제자들에 의하여 기록된 것에 지나지 않는다. 피타고라스는 우주를 '코스모스'라고 표현한 철학자(수학자)이며, 그의 생애는 어떤 종교의 교주와도 같았다고 한다.

인간은 이 세상의 손님이고, 육신은 영혼의 무덤일 수도 있다. 그러나 인간이 자살을 할 수가 없다면, 이 세상은 지옥 그 자체가 될는지도 모른다.

자살은 삶의 해방이며, 이 자살이 있기 때문에, 어렵고 힘든 이 세상의 삶을 참고 살아갈 수가 있는 것이다.

# 투쟁은 만물의 아버지이다

투쟁은 만물의 아버지이다.
― 헤라클레이토스

헤라클레이토스(기원전 540년~기원전 480년 경)는 철학을 '지혜사랑'이라고 명명한 최초의 철학자이었으며, 이 세상의 근본물질을 불이라고 정의한 철학자였다.

그는 에페소스를 통치할 수 있는 권리를 그의 동생에게 양도하고, '어두운 사람', '수수께끼 같은 사람', '숨어 사는 사람'이라는 별명처럼, 참으로 지혜를 사랑했던 은둔의 철학자이기도 했던 것이다.

투쟁은 만물의 아버지이며, 이 말처럼 아름답고 참다운 진리도 없다. 너와 나, 남과 녀, 적과 동지, 선과 악, 진리와 허위, 단체와 단체, 국가와 국가 등은 투쟁 속에서 자기 자신의 존재의 정당성을 확보하고, 그 투쟁 속의 조화를 통해서 이 세상을 살아가게 된다. 밤과 낮, 물과 불, 쥐와 고양이, 늑대와 양 등의 사이에는 투쟁만이 있는 것 같지만, 그러나 그 투쟁 속의 조화가 무너지면 이 세상의 삶은 끝장이 나게 되어 있는 것이다.

# 만물은 유전한다

만물은 유전한다.
— 헤라클레이토스

어제의 강물은 오늘의 강물이 아니고, 어제의 나는 오늘의 나가 아니다.

모든 것이 가고, 모든 것이 되돌아오지만, 그러나 그때마다 새로운 생명이 태어나고 새로운 사건이 발생하게 된다.

# 이 세상의 근본물질은 불

이 세상의 근본물질은 불이다.
불은 꺼지지 않는다.
우리가 살고 있는 이 세계도 옛날부터 지금까지 영원히 살아 있다.
― 헤라클레이토스

나는 이 세상의 근본물질이 불이라고 생각한다. 왜냐하면 물질(질량)은 에너지이고, 에너지는 물질(질량)이기 때문이다.

물도 에너지이고, 공기도 에너지이다. 흙도 에너지이고, 원자도 에너지이다.

그렇다. 헤라클레이토스의 말대로 불은 영원히 꺼지지 않는다.

# 이 세상에 있는 것은 영원히 있고……

이 세상에 있는 것은 영원히 있고, 없는 것은 영원히 없다. 그러므로 새롭게 생겨나는 것도 없고, 있는 것이 사라지지도 않는다.
― 파르메니데스

파르메니데스(기원전 515년~기원전 450년 경)는 엘레아 학파의 창시자이며, 그는 헤라클레이토스의 정반대 방향에서 모든 생성과 변화의 논리적인 정당성까지도 부정한 철학자였다고 할 수가 있다. 있는 것은 영원히 있고 없는 것은 영원히 없다.

물도 변하고, 불도 변한다. 모든 동식물도 변하고, 인간도 변하고, 헤라클레이토스의 말대로 모든 것은 변하고 흐른다.

하지만, 그러나 에너지 보존법칙에 의하면 에너지는 그 형체만 바뀔 뿐, 그 총량에는 변함이 없다고 한다. 모든 동식물들이 죽으면 그 개체는 사라져갔지만, 그 개체의 에너지에서 또다른 생명체가 태어나는 것과 마찬가지로, 물의 에너지는 수증기로, 눈으로, 비로, 강물로, 바닷물로 그 형체만 바뀔 뿐, 그 에너지의 총량에는 변함이 없는 것이다. 파르메니데스는 이 에너지 보존법칙을 이해하지 못했기 때문에, 그의 존재론을 제대로 설명하지 못했던 것이다.

# 토끼는 거북이를……

토끼는 거북이를 결코 따라잡을 수가 없다.
— 제논

화살은 순간순간 정지해 있다.
— 제논

제논(기원전 495년~기원전 430년)은 파르메니데스의 수제자로서 '변화와 운동은 없다'라는 그 스승의 이론을 증명해낸 철학자라고 할 수가 있다. 토끼가 한 걸음 움직이면 거북이도 한 걸음 움직이고, 토끼가 두 걸음 움직이면 거북이도 두 걸음 움직이기 때문에, 토끼는 이미 앞에서 달리고 있는 거북이를 따라잡을 수가 없는 것이다. 또한 천하무적의 용사가 쏜 화살은 순식간에 과녁을 꿰뚫었지만, 그러나 하나하나의 정지화면으로 바라보면 그 화살은 결코 움직이지 않는 것과 마찬가지이다. 이 논리는 실제의 현실에서는 적용할 수 없는 궤변에 불과했고, 따라서 '제논의 역설'로 더욱더 잘 알려지게 된 것이다.

에너지 보존법칙에 의하면 있는 것은 소멸될 수가 없고, 없는 것은 결코 생겨날 수가 없다.

# 이 세상의 근본물질은 원자

이 세상의 근본물질은 원자이다.
— 데모크리토스

데모크리토스(기원전 460년~기원전 370년)는 최초의 원자론자이자 헤라클레이토스와 파르메니데스의 사상을 변증법적으로 통합시킨 자연철학자라고 할 수가 있다. 원자는 더 이상 분할할 수 없는 근본물질이라는 점에서는 변하지 않는 것이고, 원자와 원자들의 결합에 의해서 만물이 생성된다는 점에서는 모든 변화를 주도하는 물질이라고 할 수가 있는 것이다. 모든 것은 변한다와 모든 것은 변하지 않는다는 상호모순적인 이론들을 통합시킨 원자론이, 수천 년의 세월이 흐른 지금, 우주의 종말과도 같은 원자폭탄으로 입증된 것이다.

원자폭탄의 아버지는 데모크리토스이고, 그는 죽음의 신이라고 할 수가 있다.

# 사람이 만물의 척도

사람이 만물의 척도이다
— 프로타고라스

그리스 사회는 인류의 역사상 최초로 민주주의 정치를 실시한 바가 있었고, 따라서 출신성분에 상관없이 우수한 인재를 뽑아서 사회적인 공직을 맡겼다고 한다. 그러자 이러한 우수한 인재를 양성하는 직업교사단이 생겨났고, 이 직업교사단을 소피스트라고 부르게 되었다고 한다. 프로타고라스(기원전 485~기원전 415년)는 가장 유명한 소피스트 중의 한 사람이었고, 소피스트들은 스스로를 '지혜로운 사람들'이라고 불렀다고 한다.

하지만, 그러나 소피스트들은 대부분이 그들이 가르치는 젊은이들을 쫓아서 떠돌아다녀야만 했기 때문에, 전통과 역사와 도덕과 법률 등을 중요시 하지 않았고, 오직 사회적 책임과 법률을 빠져나가는 방법만을 가르쳤기 때문에, '말로 장난 치는 사람', '돈 받고 지식을 파는 사람', '도덕적으로 성실하지 못한 사람들'이라는 비난을 받게 되었다. 이른 바 소피스트는 '젊은이들의 돈을 낚아채는 사냥꾼'이자 궤변가가 될 수밖에 없었던 것이다.

다음과 같은 프로타고라스와 그의 제자 에우틀루스와의 소송사건의 일화가 바로 그것을 증명해 준다.

**프로타고라스** "만약에 네가 이 재판에서 진다면 나머지 수업료를 내게 주어야 할 것이고, 만약에 네가 이긴다고 해도 그것은 내가 너를 제대로 가르쳤다는 것을 증명하는 것이기 때문에, 나머지 수업료를 지불하지 않으면 안 된다."

**에우틀루스** "선생님 제가 재판에서 진다면 아직 충분히 배운 것이 아니기 때문에 나머지 수업료를 낼 수 없으며, 재판에서 이긴다면 굳이 수업료를 낼 필요가 없는 것이지요."

'사람이 만물의 척도'라는 것은 저마다의 성격과 개성이 다르기 때문에, 동일한 사건과 동일한 사물들을 저마다 다르게 평가한다는 것을 뜻한다.

# 타인을 설득하는 최고의 무기는 말

타인을 설득하는 최고의 무기는 말이다.
— 고르기아스

고르기아스(기원전 480년~기원전 380년 경) 역시도 가장 유명한 소피스트 중의 한 사람이었으며, 그는 법과 제도는 사회적 약자를 보호하기 위한 것이 아니라, 사회적 강자를 위한 것이라고 역설한 바가 있었다. 유전은 무죄이고, 무전은 유죄이다.

말 한 마디로 천냥 빚을 갚을 수도 있고, 말 한 마디로 천둥과 벼락은 물론, 제3차 세계대전을 불러일으킬 수도 있다.

트로이 왕자 파리스가 트로이 전쟁의 원인이었던 메넬라우스의 아내, 이 세상에서 가장 아름다운 헬렌을 트로이로 데려갈 수가 있었던 것도, 고르기아스의 말에 따르면, 파리스의 말솜씨 때문이었던 것이다.

# 소크라테스

소크라테스는 천상과 지하의 일을 탐구하고, 약한 주장을 강변하며, 또 이런 일을 다른 사람들에게 가르치는 범죄자요, 공연한 짓을 하고 있습니다." 대강 이런 것이지요. 이것은 여러분이 아리스토파네스의 희극을 직접 보시고 알고 있는 것입니다.

― 소크라테스, 『플라톤의 대화』 부분

소크라테스(기원전 469년~기원전 399년)는 '너 자신을 알라'라는 철학적 명제를 통하여 그의 앎과 행동을 일치시키고, 그 '위대함의 원한'과도 같은 '철학적 명제' 때문에, 한 사발의 독배를 마시고 사라져간 최초의 철학자였다고 해도 과언이 아니다. 플라톤의 「향연」에는 소크라테스와 그리스의 최고의 희극작가인 아리스토파네스가 스승과 제자 사이로 등장하고 있지만, 그러나 아리스토파네스는 그의 「구름」에서 소크라테스를 '사론邪論'으로 '정론正論'을 굴복시키며, 언제, 어느 때나 젊은이들을 타락시키는 대악당으로 등장시킨 바가 있다. 그 결과, 소크라테스는 아뉘토스, 멜라토스, 뤼콘 등에 의하여 고발을 당하고 너무나도 억울하고, 또 억울한 사형장의 제물이 될 수밖에 없었던 것이다.

# 너 자신을 알라!

너 자신을 알라!
— 소크라테스, 「플라톤의 대화」 부분

어느날 소크라테스의 친구인 카이레폰이 진리의 신이자 예언의 신인 아폴로 신에게 '이 세상에서 가장 지혜로운 사람이 누구인가'를 물었고, 아폴로 신은 '이 세상에서 가장 지혜로운 사람은 소크라테스다'라고 너무나도 당연하고 확신에 찬 목소리로 답변을 해주었다고 한다. 그 결과, 소크라테스는 "크건 작건 知者가 아님을 알고 있는 데, 내가 제일 지혜가 있는 사람이라고 하니, 도대체 신은 무슨 말씀을 하시려는 걸까?"라는 회의와 의심을 지닌 채, 자기 자신보다도 더 훌륭하다고 생각되는 아테네의 대정치가, 연설가, 장인, 시인, 예술가 등을 하나 하나 찾아 나서게 된다. 하지만, 나는 아무 것도 모른다는 평범한 자기 이해로 무장한 소크라테스에 의해서 아테네의 대정치가, 연설가, 장인, 시인, 예술가들이 그만큼 날카롭고 무자비하게 베어져 나갔다고 해도 과언이 아니다.

"이 사람보다는 내가 더 지혜가 있다. 왜냐하면 이 사람이나, 나, 좋고 아름다운 것에 대하여 아무 것도 모르는 것 같은 데, 이 사람은 자기가 모르면서도 알고 있다고 생각하지만, 나는 모르고 또 모른다고 생각하고 있기 때문이다. 이 조그마한 일, 즉 내가 모르는 것을 모른다고 생각한 점 때문에 내가 이 사람보다도 더 지혜가 있는 것 같다."

# 소크라테스는 청년들을 부패시키고……

"소크라테스는 청년들을 부패시키고, 국가가 신봉하는 신들을 신봉하지 않고 다이몬이란 색다른 것을 신봉하기 때문에 죄인이다." 이것이 고소장의 내용입니다.

— 소크라테스, 『플라톤의 대화』 부분

소크라테스는 천하 제일의 논객이었고, 그의 비판철학의 칼날에 의하여 그리스 사회의 최고급의 인사들이 하나 하나 모조리 쓰러져갔다고 해도 과언이 아니다. 그 결과, 그리스 사회의 최고급의 인사들은 정신적인 패닉상태에 빠지게 되었고, 소크라테스는 수많은 청년들의 우상이 될 수밖에 없었던 것이다. 소크라테스의 수제자이자 대철학자인 플라톤이 바로 그것을 증명해준다.

하지만, 그러나 소크라테스의 승리는 사상적인 승리였지, 현실적인 승리는 아니었다. 돈과 명예와 권력을 다 움켜쥐고 있는 지배계급의 인사들의 너무나도 무자비한 복수극이자 잔혹극이 펼쳐지게 되었던 것이다. "소크라테스는 청년들을 부패시키고, 국가가 신봉하는 신들을 신봉하지 않고 다이몬이란 색다른 것을 신봉"하는 죄인이 될 수밖에 없었던 것이다.

# 여러분, 죽음을 두려워하는 것은……

여러분, 죽음을 두려워하는 것은 지혜가 없으면서 지혜가 있다고 생각하고 있는 것입니다.
― 소크라테스, 『플라톤의 대화』 부분

사는 법을 배우는 것은 죽는 법을 배우는 것이다.

목숨 앞에서 비굴한 굴종은 무식한 자들, 예컨대, 거지, 사기꾼, 모리배, 어린 아이들이나 할 짓이고, 따라서 죽음 앞에서 떳떳하다면 그의 인생 전체가 행복으로 충만하게 될 것이다.

# 신은 저를 마치 이 등에처럼……

신은 저를 마치 이 등에처럼, 이 나라에 달라붙어 있게 하여, 여러분을 깨우되, 하루종일 설득하고 비난하기를 그치지 않게 한 것이 아닌가 저는 생각합니다.
― 소크라테스, 『플라톤의 대화』 부분

진정한 철학자는 체제를 찬양할 때보다도 그 체제를 비판할 때 더욱더 자기 자신의 존재론적 정당성을 확보하게 된다. 찬양의 말은 꿀맛처럼 달콤하지만 지배계급의 인사들과 자기 자신을 타락시키게 되고, 비판의 말은 명약처럼 쓰디 쓰지만 지배계급의 인사들과 자기 자신을 더욱더 건강하게 만든다.

소크라테스가 그리스 사회의 최고급의 인사들을 찾아다니며 그토록 날카롭고 예리한 일도필살一刀必殺의 검법劍法을 휘둘러댔던 것은 이와도 같은 비판철학의 정신으로 무장되어 있었기 때문이다.

가장 어렵고 힘들고 어느 누구도 하지 않으려고 하는 천역을 맡아 하는 것이 진정한 철학자의 길이라고 할 수가 있는 것이다.

# 후안무치의 부족

제가 패소한 것은 말의 부족 때문이 아니고, 후안무치의 부족 때문이기도 하지요.
— 소크라테스, 『플라톤의 대화』 부분

소크라테스가 자기 변론을 마치고 그의 유, 무죄에 대한 배심원들의 투표결과는 유죄 280표, 무죄 220표였다고 한다.

하지만, 그러나 1차 표결이 끝나고도, 고소인들과 재판관들에게, 오히려, 거꾸로, 진리의 이름으로 '흉악과 부정의 죄'가 있다고 역공을 펼친 결과, 찬성 360표, 반대 140표로 소크라테스의 사형이 확정되었다고 한다.

그렇다.

소크라테스는 후안무치하지 않았고, 결코 이 세상의 어중이 떠중이들에게 목숨을 구걸하지도 않았던 것이다.

# 오오 크리톤

　오오 크리톤, 우리는 그저 사는 것을 가장 소중히 여길 것이 아니라, 잘 사는 것을 가장 소중히 여겨야 하네.
　— 소크라테스, 『플라톤의 대화』 부분

　진정으로 지혜를 사랑하는 사람은 참다운 애국자이자, 자기 자신과 만인들의 행복을 연주하는 철학자가 될 수밖에 없다.
　정치, 경제, 사회, 문화, 예술 등, 그 어느 분야의 학자와 예술가들도 모두가 다같이 진정으로 지혜를 사랑하는 사람은 사리사욕을 쫓아가서는 안 된다고 말하고, 불의를 보면 목에 칼이 들어와도 참지 말아야 한다고 말한다. 부처와 예수는 부단히 고통을 받고 신음을 하고 있는 민중들을 구원해냈고, 모세는 이집트에서 노예생활을 하고 있는 이스라엘 백성들을 구원해냈다. 소크라테스는 어리석고, 또 어리석은 민중들을 구원해냈고, 마틴 루터는 로마 교황청의 압제 밑에서 신음을 하고 있는 신도들을 구원해냈다.
　그저 사는 것이 아니라 잘 사는 것이 제일급의 철학적 화두였던 것이다.
　사상가의 삶은 혁명가의 삶이며, 아름답고 행복한 예술가의 삶일 수밖에 없는 것이다.

# 우리가 남에게 무슨 일을 당하건……

　그러면 우리가 남에게 무슨 일을 당하건, 부정을 부정으로 갚아서는 안 되고, 해를 끼쳐서도 안 되네. 오오, 친애하는 크리톤, 자네는 여기 대해서 동의할 마음이 없으면 동의하지 말아주게.
　― 소크라테스, 『플라톤의 대화』 부분

　착함은 우주와도 같고, 모든 인간들을 다 끌어안으면서도 더러워짐을 모른다.
　타인이 돈을 탐내면 돈을 주고, 타인이 노예를 필요로 하면 노예가 되어주고, 타인이 목숨을 달라고 하면, 목숨을 기꺼이 내어줄 필요가 있다.
　오직 착함의 긍지를 갖고, 자기 자신의 목숨을 먼지와 티끌처럼 여기기만 하면 된다.

# 조국

　조국은 부모나 조상보다 더 존귀하고 더 신성하며, 또 신들이나 뜻 있는 사람들이 보기에 더욱 가치 있는 것임을 너는 모르는가? 너는 조국에 대하여 존경하고 순종하며, 조국이 노여워할 때에는 아버지가 노여워할 때보다도 더 양보해야 해. 너는 조국을 설득하거나, 그 명하는 바를 무엇이나 행해야 해. 조국이 네게 견디고 참으라고 하는 것은 무엇이나 행해야 해. 조국이 네게 참고 견디라는 것은 무엇이나, 매질이나 투옥이나, 모두 참고 견디어야 해. 또 조국이 너더러 전쟁터로 가라 하면 부상을 당하게 되건 전사하게 되건 전쟁터로 가야 하고, 또 이것이 옳은 일일세. 너는 기피해서도 안 되며, 후퇴해서도 안 되며, 맡은 곳을 버리고 떠나도 안 되네. 전쟁터에서나 법정에서나 그밖의 어디에서나 나라와 조국이 명하는 것을 행하지 않으면 안 되네.
　— 소크라테스, 『플라톤의 대화』 부분

이 세상에서 소크라테스의 조국애처럼 아름답고 고귀한 것이 있을까?

　소크라테스의 조국애는 히말라야의 고산준봉과도 같고, 그 어느 누구의 입산도 허락하지를 않는다.

나는 이 글을 읽을 때마다 나의 심장이 뛰는 소리를 들으며, 나의 숨소리조차도 소음공해처럼 생각하게 된다.

# 악법도 법이다

악법도 법이다.

오오 소크라테스, 너는 그 나라에 대한 적으로 여겨질 걸세. 그리고 자기 나라를 염려하는 사람은 누구나 너를 국법의 파괴자로 생각하며, 불신의 눈초리로 너를 볼 것일세.

— 소크라테스, 『플라톤의 대화』 부분

소크라테스는 결코 '너 자신을 알라'나 '악법도 법이다'라는 말을 하지 않았다.

그러나 그의 말과 말 사이, 그의 문장과 문장 사이에는 그 말들이 무수히 살아나와 움직인다.

결코 목숨을 구걸하지 않고, 해외로 도피나 하는 '국법의 파괴자'—이 말은 해외로 망명을 권유하는 크리톤에 대한 반박의 말이다—가 되지 않겠다는 것, 이 '오점 없는 명예'가 소크라테스의 영원불멸의 삶이 되고 있는 것이다.

# 문예에 힘쓰고 시를 써보아라!

오오, 소크라테스, 문예에 힘쓰고 시를 써보아라.
— 소크라테스, 『플라톤의 대화』 부분

소크라테스는 플라톤의 『국가』에서 모든 시인과 예술가들을 추방시키는 사람으로 묘사되고 있는데, 그것은 그의 '국가론'이 수많은 어린이와 청소년들을 위한 교육론이었기 때문이다.

불의 앞에서 비겁한 인간들, 전쟁터에서 벌벌벌 떨거나 죽음을 두려워하는 인간들을 미화시킨 대목들을 삭제시키자는 것이었지, 사실 그대로 모든 시인들을 모조리 추방시켜야 된다는 것은 아니었다.

말의 의도적인 왜곡과 사실무근의 음해가 소크라테스를 그처럼 '시인추방'의 대악당으로 만들었던 것이다.

소크라테스는 그러한 음해들을 알고 있었던 것인지, 이처럼 죽음 앞에서 이솝우화도 몇 편 옮기고, 시를 썼다고도 한다.

# 죽음이 가까이 왔을 때

 죽음이 가까이 왔을 때 죽기를 주저하는 사람은 애지자(철학자)가 아니고, 애육자, 곧 육체를 사랑하는 사람이라네. 아마도 그 사람은 돈이나 권력을 사랑하는 자요, 그렇지 않으면 이 양자를 다 사랑하는 자일 거야.
— 소크라테스, 『플라톤의 대화』 부분

철학자는 결코 돈과 명예와 권력을 사랑하는 사람도 아니고, 자기 자신의 육체만을 사랑하는 사람도 아니다.

# 모든 물건이 교환될 수 있는 화폐

모든 물건이 교환될 수 있는 정말 화폐가 하나 있을 걸세. 그것은 곧 지혜이네.
— 소크라테스, 『플라톤의 대화』 부분

모든 교육은 지혜를 얻기 위한 고통의 지옥훈련과정이다. 그 옛날은 인간 수명이 60 이전이었고, 기껏해야 20살 이전에 모든 교육이 다 끝났다.

오늘날 인간수명은 80이 되었고, 3~40살이 되어도 그 교육이 끝나지를 않는다.

우리 한국인들이 부처, 예수, 소크라테스, 플라톤, 마르크스, 니체, 나폴레옹, 알렉산더, 반 고호, 폴 고갱 등만을 배출해냈어도 그 모든 세계의 정치지도자들이 우리 한국인들을 존경하게 되었을 것이다.

남북분단, 점점 더 작아지는 국토, 날이면 날마다 사색당쟁의 이전투구들을 바라볼 때마다 최고급의 인식의 대제전—, 즉, 이 지혜싸움의 대투쟁에서의 패배만큼이나 뼈 아픈 것도 없는 것이다.

지혜는 만국 공통의 화폐인 것이다.

# 만일 산 사람이 죽은 사람으로부터……

만일 산 사람이 죽은 사람으로부터 오는 것이 아니라면 우리의 영혼은 저 세상에 있어야 할 것이 아닌가?
— 소크라테스, 『플라톤의 대화』 부분

소크라테스는 때로는 이분법적인 흑백논리의 소유자이기는 했지만, 그러나 그는 이분법적인 흑백논리를 뛰어넘어선 진정한 철학자이기도 했다. 산 사람은 죽은 사람으로부터 태어나고, 죽은 사람은 산 사람으로부터 죽어간다.

쥐가 있으면 고양이가 태어나고, 고양이가 있으면 쥐가 태어난다. 사자가 있으면 사슴이 태어나고, 사슴이 있으면 사자가 태어난다.

정의는 불의 속에서 탄생하고, 불의는 정의 속에서 탄생한다.

죽음은 또다른 삶의 시작인 것이다.

# 모든 것이 결합되기만 하고……

　모든 것이 결합되기만 하고 분리되는 일이 없다고 하면, 아낙사고라스가 말한 바과 같이 '만물은 혼돈의 상태'에 빠지게 될 것이네.
　― 소크라테스, 『플라톤의 대화』 부분


남편과 아내는 일심동체일 때도 있지만, 그러나 그들도 죽음으로 갈라진다.

부모형제와 자식과 친구들도 마찬가지이다.

만남은 헤어짐의 시작이고, 헤어짐은 또다른 만남의 시작이다.

이 결합과 분리 사이에서의 균형이 있기 때문에, 만물은 혼돈상태에 빠지지 않게 된다.

# 아름다움, 선 및……

　아름다움, 선 및 모든 것에 본질이 있다고 하면, 그리고 우리가 이 세상에 태어나기 전에 이미 있었고, 또 우리가 지금 가지고 있음을 방금 우리가 발견한 이것들에 우리가 우리의 모든 감각을 비추어 보는 것이라고 하면, 우리들의 영혼도 우리가 이 세상에 태어나기 전에 존재했음이 필연적인 일이 아닌가? 그러니 이런 것들도, 또 우리들의 영혼도 우리가 이 세상에 태어나기 전에 있었을 것일세. 그런 것들이 없다고 하면 우리들의 영혼도 없을 것일세.
　— 소크라테스, 『플라톤의 대화』 부분

　현대과학으로도 영혼의 실체가 증명되지 않는다고 하더라도 영혼은 존재한다고 믿지 않으면 안 된다. 만일 영혼이 없다고 한다면 불쌍하고 억울하게 죽어간 사람들을 달래 줄 길도 없고, 또한, 만일 영혼이 없다고 한다면 착하고 선량하게 살아갈 사람이 단 한 사람도 없게 될 것이다. 영혼은 허무의 진창을 메워주고, 순수한 삶의 의지와 그 실체로서 언제, 어느 때나 자유자재로 날아다니지 않으면 안 된다.
　아름다움의 본질도 있고, 선의 본질도 있다. 악마의 본질도 있고, 인간의 본질도 있다. 이 유일무이한 본질(이데아)이 있기 때문에, 우리는 보다 나은 삶과 보다 나은 인간으로 전진해 나갈 수가 있는 것이다.

이상의 세계는 다만 허상의 세계가 아니라 필연의 세계이기도 한 것이다.

모두가 다같이 평등하고 모두가 다같이 행복한 이상낙원이 없다면, 우리 인간들은 이처럼 어렵고 힘든 세계를 과연 어떻게 참고 살아갈 수가 있단 말인가?

# 철학은 다름아닌 죽음의 연습이 아닌가?

참으로 철학적인 영혼은 항상 죽음을 연습해온 터인데, 철학은 다름아닌 죽음의 연습이 아닌가?
― 소크라테스, 『플라톤의 대화』 부분

죽음은 무섭고, 두렵고, 마주하고 싶지 않은 천길의 벼랑과도 같다.
그러나, 그러나, 어느 누구도 이 죽음을 피할 수는 없다.
죽음의 연습은 삶을 완성하기 위한 것이고, 군더더기가 하나도 없는 죽음이 아름다운 예술적인 삶인 것이다.

# 참으로 학문을 사랑하는 사람들은

　오오 케베스, 참으로 학문을 사랑하는 사람들은 절제가 있고 용감한 법이네.
　— 소크라테스, 『플라톤의 대화』 부분

절제가 있는 사람은 용감한 사람이고, 용감한 사람은 절제가 있는 사람이다.
　단 한 걸음도 생략할 수 없는 삶의 길은 시간의 낭비도 없고, 그 무엇보다도 비겁한 우회로도 없다.

# 인간의 가장 나쁜 병폐

사람을 싫어하듯 논의를 싫어하는 것은 인간의 가장 나쁜 병폐야.
― 소크라테스, 『플라톤의 대화』 부분

어른은 언제나 어른이고, 어린아이는 언제나 어린아이이다.
스승은 언제나 스승이고, 제자는 언제나 제자이다.
강한 자는 강한 자이고, 약한 자는 약한 자이다.
하지만, 그러나 '아버지 살해'가 이루어지지 않는 사회―'논쟁의 문화'가 활성화되지 않은 사회―는 그 어느 생명도 살 수가 없는 죽은 사회에 지나지 않는다.
소크라테스의 비판 철학은 일도필살의 검법으로 되어 있고, 그는 그 일도필살의 검법으로 비판철학의 창시자가 되어갔던 것이다.

# 참고 견디어라, 나의 마음아!

참고 견디어라, 나의 마음아! 너는 이것보다 더 심한 것을 견디어 오지 않았느냐?
― 소크라테스, 『플라톤의 대화』 부분

소크라테스는 오딧세우스의 제자였고, 오딧세우스를 숭배하는 사상가였다.

참고, 참고, 또 참고 견디어라!

참고, 참고, 또 참는다는 것은 최고급의 인식의 제전에서 최종적인 승리자가 되겠다는 가장 구체적인 의지의 표현이기도 한 것이다.

# 만일 죽음으로 모든 것이 끝난다고 하면……

만일 죽음으로 모든 것이 끝난다고 하면 악인들만이 이득을 본다고 할 수가 있을 거야.
— 소크라테스, 『플라톤의 대화』 부분

지옥은 시뻘건 피의 바다와 수많은 괴물들과 짐승들이 살고 있고, 전기고문기술자와 피에 굶주린 악마들이 살고 있다.

언제, 어느 때나 대악당들을 환영하는 화염의 불꽃이 그 입구에서 활활활, 타오르고 있다.

이미 대악당들의 마음 속에는 이 지옥이라는 두 글자가 깊이깊이 새겨져 있는 것이다.

대악당들은 살아서도, 죽어서도 결코 환영을 받지 못한다.

# 나는 내가 독약을 마시고 죽으면……

나는 내가 독약을 마시고 죽으면 축복된 사람들이 있는 곳으로 가서 그 기쁨에 참여하리라는 것을 믿어 의심하지 않고 있네.
— 소크라테스, 『플라톤의 대화』 부분

소크라테스는 즐겁고 기쁜 마음으로 한 사발의 독약을 마시고 갔다. 그의 죽음은 참으로 거룩했고 숭고했다. '작은 키에 들창코, 털투성이에 가난뱅이'였던 소크라테스는 그러나 우리 인간들의 영원한 스승이었던 것이다.

"그는 잔을 입술에 대고 조용히 기쁜 낯으로 그 약을 마셨습니다. 그때까지만 해도 우리들은 슬픔을 억제할 수가 있었습니다만, 이제 그가 그 약을 들이키는 것을 보고 더 참을 수가 없었습니다. 저는 그만 울음을 터뜨렸어요. 저보다 먼저 크리톤이 울음을 억제할 수 없으니까 밖으로 나가려고 일어서더군요. 아포로도오로스는 벌써부터 줄곧 울고 있었는데, 이때에는 큰 소리로 흐느껴 울어 우리들 모두의 가슴을 메어지게 했습니다. 소크라테스만이 홀로 여전히 조용했어요."

# 오오 크리톤, 아스클레피오스에게……

오오 크리톤, 아스클레피오스에게 내가 닭 한 마리 빚진 것이 있네. 기억해 두었다가 갚아주게.
— 소크라테스, 『플라톤의 대화』 부분

아스클레피오스는 의술의 신이었고, 고대 그리스 사람들은 병이 나으면 이 의술의 신에게 닭 한 마리를 제물로 바쳤다고 한다.

소크라테스 역시도 삶을 질병으로 생각했고, 죽음을 삶으로부터의 해방(완치)으로 생각했던 것이다.

오오, 소크라테스의 최후의 말이여!

오오, 이 세상에서 가장 아름답고 멋진 명언名言이여!

# 머리도 플라톤이고, 꼬리도 플라톤

머리도 플라톤이고, 꼬리도 플라톤이다.

소크라테스는 단 한 권의 책도 남기지 않았고, 소크라테스가 등장한 모든 책들은 플라톤이 쓴 것이다.

플라톤이 저술한 『대화』나 『국가』는 플라톤의 사상이지, 소크라테스의 사상이 아닌 것이다.

머리도 플라톤이고, 꼬리도 플라톤이라는 말은 그래서 생겨난 것이다.

# 통치자의 무보수

만일 통치자들이 자기 자신의 이익을 위해서가 아니라 타인의 이익을 위해서 일을 하지 않는다면 그 지위를 무보수를 받아들이지 않을 것일세. 지배를 함으로써 이익을 얻는 것은 통치자가 아니라 지배를 받는 백성들이네.
— 플라톤, 『국가』 부분

플라톤이 말하는 통치자는 철학자이며, 이 철학자는 국가를 위하여 출가를 한 사제라고 할 수가 있다. 평민 계급과 군인 계급, 그리고 통치자 계급 중 가장 우수하고 뛰어난 계급은 통치자 계급이기는 하지만, 그러나 그는 스스로, 자발적으로 개인적인 모든 욕망을 포기해버렸던 것이다. 첫 번째로는 결혼을 하여 가정을 꾸밀 수가 없는 것이고, 두 번째로는 그 어떤 공직을 수행하더라도 일체의 댓가가 없는 무보수로 일을 해야 하는 것이고, 그리고 마지막으로 세 번째로는 그가 지니고 있는 최고의 권력마저도 '타인의 이익', 즉, '백성들의 이익'을 위하여 공명정대하게 행사하지 않으면 안 된다.

요컨대 사리사욕은 만악의 근원이며, 이 사리사욕을 제거하지 않는다면 만인평등과 부의 공정한 분배는 결코 이루어지지도 않게 될 것이다. 부의 세습과 권력의 세습은 한 국가나 공동체 사회의 암적인 종양이며, 따라서 이 암적인 종양을 제거하기 위하여 최고의 권력자인 통치자는 국가를 위하여 출가를 한 사제와도 같은 생활을 하지 않으면 안 된다.

플라톤의 이상국가에서는 결코 '유전무죄, 무전유죄'라는 말은 통용될 수가 없는 것이다.

# 정의는 덕이며 지혜로운 것이고……

정의는 덕이며 지혜로운 것이고, 불의는 악덕이며 무지한 것이네.
— 플라톤, 『국가』 부분

정의가 덕이며 지혜로운 것이고 불의가 악덕이며 무지한 것이라면 이 세상은 얼마나 살아가기가 손 쉬운 것일까? 정의와 불의, 덕과 악덕, 지혜와 무지는 시대와 인종과 환경에 따라서 제멋대로 변장을 하는 카멜레온과도 같은 것이다.

남존여비, 장자의 상속권, 군신유의, 부자유친, 장유유서, 군주제도, 공산주의는 지난날의 정의였고 덕이었지만, 이제는 오히려, 거꾸로 불의와 악덕과 무지의 탈을 쓰게 된 것이다.

# 유명한 시인들의 슬픈 노래를 삭제하여……

유명한 시인들의 슬픈 노래를 삭제하여 그것을 아녀자나 노예들에게 넘겨주는 것이 좋겠네. 나와 자네는 시인이 아니라, 국가의 건설자라는 것을 잊어서는 안 되네.
— 플라톤, 『국가』 부분

플라톤의 『국가』는 미래의 백만두뇌를 양성하기 위한 교육론이며, 궁극적으로는 이상국가(지상낙원)를 건설하기 위한 그의 고귀하고 웅장한 꿈이 담겨 있는 책이라고 할 수가 있다. 장차 그 이상국가를 이끌어 나갈 미래의 주인공인 청소년들에게 사랑 노래나 슬픈 노래―신들의 싸움, 전쟁의 잔인함과 끔찍함, 지옥에 대한 공포, 사악한 인간들의 영광과 출세 등―를 들려주어서는 안 된다는 것인데, 왜냐하면 그 노래들은 청소년들과 병사들을 더없이 나약하게 만들고 있기 때문인 것이다.

하지만, 그러나 플라톤은 그의 이상국가에서 모든 시인들을 다 추방해버린 대악당이 아니라, 청소년들의 교육에 유해한 시를 삭제하자는 교육자로서의 검열주의자에 지나지 않았던 것이다. 이제 한창 자라나야 할 청소년들에게는 보여줘야 할 것과 보여주지 않아야 할 것, 가르쳐야 할 것과 가르치지 않아야 할 것이 너무나도 분명하게 있는 것이다.

과연 어느 누가 어린 청소년들에게 낯 뜨거운 연애사건이나 엽기적인 사건들을 보여주고, 과연 어느 누가 조국을 위해 전쟁터로 나아가야 할 병사들에게 전쟁의 잔인함과 끔찍함을 보여주자고 할 수가 있단 말인가?

# 거짓말 하는 특권

만일 어떤 자가 거짓말을 하는 특권을 갖고 있다면 그야말로 국가의 통치자가 되어야 하네.
— 플라톤, 『국가』 부분

거짓의 기원은 진실이고, 진실의 기원은 거짓이다. 나는 나의 『행복의 깊이』 제2권(「진실에의 의지」와 「거짓에의 의지」)에서 이와도 같은 진실과 거짓의 상관관계를 나만의 이론으로 천착해낸 바가 있다. 거짓말을 하는 특권이 통치자에게만 있어야 한다는 플라톤의 견해는 우리 인간들의 일상생활이 거짓말로 이루어져 있다는 사실을 몰이해한 도덕군자로서의 독단론에 지나지 않지만, 모든 국민들이 통치자(최고 권력자)에게는 정직해야 된다는 정언명제를 역설해본 것에 지나지 않는다. 통치자가 수많은 나라들과 조약이나 협상 중에 있는 사실을 낱낱이 다 공개할 수도 없고, 또한 통치자가 수많은 이익집단과 그 시민들에게 한 국가의 통치철학과 국정운영의 모든 것을 낱낱이 다 설명해줄 필요도 없다. 조금 좋은 것은 더 좋다고 말을 해야 할 때도 있는 것이고, 아주 나쁜 것도 아주 좋은 것이라고 말을 해야 할 때도 있는 것이다.

아무튼 통치자는 국민들의 이익을 위하여 거짓말을 할 수가 있지만,

그 어떤 국민도 통치자에게 거짓말을 해서는 안 된다.

"만일 통치자가 자기 이외에 거짓말을 하는 자가 있다면 그가 예언자이거나 의사이거나, 또는 목수이거나 직공이거나 간에 나라를 정복하는 자로 간주하여 처벌을 하지 않으면 안 되네(『국가』)."

# 미래의 통치자들

　우리는 미래의 통치자들(어린 학생들)이 뇌물이나 선물을 즐기는 사람, 또는 수전노가 되지 않도록 가르쳐야 하네.
　— 플라톤, 『국가』 부분

　모든 교육은 어린 아이들에게 착하고 선량하게 살아가라고 가르치지, 뇌물이나 선물을 좋아하고, 언제, 어느 때나 사악한 수전노처럼 살아가라고 가르치지는 않는다.
　어린 아이들을 착하고 선량하게 가르치는 제일 좋은 방법은 모든 부패사범들을 초, 중, 고등학교로 끌고 가, 그 어린 청소년들에게 열 번씩 '용서의 큰절'을 올리게 하는 것이다.

# 부유함은 사치와 게으름과 공명심을……

부유함은 사치와 게으름과 공명심을 초래하고, 가난은 노예근성과 고약한 성품을 낳게 되네.
— 플라톤, 『국가』 부분

부자들은 어렵고 힘든 육체적인 노동을 기피하고, 가난한 자들은 어렵고 힘든 육체적인 노동을 하지 않으면 안 된다. 부자들은 더없이 게으르게 살면서도 사치를 즐기고, 가난한 자들은 비굴한 굴종이 몸에 배어 있으면서도 더럽고 추한 옷을 입지 않으면 안 된다.

부자들은 뜬구름과도 같은 명예욕을 쫓아가고, 가난한 자들은 살인, 강도, 강간, 사기, 도둑질에 대한 욕망으로 자기 자신의 타고난 성품을 일그러뜨리게 된다.

# 한 나라는 최소의 사람들의 지식으로……

한 나라는 최소의 사람들의 지식으로 유지되네. 지식(지혜)의 소유자가 적은 것은 당연하네.
— 플라톤, 『국가』 부분

소수의 10%의 지식인 집단과 0.1%의 최고급의 지식인 집단과 그리고 10여 명 정도의 세계적인 정치지도자(대권을 맡아도 되는 정치지도자)를 가지고 있으면, 그 국가는 언제, 어느 때나 세계적인 대제국으로 가장 고귀하고 웅장하게 부상을 하게 될 것이다.

5000만 명의 대한민국은 500만 명의 지식인 집단과 5만 명의 최고급의 지식인 집단과 10여 명의 정치지도자들이 필요한 것이다.

노벨상의 수상자가 대학사회에서 추방될 만큼 최고급의 인식의 제전이 이루어지는 그날까지 공부를 하고, 또 공부를 하지 않으면 안 된다.

# 우수한 자는 우수한 자와 결합하고……

우수한 자는 우수한 자와 결합하고, 열등한 자는 열등한 자와 결합해야 하네. 우리가 국민들을 가장 이상적인 상태로 끌어 올리려면 전자의 자손만을 양육하고, 후자의 자손들은 양육해서는 안 된다는 원칙이 우리들 사이에는 정해져 있지 않으면 안 되네.
— 플라톤, 『국가』 부분

모든 농장에서는 최고의 유전자를 지닌 우량종만을 교배시키고, 대부분의 농작물들도 최고의 유전자를 지닌 우량종만을 교배시킨다.

스파르타의 리쿠르코스가 그러했듯이, 플라톤의 사상은 철두철미하게 우생학에 맞닿아 있다.

동식물의 세계에서는 육체적인 결함과 유전적으로 우수하지 못한 개체는 자연적으로 도태하게 되어 있다.

# 남자나 여자들이 출산을 할 나이가 지났을 때에는……

그러나 남자나 여자들이 출산을 할 나이가 지났을 때에는 누구든지 좋아하는 사람과 자유롭게 동거하는 것을 허락해야 하네. 만일 혼전에 아이를 배게 되면 햇빛을 보지 못하게 해야 하고, 혹시 태어난다고 하더라도 그런 아이는 양육하지 말아야 하네.
— 플라톤, 『국가』부분

고대 그리스 사회에서는 성숙한 남녀에게 성적인 자유가 있었고, 단지 근친상간과 불륜의 씨앗은 기르지 않는다는 금기들만이 있었던 것이다.

# 우리들의 아내나 자식들은 공동소유로 하여야 한다

현재와 과거의 모든 법률의 귀결인 새로운 법률은 다음과 같네. 즉 "우리들의 아내나 자식들은 공동소유로 하여야 한다. 양친은 자기 자식을 알 수 없으며, 자식 또한 그 양친을 알 수 없다"는 것이네.
— 플라톤, 『국가』 부분

어린 아이들을 그가 태어난 마을 단위로 공동으로 생산하고 공동으로 양육한다는 것은 참으로 좋은 교육방법일 수도 있는 것이다. 요컨대 그것은 내 딸과 내 아들이라는 편견과 소유관념이 없어지고, 모두가 다 같이 내 딸과 내 아들이라는 인식 아래, 저마다의 타고난 능력과 소질에 따라서 공부를 시킬 수 있는 최고의 교육방법일 수도 있는 것이다.

최고의 두뇌의 소유자는 학자 계급으로, 그 다음 우수한 두뇌의 소유자는 전문가 계급으로, 그 다음 평범한 두뇌의 소유자는 일상적인 사무원 계급으로, 그 다음 두뇌의 소유자는 육체적인 노동자 계급으로 양성하지 않으면 안 된다.

마을과 마을, 지방과 지방 간의 상호친화적인 최선의 경쟁을 유발시킨다면, 모든 국민들이 다같이 행복하게 될 것이다.

남녀간의 성적 결정권은 여성에게 주고, 여성이 원하면 어느 누구와도 잠자리를 할 수 있는 남녀 별거의 공동체 사회를 모색해볼 필요도 있을 것이다.

# 철학자 왕

철학자들이 왕이 되어 통치를 하든지, 왕이 철학을 공부하여 통치를 하지 않는 한 우리들의 이상국가는 결코 실현되지 않을 것일세. 정치권력과 철학의 정신이 일체가 되어 수많은 국민들을 인도하지 않는 한, 현재의 나쁜 관행과 관습들은 결코 고쳐지지 않을 것이네.
— 플라톤, 『국가』 부분

나는 나의 『행복의 깊이』 제4권 제3장에서 플라톤에 대해서 이렇게 쓴 바가 있었다.

플라톤의 이상국가는 공산주의이었고, 그 구성원들 모두가 다같이 행복한 사회이었다. 그의 국가론은 교육론이 주조를 이루고 있고, 궁극적으로는 이 세상에서 가장 뛰어나고 훌륭한 '철인정치가'를 육성하여 그들이 통치하는 나라를 건설하는 것이 그 목표이었다. 이상국가에서의 어린 아이는 국가의 소유물이었고, 그의 어머니와 아버지는 친족권을 가질 수가 없다. 어른들은 모든 아이들의 아버지와 어머니이었고, 아이들은 모두가 다같이 형제자매이었다. 그들은 모두가 다같이 자기 자신의 자식들과 부모형제를 따질 필요가 없었던 것이고, 따라서 그들은 자기 자신보다는 국가를 우선시하게 되었다. 어린 아이는 엄마의 젖을 뗄 무렵이면 탁아소에 보내지게 되고 그곳에서 10세 때까지 체육과 음악을 공부하게 된다. 음악은 어린 아이들로 하여금 성격이 온화하고 덕이 많은 아이들로 자라나게 하고, 체육은 몸의 건강 뿐만이 아니라, 불굴의 인내와 용기, 그리고 굳센 정신을 가진 아이들로 자라나게 한다. 그 아이들이 10세가 지나면 수학, 역사, 철학, 기하학 등의 청소년 교육을 20세까지 배우게 하고, 그리고 그때까지 배운 것을 가지고 시험을 보게 된다. 그 시험에 통과한 사람은 30세까지 다시 공부를 하게 되고, 그렇지 못한 사람은 평민계급으로서 농사를 짓거나 상업에 종사를 하게 된다. 그리고 30세까지 교육을 받은 사람은 다시 시험을 보게 되고, 그 시험에 통과한 사람은 철인정치가의 공부를, 그렇지 못한 사람은 군인계급으로 남아서 국토를 방위하게 된다. 철인정치가는 30세부터 35세까지 정치와 철학을 집중적으로 공부를 하면서, 본격적으로 철인정치가의 수업을 받게 된다. 그리고 35세 이후에는 국가의 여러 요직을 거치면서 50세까지 국정운영의 경험을 쌓고, 50세 이후가 되면 철인정치가가 되어 순번제로 국정운영의 책임을 맡게 된다. 철인정치가의 교육을 받는 동안에도 철인정치가로서의 능력이 부족하면 군인계급이나 평민계급으로 내려 보내게 된다. 플라톤은 신이 사람을 만들 때, 금과 은과 동을 사용했다고 생각했고, 그리고 교육을 통하여 자기 자신들의 계급을 찾아주어야만 한다고 생각했다고 한다. 왜냐하면 교육을 통해서가 아니면 어떤 아이가 철인정치가의 계급(금)인지, 또는 군인계급(은)이나 평민계급(동)의 아이인지 알 수가 없었기 때문이다. 따라서 그의 이상국가에서 가장 타기할 만한 것은 계급의 분배와 조정이 잘못된 경우이며, 그 최종심급은 지식의 척도라고 하지 않을 수가 없다. 철인정치가보다 더 현명한 사람이 군인 계급에 속해 있다거나 군인계급보다 더 현명한 사람이 평민계급에 속해 있다면 그것은 결코 용납될 수가 없다. 또한 군주국가에서는 신분의 이동이 막혀 있지만, 이상국가에서는 그 능력과 재능을 인정받으면 평민계급 출신이라고 할지라도 철인정치가가 되어 한 나라의 최고의 통치자가 될 수가 있다.

철인정치가는 이 세상에서 가장 건강하고 지혜로운 사람이며, 궁극적으로는 이상국가의 통치자이다. 그의 역할은 국가를 통치하는 일과 전쟁터에서 병사들을 지휘하는 것, 그리고 모든 백성들을 교육시키고, 각자의 신분에 맞는 직업과 그 지위를 찾아주는 것이다. 따라서 그는 결혼을 할 수도 없고, 사유재산을 가질 수도 없다. 오직 국가와 민족을 위해서 노력해야 하는 것만이 그의 사명과 임무이며, 그의 통치 아래서는 모든 국민들은 자유와 평화와 행복을 누리게 된다. 즉, 평민들은 저마다 자기에게 주어진 일을 성실하게 하고, 군인은 용기를 가지고 전쟁터로 가고, 그리고 철인정치가는 그의 지혜를 가지고 그 국가를 다스리지 않으면 안 된다. 플라톤은 그의 이상국가를 위해서, 모든 시인과 예술가들을 추방시켜버린 바가 있다. 청소년들이나 병사들에게, 사랑 노래나 슬픈 노래를 들려주어서는 안 된다는 것이 그것인데, 왜냐하면 그 노래들은 청소년들과 병사들을 더없이 나약하게 만들고 있기 때문이다. 신이 만든 침대도 있고, 목수가 만든 침대도 있고, 화가가 그린 침대도 있다. 신이 만든 침대는 본질적인 침대이고, 목수가 만든 침대는 실용적인 침대이며, 화가가 그린 침대는 가상적인 침대이다. 따라서 이데아(본질)의 세계에서 두 단계나 떨어진 침대(화가가 그린 침대)는 쓸모가 없다는 것이 그것이다. 시인과 예술가들을 쓸모가 없는 인간들이라고 추방해버린 것은 플라톤의 최고의 실수이긴 하지만, 어쨌든 그는 인류의 역사상, 최초로 그의 '이상국가'를 기획하고 연출해냈던 것이다.

플라톤은 그의 나이 30대 중반 무렵, 디온의 초청을 받고 시라쿠사에 갔다고 한다. 디온은 시라쿠사의 폭군 디오니소스의 처남이었고, 플라톤으로 하여금 그 폭군 디오니소스를 바로잡아 줄 것을 기대했던 모양이었다. 그러나 디오니소스는 거꾸로 플라톤을 사로잡아 아테네와의 숙적인 스파르타의 군대에 팔아버렸고, 플라톤은 안니케리스의 도움으로 가까스로 탈출을 했다고 한다. 그리고 아테네로 돌아와서 최초의 아카데미를 설립하고, 후진 양성을 위하여 최선의 노력을 다했다고 한다. 플라톤의 나이가 60세 때, 시라쿠사의 디온이 또 한 번 그를 초청했고, 그때는 폭군 디오니소스가 죽고 그의 아들 디오니소스가 왕이 되어 있었다고 한다. 새로운 왕으로 등극한 디오니소스는 그의 아버지와는 다르게 매우 어질고 온화한 성품이었지만, 또다시 그의 이상국가를 건설하려던 플라톤을 감옥에 가두어 버리고, 디온을 나라 밖으로 추방을 시켜버렸다고 한다. 이번에도 플라톤은 그의 제자들의 도움으로 시라쿠사를 탈출했지만, 그의 나이 77세 때, 또다시 디오니소스의 초청을 받고 시라쿠사를 방문하게 된다. 플라톤은 비록, 77세의 고령임에도 불구하고 시라쿠사에다가 그의 이상국가를 건설해야겠다는 꿈을 버릴 수가 없었던 것이다. 하지만 이번의 경우에도 디오니소스는 약속을 어기고 플라톤을 감옥에 가두어 버렸고, 플라톤은 가까스로 피타고라스 학파의 도움으로 그곳을 탈출해 나왔다고 한다. 그토록 세 번씩이나 투옥을 당하고도 이상국가의 꿈을 버릴 수가 없었던 플라톤, 그러나 그의 실패는 이 세상의 어느 승리보다도 더 아름답고 값진 실패라고 하지 않을 수가 없다.

다시 말해서, 플라톤의 이상국가의 꿈과 그 좌절에는 얼마나 엄청난 아픔이 배어 있었던 것일까? 세계적인 대사상가로서의 투옥은 씻을 수 없는 치욕이었음에도 불구하고, 그 아픔, 그 죽음의 위험을 염두에 두지 않고, 두 번씩, 세 번씩 연거푸 시라쿠사를 방문하고, 이미 이승의 생을 다한 것 같은 77세의 몸으로도 또다시 투옥되었던 그의 좌절에는 얼마나 엄청난 아픔이 배어 있었던 것일까? 라파엘로의 「아테네 학당」이라는 그림에는 플라톤이 이상주의자로, 그의 제자 아리스토텔레스가 현실주의자로 그려져 있지만, 그러나 플라톤은 이처럼 현실주의자이기도 했던 것이다. 그는 모든 사람들이 행복하고 평화로운 공산국가를 건설하기 위하여, 단 하나 뿐인 그의 목숨까지도 바쳤던 것이다. 그는 불가능한 현실 속에서, 그 불가능한 현실을 외면하지 않고, 그 불가능의 꿈을 온몸으로 밀고 나갔던 것이다. 그의 실패는 그 어떤 승리보다도 더 아름답고 값진 실패일 수밖에 없다.

# 진정한 철학자

 어떠한 학문이든지 가리지 않고 배우려고 하는 자와 기꺼이 배우면서도 지칠 줄 모르는 자야 말로 진정한 철학자라고 불러야 마땅할 줄 아네.
 ― 플라톤, 『국가』 부분

어린 아이에게도 배워야 할 것이 있고, 바보에게도 배워야 할 것이 있다. 우리가 음식물을 통해서 자기 자신의 육체를 유지해가듯이, 우리는 지식을 통해서 자기 자신의 정신의 건강을 유지해가지 않으면 안 된다.
 철학자는 최고의 지식인이며, 인간 중의 최고의 인간이라고 할 수가 있다.
 배움에는 학문과 학문간의 경계와 금기도 없으며, 이 배움의 열정이 우리 인간들의 삶을 더욱더 아름답고 건강하게 만들고 있는 것이다.
 깊이 있게 배우고 잘 질문할 줄을 알아야 하는 것이다.

# 만일 그가 진리를 소유하지 못하면……

만일 그가 진리를 소유하지 못하면 거짓말쟁이가 되어 철학자의 자격이 없는 것이네.
— 플라톤, 『국가』 부분

진리는 이 세상의 참된 이치이며, 밤 하늘의 별과도 같다.

하지만, 그러나 어떤 정책이 최선의 정책이고, 어떤 사상이 가장 좋은 사상인 것일까?

모두가 다같이 평등하고, 모두가 다같이 행복한 지상낙원은 어떻게 건설해야 하는 것일까?

수많은 진리들이 있고, 이 진리들이 서로가 서로의 멱살을 움켜쥔 채, 지금, 이 순간에도 그 바보와도 같은 싸움을 그치지 않고 있다.

진리를 소유한 철학자라니……

플라톤은 너무나도 똑똑하고 훌륭해서, 이처럼 바보와도 같은 어릿광대의 삶을 살다가 갔던 것인지도 모른다.

# 모든 극악무도한 일들은……

    모든 극악무도한 일들은 평범한 자들의 소행이 아니라, 나쁜 교육을 받은 뛰어난 자들의 소행이라네. 최선의 소질을 갖고 태어난 자가 나쁜 교육을 받으면 더욱더 고약해지는 법이라네.
    — 플라톤, 『국가』 부분

모든 지혜는 사기 치는 기술이며, 모든 철학자는 고등사기술의 대가일 뿐이다.
우리 인간들은 천사적일 때도 있고, 악마적일 때도 있다.
이 극악무도함은 사적 개인의 정신수양이나 절제심만으로는 안 되고, 반드시 도덕과 법률로 다스리지 않으면 안 된다.
많이 배운 민족일수록 최첨단의 무기와 천하무적의 용사들로 무장하고 있는 것이다.

# 철학을 제대로 가르쳐야……

철학을 제대로 가르쳐야 국가가 멸망하지 않고 번성할 수 있는 것이네.
― 플라톤, 『국가』 부분

옳은 말이다.

철학은 국가의 목표와 그 목표를 달성할 수 있는 방법을 제시해주고, 그리고 모든 국민들에게 영원한 제국의 시민으로서의 그 자부심과 긍지를 가르쳐 준다.

유태민족의 사상, 중화민족의 사상, 대영제국의 사상, 미제국주의의 사상, 로마제국의 사상―.

# 철학자는 가장 신적인 존재

　철학자는 신적인 것, 또는 질서 있는 것과 생활을 같이 하고 있음으로 인간으로서는 가장 신적인 존재가 되네.
　― 플라톤, 『국가』 부분

철학자는 문명과 문화의 창시자이며, 그의 지혜는 영원히 타오르는 태양과도 같다.
　철학자는 인간 중의 인간이며, 신적인 존재와도 같다.
　소크라테스, 플라톤, 아리스토텔레스, 공자, 맹자, 장자, 노자와도 같은 철학자들이 지금, 이 순간에도 영원불멸의 삶을 살고 있는 것이다.

# 철학자들은 지적인 활동을 선이라고 생각하네

대다수 사람들은 쾌락을 선이라고 생각하는데, 철학자들은 지적인 활동을 선이라고 생각하네.
— 플라톤, 『국가』 부분

육체적인 쾌락은 정신적으로 공허할 수도 있고, 지적인 활동은 육체적으로 좋지 않을 수도 있다.

우리는 육체적인 쾌락과 정신적인 쾌락, 그 어느 것도 소홀하게 취급할 수는 없다.

언제, 어디서나 절름발이는 영원히 환영을 받지 못한다.

# 정치학

　정치학은 모든 학문을 구사하는 것이기 때문에, 또 우리가 무엇을 해야 하며, 무엇을 해서는 안 되는가에 대해서 입법하는 것이기 때문에, 그 목적은 다른 모든 학문의 목적을 내포해야 하며, 따라서 그 목적은 인간을 위한 선이어야만 한다. 왜냐하면 비록 이 선이 개인에 대해서나 또 국가에 대해서나 같은 것이기는 해도, 국가의 선은 그것을 실현하는 경우이건 또는 보전하는 경우이건 사실상 더욱 크고 더욱 궁극적인 것이기 때문이다. 또한 이 선을 그저 개인을 위하여 실현하는 것도 가치 있는 일이지만, 한 민족이나 도시국가를 위하여 실현하는 것은 더욱 훌륭한 신적인 일이기 때문이다.
　— 아리스토텔레스, 『니코마코스 윤리학』 부분

　소크라테스는 플라톤의 스승이었고, 플라톤은 아리스토텔레스의 스승이었다. 소크라테스, 플라톤, 아리스토텔레스는 그리스 정신문화의 3대 지주이자 서양철학의 기원이라고 할 수가 있다.
　아리스토텔레스는 BC 384년 그리스의 스타게이로스에서 태어났고, 그의 나이 63세 때인 BC 322년 칼키스에서 죽었다고 한다. 아리스토텔레스는 알렉산더 대왕의 스승이었고, 그는 그의 스승인 플라톤의 이상주의에 반대했던 현실주의자이었으며, 최초의 철학전문학교인 리케이온—플라톤의 아카데미가 일반학교인데 반하여—을 설립했던 중용주의자이기도 했다.

플라톤은 철학을 최고의 학문이라고 생각했고, 아리스토텔레스는 정치학을 최고의 학문이라고 생각했다.

# 젊은 사람은 정치학의 청강자로서는 적합하지 않다

사람마다 자기가 알고 있는 것들에 대해서는 잘 판단할 수가 있고, 따라서 그것에 대해서는 좋은 판단자이다. 어떤 한 분야에 대해서 교육을 받아온 사람은 좋은 판단자이며, 또 각 방면의 교육을 두루 받은 사람은 일반적으로 모든 문제에 대한 좋은 판단자이다. 이런 까닭에 젊은 사람은 정치학의 청강자로서는 적합하지 않다. 왜냐하면 젊은이는 인생의 여러 가지 행동에 경험이 없는 반면, 정치학의 논의는 이러한 것들에 관한 논의이기 때문이다. 또 젊은이는 정념에 따르기 쉽기 때문에 설사 정치학을 공부한다고 하더라도 아무런 소용도 없고 이익이 없을 것이다. 정치학의 목적은 지식에 있지 않고 실천에 있기 때문이다.

— 아리스토텔레스, 『니코마코스 윤리학』 부분

정치학은 국가의 목표를 설정하고 그 목표를 달성할 수 있는 다양한 정책들을 연구하는 학문을 말한다. 정치학은 수많은 이익집단들의 대립과 갈등을 조정하면서 궁극적으로는 민심과 국력을 결집시켜나갈 수 있는 다양한 비법을 제시하지 않으면 안 된다. 나는 정치학은 젊은이들도 공부할 수가 있지만, 정치는 최고급의 지식과 다양한 경험을 축적한 사람들이 해야 된다고 생각한다. 왜냐하면 정치는 이론을 생산하는 것이 아니라 그 이론을 실천하는 것이기 때문이다.

# 정치학의 강의를 잘 이해하면서……

정치학의 강의를 잘 이해하면서 들을 수 있으려면 먼저 좋은 습관을 갖고 있지 않으면 안 된다.
— 아리스토텔레스, 『니코마코스 윤리학』 부분

좋은 생활의 습관과 좋은 생활의 태도는 동서양을 막론하고 만고불변의 진리이다.

씨앗을 뿌린 대로 싹이 나고, 노력한 만큼 그 열매들을 수확할 수가 있다.

승부조작을 한 축구선수들은 형사처벌 이외에도 영구추방이라는 중징계를 당했지만, 타인의 지적 재산을 가로채간 우리 학자들─표절의 대가들─은 어떠한 형사처벌도 받지 않았다.

과연 어느 문화선진국에서 표절을 합법화하고 그 도둑놈들을 영구추방하지 않는 나라가 있단 말인가?

우리 학자들은 악마들에게 영혼을 팔아버린 대사기꾼들이며, 스스로, 자발적으로 지옥행에 몸을 실은 악마들의 후예일 뿐인 것이다.

# 의로운 행위는……

 예를 들어, 말(馬)은 말을 좋아하는 사람에게 즐거운 것이요, 연극은 연극을 좋아하는 사람에게 즐거운 것이듯이, 의로운 행위는 정의를 좋아하는 사람들에게 즐거운 것이요, 일반적으로 유덕한 행위는 덕을 사랑하는 사람에게 즐거운 것이다.
— 아리스토텔레스, 『니코마코스 윤리학』 부분

최고의 행복은 자기가 하고 싶은 일을 하는 것이고, 그 일의 기쁨을 만인들의 기쁨으로 승화시켜 놓는 것이다.
 최고의 승마인, 최고의 연극인, 최고의 현자 등이 있기 때문에, 우리 인간들의 행복이 샘솟아 나오게 되어 있는 것이다.

# 좋은 국가 체제와 좋지 못한 국가 체제

입법자들은 국민들로 하여금 좋은 습관을 가지게 함으로써 좋은 국민을 만든다. 이 일을 잘하지 못하는 입법자들은 결국 소기의 목적을 달성하지 못한다. 이 점에서 좋은 국가 체제와 좋지 못한 국가 체제가 갈라진다.
— 아리스토텔레스, 『니코마코스 윤리학』 부분

우리 한국인들은 수천 년 동안 싸움 한 번을 제대로 해보지도 못했고, 그때마다 이민족의 노예가 되어야만 했던 민족이었다.

국가와 민족의 앞날보다는 자기가 속한 당파와 개인의 이익을 위해서 수천 년 동안이나 사색당쟁의 이전투구를 벌여왔던 우리 한국인들, 너무나도 분명하고 확실하여 그 어떠한 정쟁거리도 없는 것을 문제 삼아서 수많은 정쟁거리들만을 양산해온 우리 한국인들—.

대한민국의 최고의 입법자들은 부정부패를 신봉하는 장본인들이며, 그 결과, 기초생활질서가 다 무너져내려도 사면복권의 단맛만을 좋아하는 너무나도 사악하고 뻔뻔스러운 파렴치한들일 뿐인 것이다.

# 중용의 미덕

무슨 일에서나 뒷걸음치며 무슨 일이나 두려워하며 무슨 일에 대해서나 자기의 자리를 지키지 않는 자는 비겁한 자가 되며, 이와 반대로 무슨 일이든지 두려워하지 않으며, 어떠한 위험에라도 뛰어드는 사람은 무모한 자가 된다. 이와 마찬가지로 온갖 쾌락에 파묻히고 조금도 삼가하지 않는 사람은 방탕하게 되며, 이와 반대로 모든 쾌락을 피하는 사람은 마치 촌놈처럼 무감각한 사람이 되고 만다. 절제와 용기는 과도와 부족으로 상실되고, 중용에 의하여 보존된다.
— 아리스토텔레스, 『니코마코스 윤리학』 부분

아리스토텔레스는 철두철미하게 중용주의자이었고, 그것은 그가 언제, 어느 때나 유순하고 온건한 성격의 소유자였기 때문이었을 것이다.

용기가 지나치면 무모한 자가 되고, 용기가 없으면 비겁한 자가 된다. 절제를 모르는 자는 방탕한 자가 되고, 쾌락을 모르는 자는 무감각한 자가 된다. 절약을 모르는 자는 낭비하는 자가 되고, 지나치게 돈을 아끼는 자는 인색한 자가 된다.

하지만, 그러나 이 '중용의 미덕'은 우유부단한 자와 이것도, 저것도 아닌 기회주의자의 도피처가 될 수도 있다.

# 우리가 나쁜 일을 하는 것은 쾌락 때문이요

    우리가 나쁜 일을 하는 것은 쾌락 때문이요, 우리가 고귀한 일을 멀리하는 것은 고통 때문이다. 그러므로 플라톤이 말하고 있는 바와 같이 우리는 마땅히 기쁨을 느껴야 할 일에 기쁨을 느끼고, 마땅히 괴로워 해야 할 일에 괴로워 할 줄 알도록 아주 어렸을 적부터 어떤 방법으로든지 교육을 받아야만 한다. 이것이 참으로 올바른 교육인 것이다.
  — 아리스토텔레스, 『니코마코스 윤리학』부분

열심히 일을 하지 않는 자는 경쟁에서 뒤처지게 되고, 이 경쟁에서 뒤처진 자가 온갖 사기와 절도와 약탈을 일삼게 된다.
    성실하지 않은 자는 피와 땀과 눈물로 일을 해야 하는 고통을 싫어하는 자이며, 오늘도 주지육림酒池肉林 속에서 헤어 나오지 못하고 있는 자이다.

# 과도와 부족은 악덕의 특징

과도와 부족은 악덕의 특징이요, 중용은 덕의 특징이다.
— 아리스토텔레스, 『니코마코스 윤리학』 부분

아리스토텔레스는 알렉산더 대왕이 가장 존경하는 스승이었고, 알렉산더 대왕으로부터 모든 특전과 특혜를 다 받았다고 한다.

하지만, 그러나 너무나도 때 이르게 알렉산더 대왕이 죽었고, 그러자 아테네 시민들이 알렉산더 대왕과 그 추종자들을 단죄하기 시작했다고 한다.

아리스토텔레스는 재빨리 재판절차를 회피한 채 칼키스로 도망을 갔고, 그의 나이 63세 때인 BC 322년에 '만성소화불량증 환자'로 그 생애를 마감하게 되었다고 한다.

이것이 중용주의자, 혹은 기회주의자의 말로이기도 한 것이다.

# 사람이 선하게 되는 길은……

사람이 선하게 되는 길은 하나이지만, 악하게 되는 길은 수없이 많다.
— 아리스토텔레스, 『니코마코스 윤리학』 부분

진정한 사상가의 길은 그 어떠한 우회로도 없고, 오솔길도 없다.
오직 그의 피와 땀과 눈물로 그의 사상의 열매를 맺게 된다.
가짜 학자는 정치인이 될 수도 있고, 사기꾼이 될 수도 있다.
그는 제비족이 될 수도 있고, 노름꾼이 될 수도 있다.

# 비이성적인 정념도……

비이성적인 정념도 이성 못지 않게 인간적인 것이다. 노여움이나 욕망에서 나오는 행위도 결국은 인간적인 행위이다. 따라서 이러한 행위들을 무의미하고 쓸모없는 것으로 다루는 것은 전혀 엉뚱한 일이라고 아니 할 수가 없다.
— 아리스토텔레스, 『니코마코스 윤리학』 부분

플라톤은 이성의 이름으로 모든 비이성적인 정념들을 배척했지만, 아리스토텔레스는 이처럼 이성 못지 않게 비이성적인 정념들도 중요시했다.

아리스토텔레스의 『시학』은 인류의 역사상 가장 뛰어난 시학이면서도, 그의 스승인 플라톤의 '시인추방'에 대한 전면적인 비판이었다고 할 수가 있다.

# 우리는 쾌락을 주는 것을 선으로서 선택하고……

　　우리는 쾌락을 주는 것을 선으로서 선택하고, 고통을 주는 것을 악으로서 피한다.
　　— 아리스토텔레스, 『니코마코스 윤리학』 부분

　잠재적 자아는 모든 욕망을 추구하고, 현실적 자아는 실현가능한 욕망만을 취사선택하고, 초자아는 현실적 자아에 대한 상벌기능—잘했어, 잘못했어—을 담당한다. 프로이트의 쾌락원칙과 현실원칙의 기원에는 이처럼 아리스토텔레스가 있었다고 해도 과언이 아니다.
　욕망이 충족되면 쾌락이 생겨나지만, 욕망이 충족되지 않으면 고통이 따르게 된다.

# 불명예를 두려워하는 사람은……

불명예를 두려워하는 사람은 선하고 염치 있는 사람이지만, 불명예를 두려워하지 않는 사람은 파렴치한 사람이다.
— 아리스토텔레스, 『니코마코스 윤리학』 부분

만인들의 대왕이라는 명예만을 선택하고 그의 전재산을 모든 백성들에게 나누어주었던 알렉산더 대왕은 진정으로 명예가 무엇인지 알았던 사상가이었지만, 대통령의 절대권력으로 1조원대의 통치자금을 부정축재해놓고, 전 재산이 단돈 29만원 뿐이라던 전두환을 비롯한 대한민국의 역대 대통령들은 불명예를 명예로 알고 있었던 사상적인 불임의 동물들에 지나지 않았던 것이다.

그들은 모두가 다같이 후안무치함과 뻔뻔스러움을 최고의 명예로 알았던 것이다.

# 호탕한 사람은 예술가와도 같다

호탕한 사람은 예술가와도 같다.
— 아리스토텔레스, 『니코마코스 윤리학』 부분

동가식서가숙東家食西家宿하면서 알거지로 죽어갔던 소크라테스, 사적인 재산을 단 한 푼도 축적하지 않았던 알렉산더 대왕, 자기 자신의 이론과 발명품에 그 어떠한 특허권도 행사하지 않았던 퀴리부인, 전 재산을 인류의 행복과 평화를 위해 내놓았던 노벨, "부자로서 죽는 것은 부끄러운 일이다"라고 아주 유명한 말을 남겼던 카네기 등은 전 인류의 행복과 평화에 기여를 했던 호탕한 사람들이었다.

호탕한 사람들은 한 줄의 시구를 위해서 자기 자신의 목숨을 거는 예술가와도 같다.

대한민국에는 이 반경환 이외에는 단 한 명의 호탕한 사람이 없다.

# 긍지가 있는 사람은……

 긍지가 있는 사람은 하찮은 위험에는 뛰어들지도 않으며, 또 그것을 좋아하지도 않는다. 그러나 그는 큰 위험에는 몸소 나아가며, 그런 위험을 당해서는 자기 자신의 목숨을 아끼지 않는다.
 — 아리스토텔레스, 『니코마코스 윤리학』 부분

사나운 바다를 보며 자기 자신을 알아보지 못한다고 꾸짖었던 헤라클레스, 이글이글 타오르는 태양을 향하여 화살을 쏘아대겠다고 호통을 쳤던 헤라클레스, 죽음의 신인 하데스를 위협하여 테세우스를 구출해나오고, 옴팔레 여왕의 열두 가지 노역을 마다하지 않았던 헤라클레스―.

줄리어스 시이저, 즉, 카이사르는 진정한 헤라클레스의 아들과도 같다.

# 고귀한 인간들의 특징은……

 고귀한 인간들의 특징은 자기가 남에게 잘 해준 일은 모조리 기억하지만, 남이 자기에게 잘 해준 일은 전혀 기억하지 못한다.
 ─ 아리스토텔레스, 『니코마코스 윤리학』 부분

 고귀한 인간은 끊임없이 타인들을 도와주고, 자기 자신의 도움을 필요로 하는 사람들을 만들어 놓는다. 그는 타인의 도움을 받을 때에도 그것을 더 많은 사람들에게 나누어주기 위해서이지, 자기 자신의 사적인 이익을 취하기 위해서가 아닌 것이다.
 부처, 예수, 마호메트 같은 사람들이 바로 그렇고, 그들은 어떠한 헌금으로도 그 부채를 갚을 수 없는 은혜를 남겨주고 떠나갔던 것이다.
 우리는 늘, 그들에게 끊임없이 찬양과 찬송을 해대지 않으면 안 된다.

# 정의는 타인의 선

 이런 까닭에 "지배자의 자리에 있게 되면 그 인품이 드러난다"고 한 비아스의 말이 옳다고 생각한다. 지배자는 반드시 다른 사람들과 관계하며, 또 사회의 일원이니 말이다. 이와 같은 연유에서 모든 덕 가운데 "정의만은 타인의 선(플라톤)"이라고 생각된다. 사실 그것은 지배자이건, 동료이건, 아무튼 자기가 아닌 타인에게 유익한 일을 하는 것이기 때문이다. 최악의 사람이란 자기의 사악함을 자기 자신만이 아니라 자기의 친구들에게도 미치는 사람이요, 최선의 사람이란 자기 자신의 덕을 자기 자신에게만 미치는 자가 아니라 타인에게도 미치는 사람이다.
 ― 아리스토텔레스, 『니코마코스 윤리학』부분

 국가는 국민들의 행복과 평화를 위해서 존재하는 공동체 사회이며, 만인의 평등과 부의 공정한 분배가 그 근본적인 목표라고 할 수가 있다. 국가는 상호간의 분업과 협업의 형태로 조직되어 있으며, 그 구성원들 간의 관계는 이타적인 사랑의 관계라고 할 수가 있다.
 모든 국민들을 내 몸처럼 생각하면 그는 훌륭한 지배자가 되고, 모든 국민들을 종복처럼 생각하면 그는 사악한 지배자가 된다.
 플라톤이 '정의를 타인의 선'으로 생각하고, 모든 지배계급의 정치인들에게 그 어떠한 재산도 소유할 수 없도록 한 이유가 바로 여기에 있는 것이다.

# 동등한 사람들이……

동등한 사람들이 동등하지 못한 대우를 받게 되거나 동등하지 하지 않은 사람들이 동등한 대우를 받게 되면 불평등을 초래하게 된다.
— 아리스토텔레스, 『니코마코스 윤리학』 부분

주인은 주인다운 대접을 받아야 하고, 노예는 노예다운 대접을 받아야 한다.

오늘날은 부자가 주인이 되고, 가난한 자는 노예가 된다.

최초의 하나님은 아담과 이브만을 창조해냈을 뿐인데, 언제, 어느 때부터 누가 누구를 주인으로 섬기고, 누가 누구를 노예로 부리게 되었던 것일까?

# 만일 그 목표가 아름다운 것이라면……

그런데 만일 그 목표가 아름다운 것이라면 그때의 영리함은 칭찬할 만한 것이지만, 만일 그 목표가 나쁜 것이라면 그때의 영리함은 한갓 간지奸智일 따름이다.
— 아리스토텔레스, 『니코마코스 윤리학』부분

애굽왕의 노예로 살았던 이스라엘 백성들을 구원해냈던 모세는 그 목표가 위대한 인간이었지만, 자기 자신의 조국인 고려를 명나라에게 바쳤던 이성계는 민족의 반역자였던 것이다.

이성계는 태조가 아니라 명나라에서 파견한 조선총독부의 수괴首魁에 지나지 않았던 것이다.

# 타인을 경멸할 때는……

타인을 경멸할 때는 고통을 느끼지 않지만, 타인에 대한 분노는 고통을 느끼게 된다. 타인을 경멸하는 사람은 오히려 쾌감을 느낀다.
— 아리스토텔레스, 『니코마코스 윤리학』 부분

니체의 주인과 노예, 선악의 문제, 정치 제도와 그 목표 등은 아리스토텔레스의 복사판과도 같다.

니체는 플라톤을 그토록 엄청나게 비판을 했지만, 아리스토텔레스에 대해서는 대부분이 침묵했고, 좀처럼 비판을 가하지 않았다.

도둑이 제 발이 저렸던 것일까?

이 대목도 거의 그대로 니체의 『선악을 넘어서』에 나오는 대목이다.

아아, 괘씸한 범죄인의 자기 방어본능들이여!!

# 우리들의 인생의 총기획자

쾌락이나 고통의 탐구는 정치 철학의 영역이다. 왜냐하면 윤리적인 악덕과 쾌락이 고통과 쾌락에 관계되는 것일 뿐만 아니라, 또한 행복이 쾌락을 수반한다고 대부분의 사람들이 말하고 있기 때문이다.

정치 철학자는 우리들의 인생의 총기획자이기 때문이다.

— 아리스토텔레스, 『니코마코스 윤리학』 부분

정치 철학자는 우리들의 인생의 총기획자이다.

정치는 종합예술이고, 아리스토텔레스는 인류의 역사상 가장 위대한 알렉산더 대왕을 배출해낸 전인류의 스승이자 진정한 철학예술가이었던 것이다.

# 변화는 악덕

신은 언제나 오직 하나의 단순한 쾌락을 즐긴다. 그러나 에우리피데스는 어떤 것에 있어서 변화는 달콤한 것이라고 말하고 있는데 이는 어떤 악덕으로 말미암은 것이다. 변하기 쉬운 사람이 악한 사람인 것처럼, 변하지 않을 수 없는 본성은 악한 본성이다.
— 아리스토텔레스, 『니코마코스 윤리학』 부분

아리스토텔레스는 변화를 죄악시했고, 그 때문에 그의 사상이 온갖 기회주의로 망가질 수밖에 없었던 것이다.

왜, 그는 소크라테스처럼 당당하게 재판절차에 응하지 않고 칼키스로 도망을 갔던 것일까? 그의 중용주의는 언제, 어느 때나 변함이 없었지만, 그러나 이처럼 기회주의자로 변신을 할 수가 있었던 것이다.

모든 것은 변하고, 모든 것은 흘러간다.

# 명예욕

세상 사람들은 명예욕 때문에 자기가 사랑하는 것보다 상대방으로부터 사랑받는 것을 더 원하는 것 같다. 아첨을 좋아하는 사람이 많은 것은 이 때문이다.
— 아리스토텔레스, 『니코마코스 윤리학』 부분


예술가들은 대부분이 사기꾼이며, 허풍쟁이에 지나지 않는다.

대부분의 예술가들은 자기 자신의 붉디 붉은 피로 글을 쓰지 않고, 그 값싼 노력에 반하여 만인들로부터 사랑을 받기를 원한다.

명예욕에 굶주린 그들의 지배욕망이 아첨꾼들만을 대량생산해내고 있는 것이다.

예술가와 정치인들은 무서운 원수형제와도 같다.

# 노예는 생명 있는 도구

   노예는 생명 있는 도구요, 도구는 생명 없는 노예이다. 그러므로 노예와의 친애는 있을 수가 없다.
   — 아리스토텔레스, 『니코마코스 윤리학』 부분

노예는 인간이 아니고, 다만 생명 있는 도구에 지나지 않는다.

아아, 어쩌다가 이처럼 대사상가의 의식이 마비되고, 그처럼 가혹하고 비정한 잔인성을 양식화시키게 되었던 것일까?

이러한 특전과 특권이 선민의식을 낳고, 이 선민의식이 제3세계의 원주민들을 몰살시키고, 그토록 무자비하고 잔인한 제국주의적인 만행의 모태가 되어 주기도 했던 것이다.

# 시인과 시혜자

　시인은 자기 자신의 시를 몹시 사랑하며 마치 그것이 자기의 자식인양 아낀다. 시혜자의 입장도 이와 흡사하다. 그들이 잘해 준 상대방은 바로 그들의 작품이요, 시혜를 입은 자들은 그 작품을 사랑하는 이상으로 그들을 사랑하게 된다.
　— 아리스토텔레스, 『니코마코스 윤리학』 부분

모성애는 작품의 기원이며, 그 산실이다.
　시인은 언어를 낳고, 또 낳으며, 자기 자신의 영혼과 사상으로 그 언어에게 젖을 먹이며 길러낸다.
　타인을 도와주는 자도 그 타인을 자기 자식처럼 아끼고 사랑하게 된다.
　스승과 제자의 관계는 이렇게 해서 탄생하게 된다.

# 시혜자와 피시혜자

시혜자에게는 자기의 행위는 고귀한 것이요, 따라서 자기의 행위의 대상에 기쁨을 느끼지만, 이에 반하여 피시혜자에게는 그 시혜자와도 같은 고귀함이 아무것도 없고, 기껏해야 자기에게 이익이 되는 것밖에 없는데, 이것은 별로 기쁨을 주는 것도 아니요, 사랑할 만한 것도 못된다.
— 아리스토텔레스, 『니코마코스 윤리학』 부분

니체는 그의 『선악을 넘어서』에서 이렇게 역설한 바가 있었다.

"고귀한 유형의 인간은 스스로 행위의 결정자로 생각한다. 그는 타인의 인정을 필요로 하지 않는다. 그는 사물에 가치를 부여하는 것은 바로 자기 자신이라는 것을 안다. 그는 가치의 창조자이다. 이러한 도덕은 자기 찬미의 도덕이다."

"노예의 눈은 강자의 미덕을 좋게 보지 않는다. 그는 회의와 불신에 가득차 있으며, 강자들이 존중하는 선이라면 무조건 의심을 갖고 대한다. 그는 강자들의 행복은 진정한 행복이 아니라고 생각한다. 노예의 도덕은 본질적으로 효용성에 입각한 도덕이다."

니체의 주인의 노덕과 노예의 도덕에 대한 생각은 아리스토텔레스의 복사판에 지나지 않는다.

# 남이 잘 해주는 것을 받는 일에는……

    그런데 남이 잘 해주는 것을 받는 일에는 수고가 따르지 않는 반면, 남에게 잘해주는 일은 힘든 일이다. 모친이 부친보다 자식을 더 사랑하는 것도 이 때문이다. 자식을 낳는다는 것은 모친에게 더 많은 고통을 주는 것이요, 또 모친은 그 자식이 자기 자신의 것임을 더욱 잘 알고 있다. 이것은 또한 시혜자에게도 들어맞는 일이라 하겠다.
   — 아리스토텔레스, 『니코마코스 윤리학』부분

타인을 도와주는 것도 어려운 일이기는 하지만, 그 도움을 받고 갚을 길이 없는 것처럼 난감할 때도 없다.
   은혜를 아는 자와 모르는 자, 효자와 불효자의 낙인처럼 무서운 것도 없다.
   어머니의 자식은 모두가 효자이지 않으면 안 되고, 타인의 도움을 받는 자는 모조리 그의 충복이 되지 않으면 안 된다.

# 선한 사람은 자애자가 되어야 하지만……

선한 사람은 자애자가 되어야 하지만, 악한 사람은 자애자가 되어서는 안 된다. 그는 사실 좋지 못한 정욕을 따름으로써 자기 자신도 해치고, 또 이웃 사람들까지도 해치니 말이다.
— 아리스토텔레스, 『니코마코스 윤리학』부분

선한 자도 자기가 선하다고 생각하고, 악한 자도 자기가 선하다고 생각한다.

악한 자는 없고, 자기 자신을 사랑하는 자만이 있다.

이처럼 철두철미한 '자기애'가 '이성의 간계'를 낳고, 타인과 이웃민족을 정복하고 싶어하는 제국주의자들을 낳게 된다.

아리스토텔레스가 이러한 사실을 몰랐다니, 이것은 지나가는 개도 웃을 일이다.

# 인간은 사회적 동물이요

　사실 인간은 사회적 동물이요, 그 본성이 남과 함께 살도록 되어 있다. 그러므로 행복한 사람도 다른 사람들과 함께 사는 것이다.
　― 아리스토텔레스, 『니코마코스 윤리학』 부분

"인간은 사회적 동물이다"라는 말은 소크라테스의 "너 자신을 알라"라는 말처럼 천하 제일의 명언이라고 하지 않을 수가 없다.

　스티브 잡스도, 오바마도, 시진핑도, 아베도, 부처도, 예수도, 그처럼 뛰어난 두뇌와 전지전능한 힘을 가지고 있으면서도, 그 어느 누구도 로빈슨 크루소와도 같은 단독자의 삶을 원하지는 않았던 것이다.

# 뜻이 맞는 사람들끼리

  그런데 이 의식의 활동은 함께 생활할 때 생기는 것이요, 따라서 친구되는 사람들이 이것을 찾는 것은 당연한 일이다. 그리고 사람들은 어떻게 살기를 택하건, 혹은 어떤 생활을 높이 평가하건, 서로 뜻이 맞는 사람들끼리 같이 생활하고 싶어 한다. 그래서 어떤 사람들은 함께 마시고, 어떤 사람들은 함께 주사위 놀이를 하며, 어떤 사람들은 운동이나 사냥을 같이 하며, 혹은 철학을 함께 공부하며, 이와 같은 각 부류마다 인생에서 저희들이 제일 좋아하는 것으로 함께 소일한다.
  ― 아리스토텔레스, 『니코마코스 윤리학』 부분


초록草綠은 동색同色이다.

인간은 모두가 착하고 선량하지만, 그러나 그가 가정, 학교, 정당, 회사, 병원, 군대 등의 일원이 되기만 하면, 그는 어김없이 미치광이가 되어버린다.

모든 동년배집단들, 소위 모든 패거리들은 치외법권지대에 사는 조직폭력배와도 같다.

# 모방자

모방자는 살아서 행동하는 인간을 모방하게 된다. 여기서 행동하는 인간이란 필연적으로 선인善人이거나 악인惡人이게 마련이다.
— 아리스토텔레스, 『시학』 부분

아리스토텔레스의 '모방 이론'도 그의 '카타르시스 이론'과 함께, 문학 예술의 역사에 있어서 가장 중요하고 엄청난 영향을 끼친 이론이라고 할 수가 있다.

우리는 모방을 통해서 배우고, 우리는 모방을 통해서 진정한 예술가(창조자)가 되어간다.

모방은 창조의 아버지이다.

"서사시, 비극, 희극, 디티람보스(주신찬가)는 모방의 한 양식이라는 공통점을 지닌다."

# 비극과 희극

    비극과 희극의 차이점도 바로 여기에 있다. 즉 희극은 현실 속에 실재하는 인간 이하의 악인을 모방하려고 하고, 비극은 그 이상의 인간을 모방하려고 한다.

  — 아리스토텔레스, 『시학』 부분

그리스 본토인 메가라에서 민주주의 정부가 들어섰을 때 희극이 탄생했고, 따라서 희극은 언론의 자유와도 상관 관계가 있다.

비극의 주인공은 평균 이상의 고귀한 인물이고, 희극의 주인공은 평균 이하의 악인이다.

비극의 주인공은 찬양의 대상이 되고, 희극의 주인공은 희화(조롱)의 대상이다.

# 카타르시스

비극은 서술적 형식이 아닌 드라마적 형식을 취하고 연민과 공포를 통해 이러한 감정의 카타르시스를 행한다.
— 아리스토텔레스, 『시학』 부분

연민은 불행에 빠진 자에 대한 감정이며, 공포는 그 파멸과 몰락에 대한 두려움의 감정이다.

아리스토텔레스의 카타르시스 이론은 감정의 정화를 의미하는 윤리적 견해와 감정의 배설을 뜻하는 의학적 견해로 해석할 수도 있다.

전자는 '슬프다고 슬프다고' 노래하다 보면 어느덧 마음이 진정되는 것과도 같고, 후자는 그 노래에 의하여 마음의 병이 치료되는 것과도 같다.

나는 이 카타르시스(진정제 효과) 이외에도 강장제 효과와 흥분제 효과, 그리고 영생불사의 효과가 있다는 것을 나의 이론으로 제시한 바가 있었다(『행복의 깊이』 제2권 제1장).

# 시는 역사보다도 더 철학적이고 더 중요하다

시는 역사보다도 더 철학적이고 더 중요하다. 왜냐하면 시는 보편적인 것을 말하는 경우가 많고, 역사는 개별적인 것을 말하기 때문이다.
— 아리스토텔레스, 『시학』 부분

고대 그리스의 대철학자이며 소요학파의 창시자인 아리스토텔레스는 그의 『시학』 제9장에서 "시는 역사보다도 더 철학적이고 더 중요하다"고 말하고 있는데, 왜냐하면 "시는 보편적인 것을 말하고, 역사는 개별적인 것을 말하고" 있기 때문이다. 즉, 시인은 앞으로 일어날 지도 모르는 예측 가능한 일을 이야기하고, 역사가는 실제로 일어난 일을 이야기한다는 것이 아리스토텔레스의 핵심적인 발언의 요지라고 할 수가 있다. 역사란 "역사가와 사실과의 상호작용 과정"이며, "현재와 과거와의 끊임없는 대화"라고 역설했던 E. H. 카아의 말이 아니더라도, 아리스토텔레스의 발언은 그의 역사에 대한 인식적 오류와 함께, 『시학』의 저자로서의 배타적인 이기주의의 소산이라고 하지 않을 수가 없다. 인류의 문화유산, 혹은 과거의 전통과 습관과 교훈을 미래에 전달하고자 하는 역사학의 목표가 어떻게 개별적인 행위로만 국한될 수가 있겠으며, 제 아무리 우리 인간들의 역사가 왜곡과 탈락으로 점철되어 있다고 하더라도, 위대한 역사가들의 끊임없는 사실의 발굴과 재조명 과정이 없었더라면, 어떻게 오늘날과도 같은 고도의 문명과 문화의 성취가 가능할 수가 있었겠는가? 시인이 개별적인 것을 지양하고 보편적인 것을 추구한다면, 역사가도 개별적인 연대기와 사실의 숭배를 지양하고 보편적인 것을 추구한다고 할 수가 있다. 시와 역사가 보편적/ 개별적, 혹은 시적 진실/사실숭배로 대립되지 않는 한, 아리스토텔레스의 발언은 "역사는 시보다도 더 철학적이고 더 중요하다"라는 극단적인 역사가의 말을 가능하게 하고 있는 말에 지나지 않는다. 어떠한 지적 편견이나 배타적인 이기주의를 버리고 바라보게 되면, 역사가들 역시도 사실의 숭배나 개별적인 연대기를 지양하고 객관적이고 보편적인 '역사'를 추구한다고 하지 않을 수가 없다. 시는 역사보다도 더 철학적이고 더 중요하다는 아리스토텔레스의 발언이 그의 역사에 대한 인식적 오류와 함께, 그만큼 배타적인 이기주의의 소산이기는 하지만, 다른 한편으로는 플라톤의 '시의 무용성론'에 대한 정교한 반론임에는 틀림이 없는 것 같다(반경환, 『행복의 깊이』제2권 제2장).

# 급전과 발견

플롯의 두 부분, 즉 급전과 발견은 이상과 같은 것이다.
— 아리스토텔레스, 『시학』 부분

급전이란 앎의 상태에서 무지의 상태로 이행되는 것을 말하고, 발견이란 무지의 상태에서 앎의 상태로 이행되는 것을 말한다. 아버지를 살해하고 어머니와 결혼한 인물로 외디프스가 의심을 받고 있을 때, 코린토스에서 사자使者가 왔었다. 그 사자는 외디프스의 아버지인 코린토스 왕이 사망했다는 것과 외디프스가 왕위를 승계할 수가 있다는 것을 전해주었던 것이다.

하지만, 그러나 코린토스 왕은 그 사자에 의하여 외디프스의 양아버지라는 사실이 새롭게 드러났고, 그 결과, 외디프스는 테베의 왕인 라이우스의 아들이라는 사실이 새롭게 밝혀지게 되었던 것이다. 이처럼 급전(반전)이란 외디프스가 아버지를 살해하고 어머니와 결혼한 인물로 밝혀지게 된 것을 뜻하게 되고, 이 반전에는 반드시 발견이 따르게 되어 있는 것이다.

# 네 가지 원인

모든 사물에는 네 가지 원인이 있다. 형상인, 질료인, 동력인, 목적인이 바로 그것이다.

— 아리스토텔레스, 『생성, 소멸론』 부분

그리스의 아테네에는 그 유명한 파르테논 신전이 있다.

파르테논 신전의 모습은 형상인이고, 그것은 돌(질료인)로 되어 있다. 파르테논 신전은 조각가 페이디아스Pheidias가 건축했으며(동력인), 그 목적(목적인)은 아테네 여신을 찬양하고 숭배하기 위한 것이다.

이것이 그 유명한 아리스토텔레스의 4원인설인 것이다.

# 국가는 정치공동체

모든 나라는 일종의 공동생활체이며, 모든 공동생활체는 선한 목적으로 구성된 것이다. 이것이 소위 국가이며, 정치공동체이다.
— 아리스토텔레스, 『정치학』 부분

국가란 언어, 영토, 민족 등으로 구성되어 있으며, 상호원조에의 의지로 결합된 공동체라고 할 수가 있다. 언어를 제공해주는 것도 국가이고, 자기 자신의 정체성과 의식주를 제공해주는 것도 국가이다. 외부의 적을 막아주는 것도 국가이고, 수많은 천재지변과도 같은 재앙들 앞에서 다시 일어설 수 있도록 도와주는 것도 국가이다.

남녀의 결합, 부족의 결합, 이익단체의 결합, 지역과 지역간의 결합, 노동자와 노동자들간의 결합 등―, 이 수많은 조직과 단체들은 국가의 뼈대를 이루고, 우리 인간들은 그 단체의 구성원으로서 자기가 소속된 국가의 국민으로서 살아가게 된다.

# 정치적 동물


국가는 자연의 창조물이며, 또한 인간이 원래 정치적 동물이라는 것은 명백하고, 그리하여 단순히 우발적이 아니고 국가를 갖지 못한 자는 악인이거나 혹은 사람보다 탁월하거나 둘 중의 하나이다.
— 아리스토텔레스, 『정치학』 부분

일찍이 호머는 "국가가 없는 자는 마치 부족도 없고, 법도 없으며, 화로火爐도 없는 자와도 같다"고 말한 바가 있었다.

인간이 정치적 동물이라는 것은 최선의 생존수단으로서 단독자의 생활을 포기하고, 최고의 권위적인 계급질서를 형성하게 되었다는 것을 말한다.

국적이 없는 자는 사자의 우리에 갇힌 한 마리의 어린 양에 지나지 않는다.

# 재판은 정치사회의 질서

만일 인간이 덕을 갖추지 못하면 인간은 동물 중에서도 가장 무도하고 야만적이며, 또한 정사와 식욕으로 충만되어 있는 것이다. 그러나 정의는 국가내의 사람들을 결합하는 힘인 것이다. 왜냐하면 재판은 정치사회의 질서이며, 또 그리하여 그 재판은 정당한 대상에 관한 결정을 지우는 것이기 때문이다.

— 아리스토텔레스, 『정치학』 부분

모든 도덕이 그 어떠한 강제의 힘도 없이 스스로 자발적으로 준수된다면 그것처럼 좋은 것도 없을 테지만, 그러나 그러한 자율적인 도덕은 존재할 수가 없다.

그것은 모든 인간들이 사악하거나 부도덕하기 때문이 아니라, 서로간의 이해 관계가 충돌하고 있기 때문이다. 이 이해 관계 때문에, '만인 대 만인의 투쟁'이 일어나게 되는 것이다.

도덕의 최종적인 형태는 법률이며, 이 법률에 의해서만이 사회적 정의는 구현될 수가 있다. 재판은 정치사회의 질서이지만, 아리스토텔레스가 이 말을 역설했다는 사실 자체가 매우 씁쓸하고 허탈한 웃음을 짓게 만든다.

소크라테스의 반대방향에서, 재판절차를 회피하고 칼키스로 도망갔던 아리스토텔레스―,

　그는 사는 법과 죽는 법을 제대로 배우지 못했던 것이다.

# 국가는 가족이나 개인보다 앞서는 것이다

국가는 가족이나 개인보다 앞서는 것이다.
— 아리스토텔레스, 『정치학』 부분

만일, 국가가 없었다면 우리 인간들은 그 어느 누구도 살아남아 있지 못했을 것이다.

국방의무, 교육의무, 근로의무, 납세의무, 법률준수의무 이외에도, 우리는 언제, 어느 때나 국가를 위해서 자기 자신의 목숨을 바칠 준비를 하고 있지 않으면 안 된다.

일침필살一針必殺의 침법針法으로 외부의 적을 공격하고, 자기 자신의 일생을 끝마쳐야 하는 수많을 벌떼들처럼—.

# 재산

재산은 집안살림의 일부이며, 재산을 취득하는 기술은 가족관리 기술의 일부이다.
— 아리스토텔레스, 『정치학』 부분

재산은 많을수록 좋을 수도 있지만, 그 많음이 자기 자신과 타인들을 해치고, 그가 살고 있는 공동체 사회를 위태롭게 할 수도 있는 것이다.

# 거짓말로 얻을 수 있는 것

거짓말로 얻을 수 있는 것은 그가 진실을 말해도 타인이 신용을 하지 않게 된다는 것이다.
— 아리스토텔레스

정평定評이란 어느 누구를 믿을 수 있느냐, 없느냐에 대한 사회적인 평가를 뜻한다.

어느 누구도 사회적인 신뢰를 잃으면 살아갈 수가 없고, 그의 거짓말은 자기 스스로 제 무덤을 파는 자해 행위가 될 수도 있다.

# 친구

친구란 두 육체 속의 하나의 영혼인 것이다.
― 아리스토텔레스

친구를 보면 그 사람을 알 수가 있다는 말이 있다.
언제, 어느 때나 모든 말을 다하고, 자기 자신의 재산은 물론, 자기 자신의 목숨을 다 주어도 아깝지 않은 친구가 있는 사람은 정말로 아주 훌륭한 인간일 것이다.
오오, 두 육체 속의 하나의 영혼인 우정이여!!

# 교육의 뿌리는 쓰고 그 열매는 달다

교육의 뿌리는 쓰고 그 열매는 달다.
— 아리스토텔레스

옛날에는 20세 이전에 대부분의 교육이 끝났지만, 오늘날은 30세 이전에도 끝나지를 않는다.

마르크스, 칸트, 프로이트, 니체, 뉴턴, 아인시타인처럼 자기 자신의 사상과 이론을 정립하고 최고급의 인식의 제전에서 승리를 한 자만이 영원불멸의 삶을 향유할 수가 있는 것이다.

배움은 고통의 지옥훈련과정인 것이다.

# 교육을 받은 사람과 교육을 받지 않은 사람과의 차이

 교육을 받은 사람과 교육을 받지 않은 사람과의 차이는 산 사람과 죽은 사람과의 차이만큼이나 크다.
 ― 아리스토텔레스

 우리 한국인들처럼 교육을 제대로 받지 못하면 남과 북은 분단되고, 이민족의 지배를 받게 된다.
 아아, 이 바보와도 같은 우리 한국인들이여!!

# 스승

스승은 부모보다 더 존경을 받아야 마땅하다.
— 아리스토텔레스

스승은 그의 제자들을 지옥으로 인도하고, 그 지옥 속에서 빠져나와 영원불멸의 삶을 살아가게 해준다.
아버지는 유한하지만, 스승은 영원하다.
모든 천재는 인류의 스승인 것이다.

# 나는 이 작은 아테네를……

나는 이 작은 아테네를 크고 위대한 나라로 만들거야.
— 테미스토클레스, 『플루타크 영웅전』 부분

테미스토클레스(기원전 528~462년)는 아테네의 정치가이자 웅변가로 한 시대를 풍미한 영웅이라고 할 수가 있다.

그는 페르시아와의 전쟁에서 최초로 승리를 이끌어낸 '마라톤 전투의 영웅'이며, 이 전투가 '올림픽의 꽃'인 '마라톤'의 기원이 되었던 것이다.

모든 국가는 이처럼 고귀하고 위대한 영웅들에 의해서 날이면 날마다 새롭게 탄생한다고 해도 과언이 아니다.

# 나도 저렇게 위대한 웅변가가 되어야지

나도 저렇게 위대한 웅변가가 되어야지. 나라의 운명도, 세계의 움직임도 모두 웅변으로 결정될 수 있어.
— 데모스테네스, 『플루타크 영웅전』 부분

데모스테네스(기원전 384~322년)는 아테네에서 가장 뛰어난 웅변가이자 정치가였다고 한다. 그는 허약한 몸과 말까지도 더듬었던 약점을 극복하고, 끝끝내는 알렉산더 대왕과 맞서 싸웠던 비운의 정치가이기도 했던 것이다.

그의 혀는 아테네 전체를 움직였고, 알렉산더 대왕의 간담까지도 싸늘하게 했던 것이다.

## 정치가의 길

 만약 웅변을 하는 정치가가 되는 길과 곧장 죽음에 떨어지는 길 중 하나를 고르라면, 차라리 죽음을 택하게. 정치가의 길은 음모와 시기와 중상모략으로 가득한 험한 길이라네.
 ― 데모스테네스,『플루타크 영웅전』부분

이 세상에서 가장 고귀하고 위대했던 알렉산더 대왕에게 맞서서 '아테네의 영광'을 재현하려고 했었던 데모스테네스―.
 그러나 그는 그의 정적들의 중상모략 때문에 탈옥수가 된 중죄인으로서 이처럼 정치를 혐오했었지만, 그러나 알렉산더 대왕의 사망 소식을 듣자마자 곧바로 아테네로 달려갔다고 한다.
 정치는 마약보다도 더 강한 중독성을 가지고 있다.
 그의 정계복귀는 예견된 수순이었고, 그는 또다시 아테네의 패배를 자초하였고, 그 결과, 비참한 자결의 길―독약을 먹고―을 걸어갈 수밖에 없었던 것이다.

# 이런 명마를 몰라보다니……

이런 명마를 몰라보다니, 모두 말을 다룰 줄 모르는군!
— 알렉산더, 『플루타크 영웅전』 부분

이 세상에서 명마를 명마로 알아보거나 그 명마를 다룰 수 있는 사람은 거의 없다.

마케도니아의 모든 장수들은 그 명마를 알아볼 수가 없었지만, 어린 소년인 알렉산더(기원전 356년~323년)는 단번에 부세팔로스를 명마로 길들였던 것이다.

자기 자신의 그림자 때문에 그처럼 길길이 날 뛰었던 부세팔로스를 알아보지 못했던 마케도니아의 장수들과 햇살이 비치는 쪽으로 머리를 돌렸던 알렉산더와의 차이는 하늘과 땅 차이보다도 더 컸던 것이다.

알렉산더가 명마를 탄생시킨 것이지, 부세팔로스가 자기 스스로 명마가 되었던 것은 아니었던 것이다.

# 알렉산더, 세계의 왕이 되거라

　너에게는 이 마케도니아가 좁을 지도 모르겠다. 내가 이루지 못한 꿈을 너는 이룰 수가 있겠구나. 알렉산더, 세계의 왕이 되거라.
　―『플루타크 영웅전』부분

　어릴 때의 떡잎을 보면 그 나무의 미래를 알 수가 있다는 말이 있다.
　사자의 기상을 품고 태어났던 알렉산더를 보고, 그의 아버지인 필리포스 왕은 이처럼 알렉산더의 미래를 예견했던 것이다.
　필리포스 왕은 세계에서 가장 위대한 아리스토텔레스를 알렉산더의 스승으로 모셔왔고, 알렉산더는 그 위대한 스승의 가르침에 따라서 명실공히 세계적인 대왕으로 등극을 하게 되었던 것이다.
　알렉산더는 필리포스의 작품이자 아리스토텔레스의 작품이라고 할 수가 있다.
　당신은, 당신은 어떠한 떡잎이었고, 그 누구의 작품이었단 말인가?

# 아버지와 스승

나의 아버지는 내게 생명을 주셨고, 나의 스승은 인생을 더 가치있게 보내는 방법을 가르쳐 주었다.
— 알렉산더, 『플루타크 영웅전』 부분

아버지는 생명을 주신 하나님이고, 스승은 사상을 주신 하나님이다.
생명은 짐승과도 같은 것이고, 사상은 인간과도 같은 것이다.
우리가 아름답고 행복한 삶을 살고 있는 것은 이처럼 크나큰 스승이 있었기 때문이었던 것이다.

# 당신은 지는 법을 모르는 사람이로군요

당신은 지는 법을 모르는 사람이로군요.
— 알렉산더, 『플루타크 영웅전』 부분

알렉산더 대왕은 페르시아로 원정을 떠나기에 앞서서, 그토록 자기 자신의 운명을 알고 싶어했다고 한다. 그는 델포이로 가서 아폴로의 신탁을 듣고 싶어 했지만, 그러나 그날은 공교롭게도 어떤 액운이 끼어 있었기 때문에, 아폴로의 신탁을 내리지 않는 날이었다고 한다.

알렉산더 대왕은 아폴로 신전의 무녀를 불러냈고, 자기 자신이 알렉산더 대왕임을 밝히고 아폴로 신의 신탁을 듣고자 했다고 한다. 아폴로 신전의 사제는 신전의 율법을 내세워 수없이 거절한 끝에, 알레산더 대왕의 집요함에 질려 이렇게 말했다고 한다. "당신은 지는 법을 모르는 사람이로군요."

그렇다. 이 말이 알렉산더 대왕이 듣고 싶어 했던 말이기도 했던 것이다.

# 모두들 들으시오

모두들 들으시오. 나는 마케도니아를 세계 제일의 나라로 만들 것이오. 나라의 근본은 국민이오. 내 명예를 걸고 나는 국민이 바라는 일이라면 모두 이루어 줄 것이오. 또한 나는 이제 전국의 감옥에 갇혀 있는 죄수들을 모두 석방할 것이오. 나의 뜻을 저버리지 말고 선량한 국민이 되어, 조국 마케도니아를 위해 충성을 다하길 바라오. 그리고 부왕에게 물려받은 재산의 절반을 가난한 국민들에게, 나머지 절반은 공을 세운 모든 대신들과 장군들에게 골고루 나누어 주겠소. 이것은 관리들의 부정부패를 막고자 함이며, 동시에 큰 공에 대한 보답이오. 부왕께서 돌아가신 것을 알고 그리스 도시 국가들이 또다시 전쟁을 일으키려 할 것이 분명하니, 군사력을 기르기에 힘쓰고 무기도 갖추도록 하시오.

― 알렉산더, 『플루타크 영웅전』 부분

내가 가장 사랑하고 있는 문화적 영웅 중의 한 사람은 고대 그리스의 알렉산더 대왕(기원전 356~323년)이라고 할 수가 있다. 그는 기원전 356년에 태어나 323년에 그의 생애를 마감한 인물이었지만, 그가 그 짧은 기간 동안에, 이룩한 업적은 인류의 역사에 있어서 가장 위대하다고 할 수가 있다. 알렉산더 대왕의 어머니는 그에 대한 태몽으로 '번개의 불덩이'가 사방으로 널리 펴져 나가는 꿈을 꾸었고, 그의 아버지는 왕비의 몸에서 '사자의 모양이 그려지는 꿈'을 꾸었다고 한다. 따라서 그는 사자의 기상을 지닌 용감하고 슬기로운 영웅으로 잉태되었고, 그 결과, 그가 태어났을 때는 세 가지 기쁜 소식이 겹쳐지게 되었다고 한다. 첫째는 마케도니아 군이 일리리아 군과 싸워서 대승리를 거두었다는 것이고, 둘째는 필리포스 왕의 말들이 올림피아의 전차 경주에서 우승을 했다는 것이며, 셋째는 이 세상에서 가장 위대하고 뛰어난 알렉산더 대왕이 탄생을 했다는 것이다. 그의 아버지 필리포스 왕은 "너에게는 마케도니아가 좁을지도 모르겠다. 내가 이루지 못한 꿈을 너는 이룰 수가 있겠구나. 알렉산더, 너는 세계의 왕이 되거라"라고 중얼거리면서, 제일급의 철학자인 아리스토텔레스를 그의 스승으로 모셔왔다고 한다. 알렉산더 대왕은 이 훌륭한 스승 밑에서 도덕과 정치는 물론이고, 문학, 역사, 철학, 예술, 지리, 천문, 과학, 의학 등을 배우고, 장차 이 세계를 지배할 수 있는 대왕으로서의 모든 학문적 기초와 그 덕목을 배우게 되었던 것이다. 특히 그는 호머의 『일리어드』와 『오딧세우스』를 늘 갖고 다니며, 그의 호신용 단검과 함께, 언제나 머리 맡에 두었다고 한다. 교육자로서의 필리포스 왕도 뛰어난 인물이고, 아리스토텔레스도 뛰어난 인물이다. 알렉산더 대왕은 아버지로부터는 훌륭한 스승을 소개받았던 것이고, 그의 스승으로부터는 진정한 인생의 의미를 배울 수가 있었던 것이다. 따라서 그는 그의 아버지 못지 않게 그의 스승인 아리스토텔레스를 존경하고 숭배를 하게 되었다고 한다. 훌륭한 스승 밑에 못난 제자가 없고, 훌륭한 제자 앞에 못난 스승은 있을 수가 없다.

알렉산더 대왕은 그의 아버지 필리포스 왕이 암살을 당하자, 약관의 20세의 나이로 마케도니아의 왕으로 등극을 하게 되고, 화살 한 대 날리지 않고 '데살리아의 반란'을 평정한 것은 물론, '카로네아 전투'에서 아테네와 테베가 중심이 된 그리스 도시 국가의 연합군을 크게 물리치고 대승리를 거두게 되었다.

알렉산더 대왕의 사나이답고 대범하고 호탕한 성격은 그의 첫 담화에 그 무엇보다도 가장 잘 나타나고 있다. 그는 왕위에 오르자마자, 유럽과 아시아와 아프리카는 물론, '세계정복운동의 꿈'을 분명히 제시하고, 그의 모든 재산들을 마케도니아의 국민들에게 나누어 주었던 것이다. 그의 꿈과 목표는 마케도니아의 국민들을 세계 제일의 국민들로 인도해 가겠다는 것을 뜻하고, 모든 죄수들을 석방한 것은 전국민의 화합을 뜻하며, 그의 모든 재산을 나누어 준 것은 부의 공정한 분배와 함께, 모든 관리들의 부정부패의 척결을 뜻한다. "대왕이시여, 모든 재산을 다 나누어 주시면 대왕 폐하께는 아무 것도 남는 것이 없지 않습니까"라는 신하의 질문에, 알렉산더 대왕은 사나이답고 대범하고 호탕하게 웃으면서, "내 꿈은 세계 통일이오. 먼저 그리스를 통일한 후, 페르시아를 비롯한 아시아와 아프리카를 평정할 것이오. 세계가 모두 내 것인데, 어찌 내가 가진 것이 없소"라고 말할 수 있는 자가 어떻게 이 세상에서 가장 위대하고 뛰어난 인물이 아닐 수가 있겠는가? 그는 그리스를 평정하자마자, 그리스 연합군의 총사령관이 되어, 보병 3만 명과 기병 5천 명이라는 매우 적은 숫자의 병력으로 페르시아의 원정길에 오르게 된다. 그리고 그는 헬레스폰투스 해협과 그라니쿠스강을 단숨에 건너가 페르시아왕 다리우스의 백만 대군을 물리치고, 페르시아와 소아시아와 이집트를 또한 단숨에 정복하게 된다. 뿐만 아니라, 마침내 인도 정벌에 나선 그는 수많은 어려움과 위험을 무릅쓰고 세계를 정복하게 된다. 『플루타크 영웅전』은 그리스인의 입장에서 알렉산더 대왕을 지나치게 미화시킨 부분도 없지 않지만, 알렉산더 대왕의 진정한 면목은 그의 세계정복 운동이 '전쟁이 없는 평화의 나라'를 구축하기 위한 것이었다는 사실에 있다고 해도 과언이 아니다. 전쟁의 명분은 언제, 어느 때나 다양하고, 그 명분이 없어서 세계정복운동을 하지 못하는 법은 없다.

# 내 꿈은 세계 통일이오

　내 꿈은 세계 통일이오. 먼저 그리스를 통일한 후, 페르시아를 비롯한 아시아와 아프리카를 평정할 것이오. 세계가 모두 내 것인데, 어찌 내가 가진 것이 없소?
　— 알렉산더, 『플루타크 영웅전』 부분

모든 인류가 알렉산더 대왕의 충복에 지나지 않는데, 어떻게 알렉산더 대왕이 세속적인 금은보화를 탐낼 수가 있단 말인가?
나도 다시 태어난다면 알렉산더와도 같은 꿈을 갖게 될 것이다.
아아, 영원하고 또 영원한 애지공화국이여!

# 만일 내가 알렉산더가 아니었다면……

만일 내가 알렉산더가 아니었다면 디오게네스가 되고 싶다!
― 알렉산더, 『플루타크 영웅전』 부분

때때로 알렉산더 대왕도 디오게네스같은 철학자가 되어서, 돈과 명예와 권력을 다 무시하고, 그 모든 것을 발밑으로 내려다 보면서, 자기 자신만의 행복을 향유하고 싶었을는지도 모른다.

황제의 자리는 뜬구름 속의 환상의 자리이며, 아편이나 마약과도 같은 도취의 세계에 지나지 않는다.

황제의 자리는 그 황홀함만큼 비극의 씨앗이 싹트는 자리이다.

알렉산더는 잠시 생각한 후에 다시 말했습니다. "그럼 선생께서 원하시는 게 있으면 말해 보시오. 내가 들어 주겠소." 그제야 디오게네스는 미소를 지으며 말했습니다. "대왕께서 서 계신 그 자리를 비켜 주시지 않겠습니까?" "왜 그러시죠?" "대왕께서 서 계시니 그늘이 지는군요. 모처럼 따뜻한 햇볕을 즐기고 있는데, 대왕의 몸에 가려 햇볕을 쬘 수 없습니다. 나에게는 지금 저 햇볕이 세상 무엇보다 더 소중합니다."

디오게네스는 돈과 명예와 권력을 초월해 있었던 것이다.

# 나는 승리를 훔치지 않는다

나는 승리를 훔치지 않는다.
— 알렉산더, 『플루타크 영웅전』 부분

페르시아의 다리우스 대왕은 60만 대군을 거느렸고, 그리스의 알렉산더 대왕은 기껏해야 3만 5천의 병사들을 거느렸던 것이다.

페르시아의 60만 대군에 맞서서, 심야의 기습공격을 감행하자는 장군들의 말을 알렉산더 대왕은 이처럼 거절했던 것이다.

아아, 부끄럽고 또 부끄러운 다리우스 왕의 치욕이여,

아아, 페르시아의 치욕이여!!

# 알렉산드리아

 짐은 지상의 많은 사람들 위에 군림하게 된 이 승리를 기념하기 위해, 지금까지 어느 누구도 엄두를 내지 못한 놀라운 기념물을 세우려 한다. 그것은 거대한 도시이다. 그 도시에는 짐의 이름을 기리기 위해 알렉산드리아라고 이름붙일 것이다. 그 도시를, 이집트의 나일강물이 지중해에 흘러드는 지점에 건설하여 전 세계의 모든 나라의 수도로 삼으리라!
— 알렉산더, 『플루타크 영웅전』 부분

 알렉산더 대왕은 모든 전쟁터마다 수많은 학자와 기술자와 예술가와 의사와 점성술사들을 데리고 다니며, 그 나라의 전통과 풍습을 연구하게 하고, 실제로 자기 자신이 동방풍의 옷을 입고, 그 나라의 전통과 풍습을 보존할 수 있게 해주었다. 다른 한편, 그는 그 나라의 원주민들에게 그리스어를 가르치고 마케도니아의 전통과 풍습을 가르쳐 주었다고도 한다. 이러한 동서 문화의 결합은 알렉산더 대왕의 학문적 깊이와 그 문화 의식을 가장 극명하게 드러내 보여주고 있는 것이며, 그 결과, "먼 나라 이집트 바닷가의 한 섬 파로스, 물결치는 그곳"에, 자기 자신의 이름을 따서, '알렉산드리아'라는 문화의 도시를 건설하게 된다.

 그러나 알렉산더 대왕은 기원전 323년에 그의 꿈을 이루지 못한 채,

무서운 열병에 걸려, 서른 세 살이라는 매우 젊은 나이에 그의 생애를 마감하게 된다. 그리고 '알렉산드리아'는 알렉산더 대왕이 죽은 뒤, 그의 부하였던 클레오메네스에 의해 완성되었고, 서기 390년의 기독교의 폭도들과 그후의 아랍의 이슬람교도들에 의해 불살라지고 파괴될 때까지, 약 850년 간이나 세계의 행정, 무역, 상업의 중심지가 되었다고 한다. 명실공히 세계 최고 수준의 대학과 도서관의 기능까지 갖춘 '무세이온mouseion'은 서방과학의 중심지가 되었고, '뮤즈의 궁전'이라는 뜻의 그 말은 오늘날 '뮤지엄museum'의 어원이 되어주기도 했던 것이다. 알렉산더 대왕은 '전쟁이 없는 평화의 나라', 즉 거대한 문화의 제국을 꿈 꾸었던 것이고, 그 꿈을 위해 모든 쾌락을 억제하고, 그토록 무섭고 성실하게 자기 자신을 갈고 닦았던 것이다.

그 어느 누구도 다룰 수 없었던 야생마 부세팔로스를 이 세상에서 가장 뛰어난 명마로 길들였던 알렉산더 대왕, 모든 재물과 그 쾌락을 거절하고 지혜, 용기, 성실만을 추구했던 알렉산더 대왕, 아버지 필리포스 왕의 승전 소식에 "부왕께서 이 세상을 다 정복해버리면 내가 할 일은 없는 것이 아닌가"라고 탄식했던 알렉산더 대왕, 자기 자신이 남들보다 더 뛰어나야 하는데 그가 배운 모든 것을 책으로 묶어냈다고 아리스토텔레스 선생님께 화를 냈던 알렉산더 대왕, 필리포스 왕의 방탕과 엽색행각에 과감하고 의연하게 맞섰던 알렉산더 대왕, 어떤 권력 앞에서도 그 기개를 꺾지 않고 한줄기 햇볕을 더 소중하게 생각했던 철학자 디오게네스를 그의 스승으로 모시고 싶어했던 알렉산더 대왕, 페르시아로 출정 전, '나의 재산은 희망이다'라고 말하면서, 또다시 그의 모든 재산을 나누어 주었던 알렉산더 대왕, '살아서는 파트로클로스를, 죽어서는 호머를 친구'로 두었던 그리스 최고의 명장 아킬레스를 부러워했던 알렉산더 대왕, 고르디우스의 매듭을 단칼에 풀어버린 알렉산더 대왕, '다리우스 왕에게 매수되어 대왕을 독살하려 한다'는 편지를 받고서도 그 궁중의사 필리포스의 약사발을 들이마신 알렉산더 대왕, 페르시아 병사들을 10만 명 이상이나 죽이고서도, 다리우스 왕의 가족들은 왕족의 예우로서 정중하게 대해 주었던 알렉산더 대왕, 한밤중의 기습작전보다는 '나는 승리를 훔치지 않는다'라는 말과 함께, 매우 적은 병력으로 페르시아의 백만 대군을 물리치는 알렉산더 대왕, 그리스 도시 국가들 중, 시범케이스로 테베의 도시를 쑥대밭으로 만들어 버린 알렉산더 대왕, 평화조약을 맺고도 기습작전으로 인도의 민병대를 무자비하게 살해해버린 알렉산더 대왕, 크세르크세스의 궁전을 불태우고 다리우스 왕의 보석함에 호머의 시집을 넣어 두었던 알렉산더 대왕, 술에 취해 친구인 클리투스를 살해하고 그 양심의 가책 때문에 어쩔 수 없이 눈물을 흘렸던 알렉산더 대왕, 마침내 인도의 일부를 정복하고 페르시아로 돌아와 무서운 열병에 걸려 죽는 알렉산더 대왕—.

 나는 '알렉산드리아'는 모든 인류의 최초의 수도이며, 영원한 문화의 제국이라고 생각하고 있다. 영원한 전제군주이자 정복자이며 정치 철학자였던 알렉산더가 아니었다라면 어느 누가 감히 '전쟁이 없는 평화의 나라'와 영원한 문화의 제국을 꿈꿀 수가 있었겠는가? 알렉산더 대왕의 '포효하는 삶'은 '알렉산드리아'라는 문화의 제국을 건설하기 위한 싸움이며, 그는 그 싸움의 목표를 달성하기 위하여 수많은 이민족들을 단칼에 베어버리고 '전쟁이 없는 평화의 나라'를 그 명분으로 내세울 수가 있었던 것이다. 알렉산드리아라는 문화의 도시는 그의 가장 무거운 짐, 즉 '도덕적 선의 고지'이고, 그것은 그의 자기 영역의 확대와 세계 영역의 확대의 궁극적인 목표가 된다. 그는 그 호전적이고 전투적인 정신마저도 '문화의 제국'이라는 도덕적 선으로 미화시키고, 제법 부드럽고 온화한 표정으로 '인류의 평화에 대하여 이야기를 할 수가 있었던 것이다. 전쟁은 모든 명분마저도 신성하게 만들고, 승자의 미소는 언제, 어느 때나 넉넉하고 여유가 있으며, 그 모든 것에 대하여 관용적일 수밖에 없다(반경환, 『행복의 깊이』 제1권).

  이것이 바로 고급문화인의 표정인 것이다.

# 대왕을 독살하려는 자

 필리포스는 다리우스 왕의 뇌물을 받고 대왕을 독살하려는 자이니 조심해야 합니다.
― 알렉산더, 『플루타크 영웅전』 부분

필리포스는 알렉산더 대왕의 주치의였고, 알렉산더 대왕은 그가 페르시아의 다리우스 왕에게 매수되어 자기 자신을 독살할 것이라는 파르메니오 장군의 보고를 받은 바가 있었다. 하지만, 그러나 알렉산더 대왕은 의사 필리포스를 믿어 의심하지 않았고, 그가 건네준 약사발을 다 마시고 파르메니오 장군의 편지를 보여주었던 것이다.

"폐하, 너무나도 끔찍한 중상모략입니다. 하늘의 신께 맹세합니다. 저를 믿어주십시오."

진정한 대왕은 평화시에는 덕으로 다스리고, 어지러운 암흑기에는 권력으로 다스리지 않으면 안 된다.

알렉산더 대왕은 어진 군주이자 재승박덕才勝薄德이 아닌, 재승후덕才勝厚德의 한 유형이었다.

# 우리의 적 로마를 물리칠 것입니다

"정말 너도 이 아버지를 따라 스페인 원정에 가겠단 말이냐?"

"네, 저도 전장에 나가 싸우는 법을 배우고 싶습니다. 그래서 이 다음에는 반드시 우리의 적 로마를 물리칠 것입니다."

― 한니발, 『플루타크 영웅전』 부분

한니발(기원전 247~183년)은 카르타고의 최고의 명장이자 정치가였다고 한다. 그는 제2차 포에니 전쟁 때 알프스 산을 넘어 로마군을 무찌르고 남부 이탈리아를 오랫동안 점령하기도 했었다. 비록, 로마의 장군 스키피오의 계략에 말려들어 군대를 철수하고 그의 조국인 카르타고에서 패배를 하고 말았지만, 그러나 그의 사나이 대장부다운 기상은 이처럼 아홉살 짜리 꼬마에게도 있었던 것이다.

한니발은 가장 위대한 장군으로 알렉산더와 피루스, 그 다음으로는 자기 자신을 손꼽았다고 한다.

아아, 우리 대한민국은 언제, 어느 때 이처럼 훌륭한 문화적 영웅들을 배출해낼 것이란 말인가!

# 알프스 산을 넘어가자

알프스 산을 넘어가자. 로마 군도 우리가 저 험한 알프스 산맥을 넘으리라고는 꿈에도 생각하지 못할 것이다.
— 한니발, 『플루타크 영웅전』 부분

'나의 사전에는 불가능은 없다'라고 말했던 나폴레옹 황제 역시도 이처럼 한니발의 후예에 불과했던 것이다.

어느 누구도 감히 상상할 수조차도 없었던 알프스 산을 넘어갔다는 것은 그가 백절불굴의 정신으로 무장되어 있었다는 것을 말해주기도 한다.

기병 1만 2천, 보병 9만 명의 대군이 그토록 험하고 험한 알프스 산을 넘어갔을 때는 기병 6천 명과 보병 2만 명뿐이었다고 한다.

알프스는 해발 3천 미터에서 4천 8백 미터급의 수많은 고산영봉들로 유명하지만, 그러나 한니발의 기상은 그 알프스보다도 더욱더 아름다웠던 것이다.

알프스는 한니발의 걸작품이라고 하지 않을 수가 없다.

# 보라, 로마가 우리 눈앞에 있다


보라, 로마가 우리 눈앞에 있다. 승리의 기쁨과 기름진 보화들이 우리를 기다리고 있다! 모두들 힘을 내자.
— 한니발, 『플루타크 영웅전』 부분


전쟁은 모든 창조의 아버지이며, 전쟁처럼 고귀하고 위대한 것은 없다.

전쟁만이 승리를 쟁취해내고, 이 승리자만이 행복한 삶을 살아갈 수가 있다.

세계적인 대제국 로마를 정복한다는 것만큼 황홀한 기쁨도 없었을 것이다.

나는 비록, 늙고 힘을 잃어가고 있지만, 나는 지금, 이 순간에도, 미국과 중국을 정복하고 싶은 꿈을 갖고 살아간다.

불가능은 없다.

오오, 우리 한국인들이여, 더욱더 고귀하고 위대한 제국의 꿈을 꾸거라!!

# 로마인들이여

로마인들이여, 이제는 나로 인한 두려움에서 벗어나라. 너희들은 내가 늙어 죽을 때를 기다릴 수 없었느냐.
— 한니발, 『플루타크 영웅전』 부분

한니발의 천하무적의 용기는 로마의 제국 앞에서 어쩔 수 없이 무릎을 꿇게 되었고, 그는 시리아에서의 망명생활 끝에 자기 스스로 독약을 마시고 자결을 할 수밖에 없었던 것이다.

로마 제국은 끝끝내 자기 자신들을 그토록 괴롭힌 한니발의 목숨이 필요했던 것이다.

한니발의 최후의 말은 비참한 적장敵將의 자기 위로의 허장성세에 지나지 않았다.

# 주사위는 이미 던져졌다!

주사위는 이미 던져졌다!
― 카이사르, 『플루타크 영웅전』 부분

카이사르(기원 전 356~323년)는 로마의 영웅이자 대정치가였다. 그는 총독, 대제관, 1인 집정관의 지위에 오르기까지 수많은 공적들을 쌓았고, 그의 비서관이었던 부르터스에게 암살당하기까지 절대권력을 소유했던 인간이기도 했었다.

"나는 카이사르의 병사다. 우리는 적에게 은혜를 입지 않는다"라는 말처럼, 카이사르의 병사들은 백절불굴의 정신으로 무장을 했었고, 그 결과, 카이사르는 천하무적의 상승장군으로서 군림을 하게 되었던 것이다.

하지만, 그러나 카이사르의 공적을 두려워 한 나머지, 그의 정적인 폼페이우스가 그를 로마로 소환하려고 하자, 카이사르는 "주사위는 던져졌다"라는 유명한 말을 남기고, 로마로 달려가 폼페이우스를 단번에 제거해버렸던 것이다.

'정적 대 정적의 싸움'은 '제로 섬 게임'이다.

동시대의 같은 하늘 아래 두 명의 절대권력자는 존재할 수가 없는 것이다.

# 죽은 개는 사람을 물지 못합니다

　폼페이우스는 이미 죽은 자나 다름없습니다. 죽은 개는 사람을 물지 못합니다.
　— 카이사르, 『플루타크 영웅전』 부분

이집트로 도망을 간 폼페이우스는 끝끝내 죽어버린 개처럼 취급을 당했고, 그곳에서 이집트의 병사들에게 살해를 당할 수밖에 없었던 것이다.
　로마의 집정관과 죽어버린 개—.
　권력투쟁에서의 패배는 어느 누구를 막론하고 죽어버린 개가 될 수밖에 없는 것이다.

# 왔노라, 보았노라, 이겼노라!

왔노라, 보았노라, 이겼노라!
― 카이사르, 『플루타크 영웅전』 부분

　카이사르가 태어났을 때 로마는 귀족파와 평민파로 나뉘어져 수많은 정쟁들로 밤을 지새웠고, 그 결과, 카이사르의 삼촌인 마리우스가 평민파의 우두머리이었기 때문에, 그의 나이 열일곱 살 때 지금의 터키 지방인 소아시아로 도망을 갈 수밖에 없었다고 한다. 왜냐하면 귀족파인 술라가 정권을 움켜쥐고 마리우스의 일족에 대한 무지막지한 탄압을 일삼았기 때문이었다. 로드스 섬을 향해가던 도중에 해적에게 사로잡혀 20탈랜트의 몸값을 요구받게 되자 "뭐라고? 난 카이사르다. 내 몸값이 겨우 그것밖에 안 된다는 말이냐? 50탈랜트를 주겠다"고 호통을 쳤던 카이사르, 그 몸값 50탈랜트를 지불하고 밀레투스로 가서 여러 병사들을 이끌고 끝끝내 그 해적들을 소탕해버렸던 카이사르, 그의 숙모 주리아가 세상을 떠났을 때 "드디어 기회가 왔다"라고 그의 숙부인 마리우스의 초상화를 들고 평민파를 찬양했던 카이사르, 크라수스와 폼페이우스와 함께 '삼두 정치 체제'를 이끌었던 카이사르, 갈리아 총독이 되어서 지금의 프랑스와 벨기에와 네덜란드와 영국까지도 정복했던 카이사르, 폼페이우스와 로마의 원로원이 카이사르를 숙청하려는 음모를 알아차리고 "주사위는 던져졌다"라는 말을 남기고 루비콘 강을 건너갔던 카이사르, 드디어, 마침내 1인 집정체제를 완성했던 카이사르, 폼페이우스편에 가담했던 부르터스를 용서하고 자기 자신의 비서관으로 중용했던 카이사르, 이집트를 정복하고 클레오파트라와 수많은 염문을 뿌렸던 카이사르, 자기 자신이 속한 평민파에 반하여 로마의 황제가 되겠다는 야심을 품었던 카이사르, 그 야심 때문에 부르터스의 암살음모를 보고받고도 "죽음을 두려워하여 떨며 사는 것보다는 차라리 무서워할 틈도 없이 단번에 죽는 것이 낫겠다"라고 아무런 대책도 세우지 않았던 카이사르, 드디어, 끝끝내 그가 가장 사랑하고 믿었던 부르터스의 칼을 맞고 비명횡사해갔던 카이사르―, 이 카이사르는 알렉산더 이후, 천하의 최고의 영웅호걸이었다고 해도 과언이 아니다.

황제의 꿈은 카이사르에게 어떠한 모험도 마다하지 않게 했던 것이고, 비록, 그 황제의 꿈은 좌절되고 말았지만, 그러나 그의 영웅주의는 이처럼 고귀하고 영원한 삶을 살고 있는 것이다.

"왔노라, 보았노라, 이겼노라!"

카이사르, 즉, 줄리어스 시이저는 그 어떤 황제보다도 더욱더 고귀하고 위대한 전인류의 황제였던 것이다.

# 부르터스 너마저……

부르터스 너마저……
― 카이사르, 『플루타크 영웅전』 부분

줄리어스 시이저, 즉 카이사르는 부르터스의 암살음모를 보고 받고도 언제, 어느 때나 변함없이 그를 믿고 그를 자기 자신의 후계자로 생각하고 있었다고 한다.

부르터스에 대한 그의 사랑이, 아니, 그의 사나이다운 대범함이 그 죽음의 공포를 이겨냈던 것이다.

그러나, 그러나, 믿음이 배신을 하게 되면 천재지변과도 같은 재앙이 발생하게 된다.

"부르터스, 너마저……"

오오, 소크라테스 이후 가장 아름답고 행복한 죽음을 죽어간 줄리어스 시이저여!!

"카이사르는 모든 것을 단념한 듯 옷깃을 들어 천천히 얼굴을 가렸습니다. 그때, 부르터스의 칼날이 카이사르의 옆구리를 깊숙이 찔렀습니다."

# 나는 로마의 시민입니다

아버지를 죽인 것은 사사로운 원한입니다. 나는 로마의 시민입니다. 사사로운 감정으로 나라 일을 그르쳐서는 안 됩니다. 나는 로마의 자유를 위해 폼페이우스를 지지합니다.
― 부르터스, 『플루타크 영웅전』부분

부르터스(기원전 84~43)는 로마의 정치가이자 저술가였다. '카이사르 대 폼페이우스', 이 숙명적인 두 정적이 상호간에 가장 날카롭고 예리하게 대립하고 있었을 때, 그는 수많은 사람들의 예상을 깨고 폼페이우스 편에 가담을 했었다. 왜냐하면 부르터스의 아버지 역시도 그들의 정쟁에 휘말린 결과 폼페이우스에게 살해되었기 때문이었다. 폼페이우스가 "아버지를 죽인 것은 사사로운 원한" 때문이고, 부르터스가 "로마의 자유를 위해" 폼페이우스를 선택한 것은 고귀하고 위대한 신념의 결과일 수도 있는 것이다.

하지만, 그러나 폼페이우스가 카이사르에게 패배를 당하자 카이사르에게 항복을 했고, 카이사르는 언제, 어느 때나 대범하고 호쾌한 영웅호걸답게 부르터스를 용서하고, 그를 자기 자신의 비서관으로 중용을 했던 것이다.

카이사르는 언제, 어느 때나 대범하고 호쾌했지만, 부르터스는 고지식한 원칙주의자이며, 그만큼 옹졸하고 속좁은 인간에 지나지 않았다. 부르터스의 항복은 마음에도 없는 항복이었고, 그의 배신의 칼날은 이미 예정되어 있었던 것이다.

# 부르터스! 그대는 지금 잠을 자고 있는가?

부르터스! 그대는 지금 잠을 자고 있는가?
― 부르터스, 『플루타크 영웅전』 부분

카이사르의 독재정치를 그냥 두고만 볼 것인가, 자기 자신의 신념인 공화 정치 체제를 수호할 것인가?

이 운명의 갈림길에서, 그는 "부르터스! 그대는 지금 잠을 자고 있는가?"라는 조롱의 글을 보았고, 그는 어쩔 수 없이 카이사르를 암살할 수밖에 없었던 것이다.

부르터스와 카이사르의 동상이몽의 꿈은 "부르터스! 그대는 지금 잠을 자고 있는가?"와 "부르터스, 너마저……"라는 글들에 가장 압도적으로 잘 드러나고 있다고 하지 않을 수가 없다.

황제의 꿈과 민주주의의 꿈은 양립할 수가 없다.

# 로마를 위하여 내 목숨이 필요하다면……

카이사르는 나를 자식처럼 사랑해 주었습니다. 그렇기 때문에 나는 눈물을 흘립니다. 카이사르는 용감했습니다. 그렇기 때문에 나는 그를 숭배했습니다. 그러나 카이사르는 황제가 되려고 했습니다. 그래서 나는 눈물을 머금고 그를 죽였습니다. 카이사르는 로마를 사랑했다기보다는 자기의 야심을 사랑했습니다. 만약 이후에 로마를 위하여 내 목숨이 필요하다면, 나는 서슴지 않고 이 칼로 나의 목을 찌르겠습니다.

― 부르터스, 『플루타크 영웅전』 부분

'최후의 로마인'이라는 부르터스는 참으로 맑고 깨끗한 인물이었지만, 그러나 그는 '로마의 영광' 자체가 카이사르였다는 사실을 미처 깨달을 수가 없었던 것이다.

카이사르를 살해한 부르터스는 로마 시민의 지지를 얻지 못했고, 그 결과, 부르터스는 옥타비아누스와 안토니우스에게 크게 패하여 결국은 자결을 하게 되고 만다.

줄리어스 시이저(카이사르)의 양아들인 옥타비아누스가 아우구스투스 황제가 되었다는 사실은 자유와 정의를 사랑했던 부르터스의 비극적인 죽음을 상기시켜주고 있다고 해도 과언이 아니다.

오오, 자유와 정의여!
오오, 멀고 먼 민주주의의 꿈이여!

# 인생의 목표는 쾌락


 인생의 목표는 쾌락이다. 그러나 무지한 사람들이 생각하는 것처럼 방탕하고 향락적인 쾌락은 아니다. 육체의 쾌락은 고통을 당하지 않는 것이요. 영혼의 쾌락은 번민에 사로잡히지 않는 것이다.
 — 에피쿠로스, (『그리스 철학사 2』, 루치아노 데 크레센초) 부분


 에피쿠로스(기원전 341년~기원전 271년)는 사모스섬에서 태어났고, 데모크리토스와 아낙사고라스에게 철학을 배웠다고 한다. 플라톤은 아카데미를, 아리스토텔레스는 '리케온'이라는 철학학교를 세웠고, 에피쿠로스는 플라톤과 아리스토텔레스의 뒤를 이어서 세 번째로 아테네 근교에다가 철학학교를 세웠다. 에피쿠로스는 스토아 학파의 금욕주의의 반대방향에서 쾌락주의를 최고의 선으로 주창하였지만, 그러나 그의 쾌락주의는 주지육림 속의 방탕이 아니라, 언제, 어느 때나 근검, 절약하는 금욕주의 속의 쾌락이라고 할 수가 있다. "인생의 목표는 쾌락"이지만, 그 쾌락은 육체적인 고통을 당하지 않는 것과 번민에 사로잡히지 않는 것이었다. 에피쿠로스는 인간의 욕망을 세 가지로 구분한 바가 있었다. 첫 번째는 자연적이면서도 필요한 욕망이고, 두 번째는 자연적이면서도 필요 이상의 허영적인 욕망이며, 마지막 세 번째로는 자

연적이지도, 꼭 필요하지도 않은 욕망이다. 이 세 번째 욕망은 필요 이상의 허영적인 욕망과는 달리, 타인이 가졌으니 나도 갖겠다는 모방욕망을 말한다. 에피쿠로스는 이 두 번째 욕망과 세 번째 욕망을 거절하고, 공부를 하고, 또 공부를 하면서 조용한 전원생활을 즐기는 소박한 쾌락주의자라고 하지 않을 수 없다.

 에피쿠로스는 그리스 사회의 신분제도에 반발하여 남자와 여자, 즉, 어떤 신분의 차별도 없이 그 모든 사람들을 다 받아들였고―에피쿠로스의 철학학교는 남자와 여자가 공동으로 생활하고 있었다―, 따라서 그것 때문에 아테네 사회의 지배계급의 인사들로부터 수많은 박해를 받았다고 한다. 에피쿠로스의 쾌락주의는 '창녀의 철학'이며, 수많은 남성과 여성들이 공부는 하지 않고 연애질만을 한다는 흑색선전이 바로 그것이었다. 아테네의 정치가들은 군인들을 동원하여 에피쿠로스의 철학학교를 불살라버리고, 그 학생들의 몸에다가 꿀을 발라 벌과 모기들이 있는 곳에다가 서있게 하는 등, 수많은 고문을 가했다고 한다.

 에피쿠로스의 쾌락주의는 돈과 명예와 권력을 거절하는 쾌락주의이며, 근검 절약하면서도 그 소박한 즐거움이 샘솟아나오는 '성자의 철학'이라고 하지 않을 수가 없다.

# 쾌락 속에서 살지 않으면……

　이성적이며 고상하고 정의롭게 살지 않으면 쾌락이 있을 수 없다. 그리고 반대로 쾌락 속에서 살지 않으면 이성적이고 고상하고 정의로운 삶을 살 수 없다.
　― 에피쿠로스, (『에피쿠로스의 쾌락의 철학』) 부분

이성과 쾌락은 둘이 아닌 하나이다.
　이 세상에서의 삶은 이성의 빛으로 이끌어나가야 하고, 이 세상에서의 행복은 언제, 어느 때나 늘 기쁘고 즐거운 쾌락 속의 행복이지 않으면 안 된다.
　에피쿠로스가 역설한 바가 있듯이, '최고의 선과 신들의 경지'는 "이성적이며 고상하고 정의롭게 살지 않으면" 결코 얻어질 수가 없는 것이다.

# 우리는 언제나 검소하게 살아야 한다

우리는 언제나 검소하게 살아야 한다. 항상 부족하게 사는 것이 본분이기 때문이 아니라 그렇게 하는 것이 걱정을 덜 하는 방법이기 때문이다.
— 에피쿠로스, (『그리스 철학사 2』) 부분

최고의 행복은 자기 자신의 마음 속에 있는 것이지, 돈과 명예와 권력 속에 있는 것이 아니다.

사치와 낭비가 심하고, 무한한 욕망만을 가중시켜나가고 있는 오늘날은 에피쿠로스의 쾌락과 행복을 향유할 줄을 모르는 세기말적인 시대에 지나지 않는다.

영원히 살고 싶다는 추악한 욕망이 고령화라는 대재앙을 가속화시켜 나가고 있고, 지나친 에너지의 소비가 모든 천연자원들을 다 고갈시키고 '지구 폭발'이라는 대재앙을 가속화시켜 나가고 있는 것이다.

# 우리가 살아 있는 동안 죽음이란 없고……

우리가 살아 있는 동안 죽음이란 없고, 죽음이 찾아오면 우리는 존재하지 않는다.
— 에피쿠로스

"우리가 살아 있는 동안 죽음이란 없고, 죽음이 찾아오면 우리는 존재하지 않는다"라는 이 말은 내가 가장 좋아하는 명언 중의 하나이다.

죽음 앞에서 당당하고 죽음 앞에서 이처럼 두려움이 없다면, 어찌 그가 행복한 인간이 아니라고 할 수가 있겠는가?

나는 이 에피쿠로스의 말을 꼭 뛰어넘어야겠다고 생각했다.

나는 "우리 인간들은 죽어 갈 수가 있어서 권태롭지 않고, 또다시 태어날 수가 있어서 허무하지 않다"라고, 나의「하강의 깊이」(『행복의 깊이』제1권)에서 역설한 바가 있었다.

만일 죽음이 없다면 이 세상의 삶은 더없이 지긋지긋할 것이고, 만일 또다시 태어날 수가 없다면 더없이 허무하고, 또 허무하게 될 것이다.

죽음은 한계가 아니라 무한한 가능성으로 언제, 어느 때나 열려 있는 것이다.

오오, 영원하고 또 영원한 행복의 깊이여!

오오, 영원하고 또 영원한 행복의 깊이여!

# 제3부

탈무드

리그베다

인도사상사

법구경

잡보장경

초발심자경문

숫타니파타

# 탈무드

『탈무드』는 읽는 것이 아니라 배우는 것이다.
— 마빈 토케어 편, 『탈무드』 부분

『탈무드』는 『구약』 이외에도 또하나의 유태인들의 경전이며, 유태인들의 5천년의 지혜가 집적되어 있는 책이라고 할 수가 있다. '탈무드'는 '깊이 있게 배운다'라는 뜻이며, 『탈무드』는 위대한 학문인 동시에 고전이라고 하지 않을 수가 없다.

『탈무드』는 경전인 동시에 문학이고, 문학인 동시에 역사인 책이라고 할 수가 있다. 『탈무드』는 법전이 아니지만 법을 논하고, 역사책이 아니지만 역사를 논한다. 『탈무드』는 성서는 아니지만 성서의 가르침을 전하고, 문학은 아니지만 우리 인간들의 이야기로서 만인들의 심금을 사로잡는다.

인생이란 무엇인가? 인간의 행복이란 무엇인가? 사랑이란 무엇인가? 선악이란 무엇이며, 도덕과 종교란 무엇인가? 『탈무드』는 유태민족의 5천년의 지혜이며, 모든 지혜의 저수지라고 할 수가 있다.

『탈무드』는 기원전 500년부터 기원후 500년까지, 입에서 입으로 구전口傳되어 오던 것을 2천여 명의 학자가 10년이란 세월에 걸쳐서 편찬한

1만 2천 페이지의 방대한 책이며, 맨 마지막 페이지는 반드시 빈 페이지로 남겨 놓는다고 한다. 왜냐하면 『탈무드』는 완성된 책이 아니라 끊임없이 씌어지고 있는 미완성의 책이기 때문이다.

유태사회에서 랍비란 승려, 교사, 재판관, 어버이와도 같은 존재이며, 이 랍비들의 임무 중의 하나는 끊임없이 『탈무드』를 계승―발전시키는 것이라고 할 수가 있다.

『탈무드』는 읽는 것이 아니라 배우는 것이다.

# 학교는 공부하는 곳이 아니다

학교는 공부하는 곳이 아니다. 학교란 위대한 사람 앞에 마주앉는 것이다.

― 마빈 토케어 편, 『탈무드』 부분

대부분의 학교는 공부를 하는 곳이지, 위대한 사람과 마주하는 곳이 아니다. 스승은 단지 공부하는 법을 가르쳐 주는 기능인에 지나지 않으며, 이러한 스승과 제자의 관계 속에서는 위대한 인물이 결코 탄생할 수가 없게 된다.

하지만, 그러나 학교란 공부하는 곳이 아니라 위대한 사람과 마주하는 곳이라는 말을 받아들이게 되면, 학교는 그 존재의 정당성을 잃게 되고 위대한 스승만이 부각되게 된다.

만일, 우리가 마주한 스승이 예수라면, 부처라면, 마르크스라면, 셰익스피어라면, 칸트라면, 괴테라면, 발자크라면, 베토벤이라면, 모차르트라면, 우리는 그 스승들의 말 한 마디와 몸짓 하나에도 대작가의 체취를 감지하고, 그 위대함을 터득하게 될 것이다.

훌륭한 스승 밑에 못난 제자 없고, 훌륭한 제자 위에 못난 스승 없다.

아아, 우리 한국인들은 그 어느 세월에 이 위대한 스승들과 마주할 수가 있을 것이란 말인가?

# 지식을 쌓지 않는 것은……

지식을 쌓지 않는 것은 지식을 감소시키고 있는 것과 같은 결과가 된다.
— 마빈 토케어 편, 『탈무드』 부분

진정한 지식인에게 있어서 그 지적 능력을 현상 유지하는 방법이란 없다. 지식인의 비극적인 운명은 퇴보와 진보라는 양극단적인 길밖에는 없다는 것이다.

만일 그가 마르크스와도 같은 공산주의자, 또는 쇼펜하우어와도 같은 염세주의의 창시자라고 하더라도, 그러나 그가 더 이상 공부를 하지 않는다면, 그는 그의 사상과 함께 이미 시대착오적인 인물이 되어갈 수밖에 없는 것이다.

지식인의 현상 유지는 마라톤 선수처럼, 끊임없이 선두 그룹을 형성하면서 달리고, 또 달리는 수밖에는 없는 것이다.

# 만약 당신 주위에 뛰어난 사람이 없다면……

만약 당신 주위에 뛰어난 사람이 없다면 당신 자신이 뛰어난 사람이 되어야만 한다.

— 마빈 토케어 편, 『탈무드』 부분

이 말은 위대한 랍비 히렐의 말이다.

마르크스, 프로이트, 니체, 베토벤, 모차르트, 셰익스피어, 괴테, 반 고호, 폴 고갱 등과도 같은 세계적인 사상가가 단 한 명도 없는 곳에서, 세계적인 사상가가 된다는 것은 정말이지 개천에서 용 나는 것처럼 어렵고도 불가능한 일일 것이다.

낙천주의 사상가 반경환, 우리 인간들의 행복론자인 반경환—,

이 반경환이는 끝끝내 대한민국이라는 개천에서 용이 될 수가 없는 것일까?

오오, 어리석고 또 어리석은 반경환이여!

'표절의 왕국'에서는 '표절추방운동' 자체가 죄악시 되고 있는 것이다.

# 유태인과 학문

어느 날, 여우가 시냇가를 걷다가 물고기들이 바삐 헤엄쳐 돌아다니는 것을 보았다. 여우는 "왜들 그렇게 바삐 헤엄치고 있느냐?"하고 물었다. 물고기들은 "우리를 잡으러 올 그물이 무섭기 때문이에요"라고 대답했다. 그러자 여우는 "이쪽으로 나오렴. 언덕으로 오면 내가 지켜 줄 테니까 걱정 없어"라고 말했다.

물고기들은 "여우님, 당신은 매우 영리하다고 모두 말하던데 어쩌면 그렇게도 어리석지요?"라고 말했다. "우리가 여태껏 살아온 물 속에서도 이처럼 두려워하고 있는데, 언덕으로 올라가면 어떤 처지에 이를지 모르고 하시는 말씀인가요?"

요컨대 아키바는 "유태인에게 있어 학문은 물과 같은 것이며, 물을 떠나 뭍으로 올라가면 죽어 버린다. 유태인은 어떻게 해서든지 배워야만 한다"라고 말했다.

— 마빈 토케어 편, 『탈무드』 부분

나는 「김윤식, 유종호, 백낙청 비판」이라는 글에서 이렇게 말한 적이 있었다.

구약 성경 이외에도 또 하나의 경전인 『탈무드』에는 섹스가 일(노동)이라면 비 유태인을 고용해서 그 짓을 시킬 것이라는 음담이 나오는가 하면, 마누라의 장례식 날 이층의 다락방에서 하녀와 정사를 벌이다가 들킨 녀석이 "자네들은 잘 몰라, 나는 너무 슬픈 끝에 머리가 돌아버린 거야"라고 변명을 해대고 있는 장면도 나온다. '탈무드'라는 말이 '깊이 배운다'라는 뜻을 지니고 있다고는 하지만, 이 세상에서 가장 위대하고 지혜로운 유태인들은 블랙 유머를 사용할 때조차도 아주 깊이가 있고 고급스러운 품위가 있다고 생각된다. 유태인은 아버지와 교사가 다 같이 감옥에 갇혀 있다면 교사를 먼저 꺼내 온다고 한다. 또 교사를 사위나 며느리로 맞이하게 되면 전재산을 기꺼이 헌납해도 기쁘게 생각한다고 한다. 왜냐하면 유태 사회에서는 교사가 아버지보다도, 전재산보다도 더욱더 소중했기 때문이다.

인류의 역사상 가장 불운했던 유태인들, 사랑하는 조국을 잃고 수천 년 동안이나 세계 각처로 뿔뿔이 흩어져야만 했던 유태인들—, 그러나 오늘날 유태인들이 수천 년 동안 유태의 역사와 전통과 종교를 잃지 않고 세계를 지배하게 된 것은 깊이 있게 배운다는 '앎에의 의지'가 육화되어 있기 때문일 것이다. 미국 사회에서 유태인의 인구 비율은 3.2%에 불과하지만, 미국의 대학원생의 비율은 29%이며, 미국 고등학교의 IQ 테스트에 의하면 유태인의 자녀들이 다른 민족의 자녀들보다 11.8%가 높게 나타난다고 한다. 깊이 있게 배운다는 것은 "만나는 사람 모두에게서 무언가 배울 수 있는 사람이 제일 현명하다"는 교훈을 낳게 되고, 또한 깊이 있게 배운다는 것은 "하루라도 공부를 하지 않으면 그것을 되찾는 데 이틀이 걸린다. 이틀을 공부하지 않으면 나흘이 걸린다. 1년을 공부하지 않으면 그것을 되찾는 데 2년이 걸린다"라는 교훈을 낳게 된다.

예루살렘이 로마군에 의해서 포위를 당했을 때, 항복 조건으로 단 하나의 학교만은 존속시켜 줄 것을 요청했던 유태인, 유태교, 기독교, 이슬람교 등, 세계의 삼대 종교를 안출해냈던 유태인, 아브라함, 예수, 성모 마리아, 사도 바울 앞에서는 전 세계인이 무릎을 꿇고 기도를 드리지 않을 수가 없게 만든 유태인, 수많은 박해와 탄압과 압제 밑에서도 하나님께 선택받은 민족이라는 긍지를 잃지 않으면서, 그들의 앎에의 의지를 육화시켜 나갔던 유태인, 세계인구의 0.38%에 불과하면서도 노벨 경제학상 65%, 노벨 의학상 23%, 노벨 물리학상 22%, 노벨 화학상 11%, 노벨문학상 7%를 점유해버린 유태인, 마르크스, 프로이트, 아인시타인, 카프카, 스피노자, 오펜하이머, 앙리 베르그송 등 수많은 석학들을 배출해낸 유태인, 수많은 불행, 위기, 곤궁, 우연들 앞에서도 눈 하나 깜짝하지 않을 정도로 최고급의 지혜와 힘의 감정을 지닌 유태인, 다섯 번씩, 여섯 번씩 거듭된 실패에도 불구하고 "오 주여, 저에게 이처럼 엄청난 고통과 시련을 주셔서 감사합니다"라고, 다시 일어설 줄을 알았던 유태인, 자기 자신을 끊임없이 학대하고 못살게 만드는 천재 생산의 교수법을 지녀온 유태인—. 모든 학문의 목표가 수많은 이민족들의 백만 두뇌를 무력화시키기 위한 세계정복운동이라면, 오늘날 유태인들이 세계를 지배하고 있다고 해서 조금도 이상할 것이 없다는 생각도 다 든다(반경환, 『비판, 비판, 그리고 또 비판』).

 우리 한국인들이 유태인들에게 배울 것은 이 학문에 대한 사랑이며, 이 학문을 통해서 민족통일을 이룩하고 대한제국을 건설해나가야 할 것이다.
 오오, 학문이여!
 오오, 우리 한국인들의 삶의 터전인 학문이여!

# 마음 속의 법률

인간의 마음 속에는 나쁜 것을 바라는 성질이 있다. 그러나 마음 속에 법률을 간직하고 있는 한 성질이 나빠지는 일은 없다.
― 마빈 토케어 편, 『탈무드』 부분

유태인들 역시도 그처럼 삶의 지혜를 역설하고 있으면서도 때때로 선악의 이분법에 빠져서 헤어나오지 못하고 있을 때가 있다. 인간의 마음 속에는 나쁜 것을 바라는 성질이 있는 것이 아니라, 자기 자신의 이익을 추구하는 욕망이 있는 것이다.

이 욕망은 선악을 넘어선 욕망이지만, 그러나 공동체 사회는 이 욕망을 규제하지 않으면 안 되었던 것이고, 바로 그것이 도덕과 법률로 나타나게 된 것이다.

참된 나, 또는 사적인 나를 버리고, 이타적인 인간, 또는 사회적인 인간이 되면 그는 자기 자신의 마음 속에 법률을 지닌 인간이 되는 것이다.

# 선과 악




지구를 휩쓴 대홍수 때 온갖 동물이 노아의 방주로 찾아와 태워달라고 간청했다. 선도 서둘러 달려왔다. 그러나 노아는 선을 태우기를 거절하며 "나는 짝이 있는 것만을 태우고 있다"라고 말했다.

그래서 선은 숲으로 돌아와 짝이 될 상대를 찾았다. 그것은 바로 악이었다. 선은 악을 데리고 노아의 방주로 되돌아갔다.

그때부터 선이 있는 곳에는 언제나 악이 함께 있게 되었다.

— 마빈 토케어 편, 『탈무드』 부분


"그때부터 선이 있는 곳에는 언제나 악이 함께 있게 되었다."

이 말은 『탈무드』에서 내가 가장 좋아하는 말 중의 하나이다.

모든 것은 선에서 시작해서 악으로 가고, 모든 것은 악에서 시작해서 선으로 간다.

선과 악은 둘이 아닌 하나이다. 둥그런 지구를 두고 '날짜변경선'을 만들고, 동과 서로 가른 것과도 같은 것이다.

# 가장 큰 부자

 어떤 배 위에서 있었던 이야기다. 선객은 모두 큰 부자였으며, 그중 랍비 한 사람도 타고 있었다. 부자들은 서로 자기의 재산을 자랑하고 있었다. 그러자 랍비는 "내가 가장 큰 부자라고 생각하지만 지금은 내 재산을 당신들에게 보여 줄 수 없다"고 말했다.

 해적이 그 배를 습격했다. 부자들은 금은 보석 등 자기들의 모든 재산을 잃어버렸다. 해적이 사라진 뒤 배는 가까스로 미지의 항구에 닿았다.

 랍비는 곧 그 항구 사람들 사이에 교양이 높다는 사실이 인정되어 학교에서 학생들을 모아 가르치게 되었다.

 얼마 뒤, 이 랍비는 배를 함께 타고 여행했던 예전 부자들을 만났는데 모두 비참하게 몰락해 있었다.

 그 사람들은 "확실히 당신의 말이 옳았소. 교육받은 사람은 모든 것을 가진 것과 같소"라고 말했다.

 여기서 지식은 언제나 빼앗기는 일 없이 갖고 다닐 수 있으므로 교육이 가장 귀중한 것이라는 이야기가 생겨났다.

— 마빈 토케어 편, 『탈무드』 부분

 황제가 황제인 것은 그가 말(지식)을 소유하고 있기 때문이다. 황제는 모든 사람들을 면종복배시키고, 그의 법으로 그의 신민들의 목숨을 빼앗을 수 있는 권리를 갖고 있다.

지식이란 언어의 소유권과 관련이 있으며, 이 지식을 갖고 있는 자가 마치 알렉산더 대왕처럼 이 세계를 지배할 수가 있는 것이다.

돈을 가진 자는 돈을 시시때때로 잃어버릴 수도 있지만, 지식을 가진 자는 결코 그것을 잃어버리거나 빼앗길 염려가 없는 것이다.

모든 교육제도는 이 지식의 생산과 그 소유권과 관계가 있는 것이다.

# 악마가 인간에게 준 선물

　이 세상에서 최초의 인간이 포도를 재배하고 있었다. 그곳에 악마가 나타나 "무엇을 하고 있는가?"하고 물었다. 인간은 "아주 훌륭한 식물을 심고 있소" 하고 대답했다.

　악마는 "이런 식물은 본 적이 없다"라고 말했다. 그래서 인간은 "이것은 아주 달콤하고 맛있는 열매가 열리는데, 당신이 그 즙을 마시면 매우 행복하게 될 것이오"라고 말했다.

　악마는 그렇다면 나도 끼워달라고 말하면서 양, 사자, 돼지, 원숭이를 데리고 와, 이 네 마리를 죽여서 그 피를 비료로 쏟아 부었다. 이것이 포도주가 생긴 유래이다.

　처음 마시기 시작했을 때는 양과 같이 순하고, 조금 마시면 사자처럼 강해지며, 그 이상 마시면 돼지처럼 더럽게 된다. 너무 지나치게 마시면 원숭이처럼 춤을 추고 노래를 부르기 시작한다. 이것이 악마가 인간에게 준 선물이다.

　― 마빈 토케어 편, 『탈무드』 부분

술은 악마가 만든 것이 아니라 신이 만든 것이다.
술을 조금 마시면 사랑과 우정이 강화되고, 술을 기분 좋게 마시면 그 어떤 어렵고 힘든 일도 헤쳐 나갈 수 있는 용기가 생긴다.

술을 많이 마시면 돼지처럼 더러워지고, 술을 너무 많이 마시면 원숭이처럼 춤을 추며 노래를 부르기 시작한다.

술은 신이 준 선물이지만, 언제, 어느 때나 절제하지 않으면 안 된다.

모든 진리는 허위이며, 우리 인간들은 이처럼 반박의 힘을 기르지 않으면 안 된다.

술은 우리 인간들의 생명이며, 피 자체이다.

우리는 기쁠 때에도 술을 마시고, 슬플 때에도 술을 마신다.

## 시어머니와 며느리

양과 호랑이가 같은 우리 안에서 살 수 있을까? 답은 '아니오'이다. 이와 마찬가지로 인간도 시어머니와 며느리는 한 지붕 밑에서 살 수 없는 것이다.
— 마빈 토케어 편, 『탈무드』 부분

동서고금을 막론하고 시어머니와 며느리는 한 지붕 밑에서 살 수가 없는 모양이다.

시어머니와 며느리는 '안방마님의 자리'를 놓고 끊임없이 권력투쟁을 벌이는 관계이며, 이 권력투쟁은 언제, 어느 때나 며느리의 승리로 끝나게 된다.

질투, 시기, 증오, 의심, 중상모략, 사랑, 용서, 관용, 믿음 등이 상호 겹쳐지는 권력투쟁—.

이 세상에서 권력투쟁처럼 아름답고 위대하며, 그토록 잔인하고 끔찍한 것은 없다.

# 오늘 죽은 28세의 랍비

  오늘 죽은 28세의 랍비도 다른 사람이 100년 산 것보다 더 많은 일을 이루어 놓았다. 문제는 몇 년 살았느냐가 아니라 어떤 업적을 남겼느냐 하는 것이다.

― 마빈 토케어 편, 『탈무드』 부분

알렉산더와 예수는 서른 세 살의 삶으로 그 대미를 장식했다.
모든 위대함은 군더더기가 하나도 없는 천하의 절경과도 같다.

# 여성 상위 시대

어떤 선량한 부부가 이혼을 했다.

남편은 곧 재혼했는데 가엾게도 나쁜 여자와 재혼하여 그는 새마누라와 똑같이 나쁜 남자가 되고 말았다. 아내도 역시 나쁜 사나이와 재혼을 했다. 그러나 나쁜 사나이는 선인이 되었다. 이와 같이 남자는 언제나 여자의 조종에 따르는 법이다.

— 마빈 토케어 편, 『탈무드』 부분

지난 날의 잘못을 뉘우치고 진정한 인간의 삶을 살다간 남자는 많이 있지만, 여자들은 결코 지난 날의 잘못을 뉘우치고 바로 잡는 일이 없다.

한번 사악한 여자는 끝까지 사악하고, 악처만큼 한 남자의 불행을 사주하는 여자도 없을 것이다.

여성 상위 시대는 사악함이 선량함을 몰아내는 시대이고, 세기말적인 부패가 그 발톱을 드러내는 시대이다.

# 희망

랍비 아키바가 여행을 하고 있었다. 그는 당나귀와 개와 작은 램프를 갖고 있었다.

어둠의 장막이 내리기 시작하자 아키바는 헛간을 발견하고 그곳에서 하룻밤을 보내기로 했다. 그러나 아직 잠자기에는 이른 시간이었으므로 램프를 켜고 책을 읽기 시작했다. 그런데 바람이 불어와 램프가 꺼져 버려 그는 하는 수 없이 잠을 자야만 했다.

그날 밤 여우가 와서 그의 개를 죽여버렸고, 사자가 와서 당나귀를 죽여버렸다. 아침이 되자 그는 램프를 갖고 혼자서 터벅터벅 출발했다.

어떤 마을 근처에 다다랐는데, 사람이라고는 그림자도 보이지 않았다. 그는 전날 밤 도둑이 습격하여 마을을 파괴하고 사람들을 몰살했다는 것을 알게 되었다.

만약 램프가 바람에 꺼지지 않았더라면 개가 짖어 대어 도둑에게 들켰을지도 모른다. 당나귀 역시 소란을 피웠을 것이다. 그는 모든 것을 잃은 덕택으로 도둑에게 발견되지 않았던 것이다.

랍비는 "최악의 상태에서도 희망을 잃어서는 안 된다. 나쁜 일이 좋은 일로 연결되는 수도 있다는 것을 믿어야 한다"라는 것을 깨달았다.

— 마빈 토케어 편, 『탈무드』 부분

유태인 랍비 중의 랍비인 아키바—.

그는 자기 자신의 불행을 최고의 행복으로 전도시킬 수 있는 대단히 뛰어나고도 비범한 능력을 지녔던 것이다.

"최악의 상태에서도 희망을 잃어서는 안 된다"는 것—.

나도 이 믿음 하나로 '광대 중의 광대', 즉, '어릿광대의 삶'을 살아왔던 것이다.

내가 불세출의 대형비평가 김현을 정면으로 공격하고 한국사회에서 매장을 당한 것은 우리 한국인들을 '사상가와 예술가의 민족'으로 인도하겠다는 고귀하고 위대한 꿈이 있었기 때문이다.

# 유태인을 다스리는 방법

역대 로마 황제 가운데 유태인을 몹시 혐오하던 헤도리우스라는 황제가 있었다.

어떤 유태인이 헤도리우스 앞을 지나가며 "황제 폐하, 안녕하십니까?" 하고 인사를 했다. 황제가 "너는 대체 누구냐?"라고 묻자, "저는 유태인입니다"라고 대답했다. 그러자 황제는 "당장에 저놈의 목을 쳐서 죽여라"고 외쳤다.

며칠 후 다른 유태인이 황제의 곁을 지나쳤는데, 이번에는 아무 인사도 하지 않았다. 그러자 황제는 "로마의 황제에게 경의를 표하지 않은 죄과로 저놈의 목을 쳐라" 하고 병사에게 명했다.

그러자 주위에 있던 대신들이 "폐하, 폐하께서는 일전에 인사한 유태인도 죽이고, 이번에는 인사를 안했다는 죄로 죽이셨으니, 도대체 무슨 영문입니까?"라고 물었다.

황제는 "내가 한 일은 양쪽 모두 옳다. 너희들은 잘 모르겠지만, 나는 유태인을 다루는 방법을 알고 있다"라고 대답했다.

헤도리우스 황제는 그만큼 유태인을 혐오하여 유태인이라는 이유만으로도 사람을 죽였던 것이다.

— 마빈 토케어 편, 『탈무드』 부분

황제, 또는 신으로부터 영원히 사랑을 받는 인간은 없다.

예의 바르게 인사를 했다고 죽이고, 인사를 하지 않았다고 죽인다.

어느 사람을 살리거나 죽이는 것은 신(황제)이 마음 먹기에 달려 있는 것이다.

# 가장 강한 인간

 인간의 육체는 마음에 좌우되고 있다. 마음은 보고, 듣고, 걷고, 서고, 기뻐하고, 굳어지고, 부드러워지고, 슬퍼하고, 두려워하고, 파괴하고, 거만해지고, 남에게 설득되고, 사랑하고, 미워하고, 부러워하고, 찾고, 반성한다.
 가장 강한 인간은 마음을 조정할 수 있는 사람이다.
 ― 마빈 토케어 편, 『탈무드』 부분

영혼(정신, 마음)은 육체의 주인이고, 육체는 영혼의 노예이다.
영혼이 빠져나간 육체는 푸줏간의 고기덩어리와도 같다.
어느 누가 자기 자신의 영혼을 지배하고 길들일 수가 있는 것일까?

# 만약 네가 남편을 왕과 같이 존경한다면……

　내 딸이여, 만약 네가 남편을 왕과 같이 존경한다면 그는 너를 여왕처럼 대접할 것이다. 그러나 네가 노예 계집처럼 행동한다면 남편은 너를 노예처럼 다루리라. 만약 네가 너무 자존심이 세서 그에게 봉사하기를 게을리 한다면, 그는 자기 힘을 휘둘러 너를 하녀로 삼아 버릴 것이다.
　만약 남편이 친구를 방문하게 될 때에는 그를 목욕시키고 옷차림을 단정하게 하여 보내야 한다. 만약 남편의 친구가 놀러오거든 될 수 있는 대로 잘 대접해야 한다. 그렇게 하면 남편은 너를 소중히 여길 것이다.
　― 마빈 토케어 편, 『탈무드』부분


남편을 왕과 같이 존경한다면 남편은 너를 여왕과 같이 대접할 것이다라는 이 말은 천세불변의 진리와도 같은 말이다.
　남편의 임무는 먹이사냥과 외부의 적으로부터 그가 소속된 가정과 국가의 안위를 지키는 것이다.
　요즈음은 핵무기에 의한 전쟁의 위험성이 줄어들고, 그 결과, 여성들의 사회적 지위가 향상되어, 그 모든 것이 역전되어 있다.
　여자들을 교육시키고 여자들에게 참정권을 부여한 것은 가장 치욕적이고 반자연적인 역사에 지나지 않으며, 그만큼 인류의 역사가 종말을 향해가고 있다는 증거가 될 것이다.
 과연 여자들의 임무가 먹이사냥과 외부의 적으로부터 그녀가 소속된 가정과 국가의 안위를 지키는 날이 올 수가 있단 말인가?

# 길조吉兆

 어떤 사나이가 이웃집 부인과 한번 사랑을 나누어 봤으면 하는 생각을 하고 있었다. 어느 날 밤 그는 드디어 성관계에 성공한 꿈을 꾸었다.『탈무드』에 의하면 그것은 길조이다.
 왜냐하면 꿈은 하나의 소망의 나타남이며, 실제로 관계했다면 꿈을 꿀 까닭이 없기 때문이다. 그만큼 자기를 억제하고 있는 증거로서, 그것은 대단히 좋은 일인 것이다.
 ─ 마빈 토케어 편,『탈무드』부분

'간음하지 말라'라고 마음 속의 간음마저도 단죄를 했던 하나님의 말씀에 반하여, 꿈 속의 불륜마저도 미화한 이 대목을 우리는 어떻게 받아들이고 이해해야만 하는 것일까?
 꿈 속의 불륜은 좋은 것일까, 나쁜 것일까?
 성적 욕망은 이 좋음과 나쁨을 초월해 있는 것이고, 그 욕망을 제어하는 것은 사회적인 도덕과 법률에 지나지 않는다.

# 반성하는 자

> 반성하는 자가 서 있는 땅은 훌륭한 랍비가 서 있는 땅보다 더 가치 있다.
> ― 마빈 토케어 편, 『탈무드』 부분

랍비는 유태민족의 스승이며, 훌륭한 랍비는 '현자 중의 현자'라고 할 수가 있다.

하지만, 그러나 지극히 불행하게도 우리 한국인들은 '현자 중의 현자'를 민족의 영웅으로 배출해내지 못했고, 그 결과, 해마다 이민족의 채찍 앞에서 그 신음 소리를 멈추지 못하고 있는 것이다.

동북공정이라는 채찍, 주한미군의 주둔이라는 채찍, 독도는 다케시마라는 채찍, 중국군의 방공식별구역이라는 채찍, 북한의 핵무기라는 채찍, 분단고착화 전략이라는 채찍―.

이 채찍들의 아픔은 너무나도 크고 엄청난 것이지만, 소위 4대 강국의 전략과 전술을 극복해낼 수 있는 문화적 영웅들을 배출해내지 못한 댓가이기도 한 것이다.

독일을 통일시켰던 빌리 브란트 같은 사람만 있었더라면, 남아프리카공화국의 만델라 같은 사람만 있었더라면, 아니, 아니, 싱가폴을 문화선진국으로 이끌어낸 이광요 같은 사람만 있었더라면―, 우리 한국인들은 벌써 남북통일을 이룩하고, 소위 고급문화인이 되었을 것이다.

우리 한국인들은 아직도 앎(지혜)의 소중함을 모르고, 날이면 날마다 사색당파의 이전투구로 밤을 지새우고 있는 것이다.

'너 자신을 알라!'

이 반성할 줄을 모르는 무지몽매한 추한민국의 신민들아!

# 안식일

　안식일(휴일)이 인간을 위해 있는 것이지, 인간이 안식일을 위해 있는 것은 아니다.
　― 마빈 토케어 편, 『탈무드』 부분

　유태인들은 안식일날 가능하면 밥도 먹지 않고 외출도 삼가하며, 하나님에 대한 감사의 기도와 예배를 드리며 보낸다고 한다. 안식일의 기원은 하나님이 천지창조를 하고 제7일날 휴식을 취한 것에 그 기원을 두고 있으며, 오늘날의 일요일(유태인은 토요일)이 바로 그것이다.
　아무튼 그 어떤 일도 규칙이나 제도로 확정되면, 그것은 곧바로 경직되고 더욱더 사악하고 나쁜 폐습으로 나타나게 된다. 길을 잃고 사람이 죽어가고 있는데도 그 사람을 병원으로 데려가는 사람이 없는 것이 그렇고, 어느 정도 병상에서 기력을 회복해가고 있는데도 그 사람에게 한 사발의 죽을 쑤어다가 주는 사람이 없는 것이 그렇다.
　안식일(휴일)이 인간을 위해 있는 것이지, 인간이 안식일을 위해 있는 것은 아니다.
　니체는 "역사가 인간의 삶에 봉사를 해야 하는 것이지, 인간의 삶이 역사에 봉사를 해야 하는 것이 아니다"라고 말한 바가 있었고, 헤겔은

"도덕이 인간을 위해서 있는 것이지, 인간이 도덕을 위해서 있는 것이 아니다"라고 말한 바가 있었다.

하늘 아래 새로운 것이 없다라는 말도 있지만, 이러한 앎의 역사 철학적인 문맥을 제대로 이해하지 못하면 선무당이 진정한 철학자를 때려잡을 수도 있는 것이다.

소위 이 땅의 대학교수들은 이러한 역사 철학적인 문맥을 제대로 이해하지 못한 채, 그들의 제자들을 향하여 무차별적인 '거세법과 배제법'의 채찍을 휘두르고 있는 것이다.

대한민국은 오천 년의 역사와 함께, 단 한 명의 천재도 생산해낸 바가 없는 것이다.

# 거짓말장이에게 주어지는 최대의 형벌

거짓말장이에게 주어지는 최대의 형벌은 그가 진실을 이야기했을 때도 사람들이 믿어주지 않는 것이다.
— 마빈 토케어 편, 『탈무드』 부분

나는 나의 『행복의 깊이』 제2권, 제5장 「거짓에의 의지」에서 거짓말의 사회적 유용성을 천착해낸 바가 있었다.

자기 자신의 신민의 이익을 위해서 하는 군자의 거짓말, 환자와 제자의 이익을 위해서 의사와 스승이 하는 거짓말, 적이나 경쟁자를 물리치기 위한 장수와 상인들의 거짓말, 덕담이나 만담을 위해서 선량한 희극인들이 하는 거짓말 등—. 거짓말은 진실 못지않게 아름답고 거짓말은 진실보다도 더욱더 거짓말로서 거짓말다운 것이다.

거짓과 진실은 야누스의 두 얼굴과도 같지만, 그것을 선악의 이분법으로 가르게 된 것은 도덕과 법률이 나타나고부터인 것이다. 공동체 사회가 선이라고 규정한 것은 선이 되고, 공동체 사회가 악이라고 규정한 것은 악이 된다. 선과 악이란 공동체 사회가 그 공동체 사회를 위해서 규정한 잠정적이고 일시적인 진리에 지나지 않는다. 한 국가에서 선은 다른 국가에서 악이 되고, 다른 국가에서 악은 어떤 국가에서는 선이 된다.

 그가 소속된 사회에서 "거짓말장이에게 주어지는 최대의 형벌은 그가 진실을 이야기했을 때도 사람들이 믿어주지 않는 것이다."

# 인간은 20년 걸려 배운 것을……

인간은 20년 걸려 배운 것을 불과 2년 동안에 잊어버릴 수 있다.
― 마빈 토케어 편, 『탈무드』 부분

사람이 살고 있지 않은 집은 그 어떤 저택도 2~3년이 못가서 폐가가 되어버린다.

쓸고 닦지 않는 것도 문제이지만, 불을 때지 않으면 습기가 차게 되고, 습기가 차게 되면 수많은 좀벌레들과 곰팡이들의 천국이 되어버린다.

지식도 그렇다.

끊임없이 쓸고 닦으며, 새로운 지식이라는 군불을 때지 않으면 곧바로 흔적도 없이 사라져버리게 되는 것이다.

# 사람은 세 개의 이름을 갖는다

사람은 세 개의 이름을 갖는다. 태어났을 때 부모가 붙여주는 이름, 친구들이 우정을 담아 부르는 이름, 그리고 자기 생애가 끝날 때까지 획득하는 명성, 이 세 가지이다.
— 마빈 토케어 편, 『탈무드』 부분

나의 부모가 나에게 붙여준 이름은 경사 慶과 빛날 환煥이다. 크게 빛날 경사스러운 이름이다.

이제 나의 이름은 애지愛知, 즉 지혜사랑이다.

나의 명성은 낙천주의 사상가로서 '애지문화'를 창출해낸 데 있다고 하지 않을 수가 없다.

# 어떤 사람은 젊은 데 늙었고……

어떤 사람은 젊은 데 늙었고, 어떤 사람은 늙었어도 젊다.
— 마빈 토케어 편, 『탈무드』 부분

고은, 신경림, 유종호, 김우창, 김현, 이성복, 황지우, 이문열, 황석영, 신경숙 등은 젊었는데도 늙었고, 호머, 셰익스피어, 괴테, 토마스 만, 가브리엘 마르께스, 프란츠 카프카, 톨스토이, 또스토예프스키, 보들레르, 랭보 등은 이미 죽었는데도 젊다.

우리 한국인들은 모두가 다같이 염세주의자로서 그 꽃이 피기도 전에 이미 시들은 나무와도 같고, 세계적인 대작가들은 천년, 만년을 살고 있는데도 늘 푸른 소나무와도 같다.

우리 한국인들은 모두가 다같이 부처와 예수와도 같은 사상(종교)의 창시자가 되는 수밖에는 없다.

# 수치심과 자부심



수치스러움을 모르는 것과 자부심은 형제간이다.
— 마빈 토케어 편, 『탈무드』 부분

옳은 말이다.

수치심을 모를 때, 즉, 그의 자부심이 최고의 절정에 다다랐을 때, 이제 그는 수치심의 나락으로 떨어지지 않으면 안 된다.

진시황제가 불로초를 구하기 시작했을 때와 알렉산더가 알렉산드리아 제국을 건설하기 시작했을 때가 그러했고, 나폴레옹이 유럽연방의 황제가 되고 싶어 했을 때와 히틀러가 게르만 민족의 천년 왕국을 건설하고자 했을 때가 그러했다.

자부심은 수치심으로 추락하기 위해서 존재하고 있는 것인지도 모른다.

# 가장 슬기로운 사람

만나는 사람 모두에게서 무엇인가를 배울 수 있는 사람이 세상에서 가장 슬기롭다.
— 마빈 토케어 편, 『탈무드』 부분

인생이란 미로에서 출구를 찾는 것과도 같다.
하나의 미로를 헤쳐나오면 또다른 미로가 나타나고, 그 미로를 헤쳐나오면 또다른 미로가 나타난다.
인생이란 무엇인가? 행복이란 무엇인가?
사랑이란 무엇인가? 우정이란 무엇인가?
우량주란 무엇인가? 깡통주란 무엇인가?
정답이란 없다.
우리는 이카루스의 후예로서 추락할 수밖에 없지만, 그러나 배우고, 또 배우는 수밖에는 없다.

# 강한 사람

강한 사람―자기를 억제할 수 있는 사람.
강한 사람―적을 벗으로 바꿀 수 있는 사람.
― 마빈 토케어 편, 『탈무드』 부분

  자본주의 사회는 탐욕을 미화하고 성화시켜 나가고 있는 사회이지만, 그러나 이 탐욕적인 인간들은 진정한 성자의 반열에 올라갈 수가 없다.
  가난하고 헐벗고 굶주린 사람, 모진 고문과 질병에 시달리고 있는 사람, 끊임없이 증오와 분노의 늪에 빠져서 서로가 서로를 물어뜯고 있는 사람, 개인의 이익을 위하여 전체의 이익을 훼손하고 끊임없이 타인의 부를 훔쳐가는 사람―.
  진정한 성자란 이러한 인간들을 더욱더 크게 끌어안고 모두가 다같이 잘 먹고 잘 살 수 있는 지상낙원으로 인도해갈 수 있는 사람이라고 할 수가 있다.
  부처와 예수와 마호메트―.
  그들은 자기 자신의 욕망을 억제하고, 그 결과, 모든 적대자들마저도 그들의 친구로 삼았던 사람들이라고 할 수가 있다.

성자란 강한 사람이고, 그들은 사적인 욕망이 없는 이타적인 사람들이다.

성자란 사적 개인이 아닌 '인간'인 것이다.

# 풍족한 사람

풍족한 사람이란 자기가 갖고 있는 것에 만족할 줄 아는 사람이다.
— 마빈 토케어 편, 『탈무드』 부분

이 세상에서 가장 행복한 사람은 자기가 하고 싶은 일을 하는 사람이다.

화가가 그림을 그릴 때, 시인이 시를 쓸 때, 학자가 글을 쓸 때, 가수가 노래를 부를 때, 그들은 그 몇 시간의 행복을 천년의 행복처럼 살게 된다.

이 세상의 모든 근심과 걱정을 잊고, 끝끝내는 자기 자신마저도 잊어버리면서 그는 그 짧은 생애를 아주 즐겁고 기쁘게 살아가게 된다.

예술은, 일은 마약이나 알콜보다도 더욱더 강력한 중독성을 갖고 있다.

만족할 줄 아는 사람은 중독된 사람이고, 중독된 사람은 행복한 사람이다.

# 남을 찬미할 수 있는 사람

남을 찬미할 수 있는 사람이야말로 진실로 명예로운 사람이다.
— 마빈 토케어 편, 『탈무드』 부분

사촌이 땅을 사면 배가 아프고, 친구가 출세를 하면 그 친구가 보기 싫어진다.

우리는 모두가 다같이 원수형제이고, 상호 적대적인 경쟁자에 지나지 않는다.

하지만, 그러나 친구가 노벨상을 받을 때는 진심으로 축하를 해주고, 비록, 그가 불구대천의 정적일지라도 그의 황제의 즉위식을 진심으로 축하해주지 않으면 안 된다.

더욱더 강력한 적을 사랑하라!

나의 적이 더욱더 강력하다면 나의 위대함도 그만큼 수직 상승하는 것이다.

온 천하를 다 뒤져가며 최고의 무림고수를 찾아내고, 그 무림고수의 칼날 앞에서 끝끝내 비명횡사를 한 이름 모를 무사처럼, 그 적대자에 대한 사랑이 자기 자신의 명예를 한없이 끌어올리는 것이다.

부처, 예수, 마르크스, 니체, 알렉산더, 나폴레옹―, 그들은 모두가 더욱더 강력한 적 앞에서 무릎을 꿇어버린 패장들에 지나지 않는다.

# 진실은 무거운 것이다

진실은 무거운 것이다. 그러므로 젊은이들밖에 운반할 수 없다.
— 마빈 토케어 편, 『탈무드』 부분

마틴 루터는 로마의 교황청에 맞서서 '면죄부를 팔지 말라'는 말 한 마디로 종교개혁을 이룩해냈지만, 나는 지난 20여 년 동안 '표절추방운동'을 벌인 결과, 철두철미하게 패배를 하고 말았다.

대한민국의 모든 상은 표절한 놈이 표절을 한 입장에서 더욱더 표절을 잘 하라고 주는 상에 지나지 않는다.

용기는 젊은이의 것이 되고, 젊은이만이 무거운 짐을 질 수가 있는 것이다.

천 번, 만 번을 말한다고 하더라도, 우리 대한민국은 이 표절을 추방하지 않는 한, 영원히 타인의 말과 타인의 사유 앞에서 무릎을 꿇어버린 노예국가에 지나지 않게 될 것이다.

오오, 용기여!

오오, 표절추방운동을 해 나갈 이 땅의 젊은이들이여!

# 현인

현인이 되는 일곱 가지 조건.

1, 자기보다 현명한 사람이 있을 때는 침묵한다.

2, 상대방의 이야기를 가로채지 않는다.

3, 대답할 때 서두르지 않는다.

4, 항상 적절한 질문을 하고 조리 있는 대답을 한다.

5, 먼저 해야 할 일부터 손을 대고, 미루어도 될 일은 나중에 한다.

6, 자기가 모를 때는 그 사실을 솔직히 인정한다.

7, 진실을 인정한다.

― 마빈 토케어 편, 『탈무드』 부분

천재를 알아볼 수 있는 사람은 천재밖에는 없다.

대부분의 사람들은 천재를 알아보지 못하고 그를 머리가 조금 모자라거나 정신이 나간 미치광이 취급을 하게 된다.

데카르트도 미치광이 취급을 받았고, 마르크스도 미치광이 취급을 받았다. 쇼펜하우어도 미치광이 취급을 받았고, 니체도 미치광이 취급을 받았다.

천재의 한 마디, 한 마디의 말에는 아주 뛰어난 지혜가 담겨있고, 이 지혜를 감지할 수 있는 자는 그 천재 앞에서 침묵을 하게 되고 무한한 경의를 표하게 된다. 천재는 이야기를 가로채지 않으며, 그가 대답할 때는 이로정연하되 거침이 없다.

천재는 해야 할 일과 하지 않아도 될 일, 급한 일과 급하지 않을 일을 스스로 규정하고, 자기 자신의 내적 원칙에 따라서 너무나도 분명하고 명확하게 처리할 줄을 알고 있다.

천재는 언제, 어느 때나 진실을 인정하고, 자기가 모르는 것은 모른다고 솔직하게 말한다.

# 아내를 고를 때는……

아내를 고를 때는 한 계단 내려가고, 친구를 고를 때는 한 계단 올라서라.
— 마빈 토케어 편, 『탈무드』 부분

유태교와 기독교는 철두철미하게 '남근중심주의 사상'이 그 뼈대를 이루고 있고, 이제는 어느덧 남성보다도 더 남성다운 여성해방론자들의 공격의 대상이 되어가고 있는 것인지도 모른다.

남근중심주의는 무서운 폭력성에 기초하고 있으며, 모든 여성들을 억압하고 있기 때문에 하루바삐 제거해야 할 암적인 종양인지도 모른다.

아내를 고를 때는 한 계단 내려가고, 친구를 고를 때는 한 계단 올라서라.

만고불변의 진리이다.

오늘날 여성 상위시대를 맞이하여 대학교수, 의사, 변호사 등—, 소위 남성보다도 더 남성다운 여성들이 자기 짝을 찾지 못해서 그 우울증(정신분열증)을 앓고 있는 것을 생각해보면, 소위 잘난 여성은 악마와도 같은 불량제품들에 지나지 않는 것인지도 모른다.

# 친구가 화내고 있을 때는……

친구가 화내고 있을 때는 달래지 마라. 친구가 슬퍼하고 있을 때도 위로하지 마라.

— 마빈 토케어 편, 『탈무드』 부분

모든 감정은 자기 스스로 정화시킬 수 있는 시간이 필요한 것이다.

아내, 혹은 친구 때문에 화를 내고 있는 친구를 달래려고 하다가 더 큰 화를 초래할 수도 있고, 슬퍼하고 있는 친구를 위로하려고 하다가 더 큰 슬픔만을 가중시켜줄 수도 있다.

수십 년의 사랑, 우정, 또는 너무나도 뜻밖의 재앙—사지절단, 또는 올림픽 결승전에서 편파판정의 희생양이 된 것—앞에서 우리는 그 어떤 위로의 말도 할 수가 없는 것이다.

## 만약 친구가 채소를 가지고 있거든……

만약 친구가 채소를 가지고 있거든 고기를 주어라.
— 마빈 토케어 편,『탈무드』부분

우리는 호랑이(친구)에게 날개를 달아주는 천사가 되지 않으면 안 된다.

# 당신의 친구가 당신에게 꿀처럼 달콤하더라도……

당신의 친구가 당신에게 꿀처럼 달콤하더라도 전부 핥아먹어서는 안 된다.

― 마빈 토케어 편, 『탈무드』 부분

그는 부잣집 아들로 태어나 아무런 고통이나 어려움을 모르고 살았다.

그는 인심이 좋은 사람이고, 그의 주위에는 수많은 친구들로 넘쳐났다.

그러나 그가 경제적인 어려움에 빠지자, 그 어느 누구도 그를 찾아오지 않았다.

그의 파멸에는 그의 달콤한 꿀(재산)만을 무자비하게 빨아먹은 곰들이 있었던 것이다.

# 여자의 요염한 아름다움

어떤 남자라도 여자의 요염한 아름다움에는 저항할 수 없다.
— 마빈 토케어 편, 『탈무드』 부분

어떤 남자가 여자의 요염한 아름다움 앞에 저항할 수가 있을까?
전지전능한 신일까?
하지만, 그러나 신은 너무너무 오래 살아서 발기부전증으로 고생하는 것이 아닐까?

# 여자는 자기의 외모를 소중히 여긴다

여자는 자기의 외모를 소중히 여긴다.
― 마빈 토케어 편, 『탈무드』 부분

여자가 자기의 외모를 소중히 여기는 것은 남자를 유혹하기 위한 것이다.

남자를 유혹하기 위한 여자의 노력은 사생결단식의 투쟁이 되고, 그것은 더욱더 건강하고 뛰어난 2세를 생산해내기 위한 종족의 명령이기도 한 것이다.

# 불순한 동기에서 시작된 애정

불순한 동기에서 시작된 애정은 그 동기가 사라지면 바로 소멸된다.
― 마빈 토케어 편, 『탈무드』 부분

그 남자는 평범한 대학교를 나와서 운좋게도 언론사에 종사를 하고 있었고, 그 여자는 명문대학교를 나와 대학교수로 재직하고 있었다.

그 남자는 가난했고, 그 여자는 부유했다. 둘 다 결혼을 해서 가정을 지니고 있는 사람들이었지만, 그러나 그들은 매우 뜨겁게 사랑의 열정을 발산하고 있었다.

그 남자는 그 여자의 명예와 부가 좋았고, 그 여자는 그 남자의 언론사의 영향력이 그 무엇보다도 간절하게 필요했다.

그 남자와 그 여자의 사랑은 불륜이 되고, 그 결과는 너무나도 많은 사람들을 불행으로 몰아넣은 비극적인 사건이 되고 말았다.

# 정열 때문에 결혼하지만……

정열 때문에 결혼하지만, 그 정열은 결혼보다 오래가지 않는다.
— 마빈 토케어 편, 『탈무드』 부분

그가 사랑하는 것은 그의 이상적인 여자이지, 그의 아내가 아니다.
그녀가 사랑하는 것은 그녀의 이상적인 남자이지, 그의 남편이 아니다.
남녀의 사랑은 '이상'이라는 '환영' 때문에 이루어지고, 그 결과, 그들은 서로가 서로의 살을 부비고 살다가는 너무나도 뜻밖에 그 사랑의 오류들을 깨닫게 된다.
아내와 남편 사이에는 어느덧 애정이 식고, 이들 부부는 헤어질 수가 없어서 어쩔 수 없이 살아가게 된다.

## 술이 머리에 들어가면……


술이 머리에 들어가면 비밀이 밖으로 밀려 나온다.
— 마빈 토케어 편, 『탈무드』 부분


술은 모든 기적을 가능하게 하는 특효약을 지녔는지도 모른다.
이 세상의 삶의 이치를 망각하고, 곧잘 자기 자신마저도 잃어버리게 만든다.
술이 들어가면 모든 방어기제가 무너지고, 그 어떤 일급비밀도 술술 새어나오게 만든다.

# 악마의 술

악마는 사람을 찾아갈 시간이 없을 때는 그 대리로 술을 보낸다.
— 마빈 토케어 편, 『탈무드』 부분

예수와 그의 열두 제자들이 최후의 만찬을 즐길 때는 예수의 피가 되고,
악마와 술을 마시며 신을 부정할 때는 악마의 피가 된다.

# 포도주와 지혜

포도주는 새것일 때는 포도와 같은 맛이 난다. 그러나 묵으면 묵을수록 맛이 좋아진다.
지혜도 똑같아서 해를 거듭할수록 닦여진다.
— 마빈 토케어 편, 『탈무드』 부분

술과 친구, 그리고 지혜는 오래 묵을수록 좋다.
지혜는 퍼내고 퍼내도 마르지 않는 샘물과도 같다.

# 부부의 사랑

부부가 서로 사랑하고 있으면 칼날 폭만큼의 좁은 침대에서도 잠잘 수 있지만, 서로 사랑하지 않으면 16미터나 되는 넓은 침대도 좁다.
— 마빈 토케어 편, 『탈무드』 부분

아인시타인의 상대성 원리란 그 주체자의 관점에 따라서 그 대상의 가치가 달라지는 것을 말한다.

아내를 사랑하면 칼날 같은 침대에서도 잠을 잘 수가 있지만, 아내를 사랑하지 않으면 대저택에서도 함께 살 수가 없다.

원수는 만나서 괴롭고, 사랑은 만나지 못해서 괴롭다.

# 세상에서 가장 행복한 남자

세상에서 가장 행복한 남자는 누구인가? 바로 좋은 아내를 얻은 남자이다.
— 마빈 토케어 편, 『탈무드』 부분

남편은 씨앗이고, 아내는 밭이다.
비옥한 텃밭은 '후손의 미래'와 '종의 건강'과 직결되어 있다.
어느 누가 비옥한 텃밭을 마다할 수가 있겠는가?

# 마음의 병

　모든 질병 중에서 마음의 병만큼 괴로운 것은 없다.
　— 마빈 토케어 편, 『탈무드』 부분

대부분의 자살은 마음의 병 때문에 발생하게 된다.
모든 것이 다 싫고 삶의 의욕이 사라지는 마음의 병—.
이 마음의 병 앞에서는 모든 의사들도 손을 들어버리고 만다.
암보다도 더욱더 사망률이 높은 마음의 병—.

# 아이는 엄하게 꾸짖고……

아이는 엄하게 꾸짖고, 자라서는 꾸짖지 말라.
— 마빈 토케어 편, 『탈무드』 부분

나는 나의 아들과 딸 앞에서는 두 손을 들고 말았다.
제 아무리 훌륭한 아버지의 선의도 그 녀석들이 받아들이지 않으면 아무런 소용이 없다.
언제, 어느 때나 아버지와 전쟁 중이고, 아버지의 뜻과는 정반대로 제 갈 길을 가겠다는 불효자식들을 어떻게 막을 수가 있단 말인가?
모든 천재들, 모든 깡패들, 모든 못난 자식들은 다 제멋대로이다.
아버지는 버마제비와도 같은 존재에 지나지 않는다.

# 부귀는 요새이며, 빈곤은 폐허다.

부귀는 요새이며, 빈곤은 폐허다.
— 마빈 토케어 편, 『탈무드』 부분

유태인들은 돈을 좋아하고 돈을 사랑하지, 돈을 미워하지 않는다. 유태인들은 철두철미하게 돈을 숭배하는 현실주의자들이라고 할 수가 있다.

부귀는 요새이며, 빈곤은 폐허다.

유태인 경제학자 마르크스의 말대로 최종 심급은 경제인 것이다.

문학, 예술, 도덕, 종교, 정치, 체육 등, 그 어떤 것도 빈곤의 상징인 폐허 속에서는 자라날 수가 없다.

문제는 이 부귀라는 사치와 탐욕을 어떻게 다스리느냐가 될 것이다.

과연 우리 인간들은 자연보호를 외치지 않아도 좋을 만큼 부귀를 향유할 수가 있단 말인가?

# 섹스는 창조행위이다

섹스는 창조행위이다. 이것 없이는 자기 완성을 얻을 수 없다.
— 마빈 토케어 편, 『탈무드』에서

섹스는 종족의 명령이지, 창조행위가 아니다. 섹스가 창조행위라면 우리는 섹스를 하지 않을 수도 있고, 섹스를 할 수도 있다.

섹스는 선택의 문제가 아닌 종족의 명령인 것이다.

섹스가 너무나도 황홀하고 또 황홀한 것이 바로 그것을 증명해준다.

『탈무드』에서는 섹스에 대하여 이렇게 말해 놓고 있다.

"히브리어로는 '야다Yada'가 섹스라는 뜻이다. 동시에 '야다'란 '상대를 안다'는 뜻이기도 하다. 가령 성경 속에서 아담은 이브를 알고 아이를 낳았다고 했는데 '알고'란 것은 섹스를 했다는 의미도 겸하고 있다. '사랑한다는 것은 안다는 것이다'라고 흔히 말하는데, 사랑한다는 것은 함께 잠자는 것이라고 해석해도 좋다."

"섹스는 사람의 일생에 있어서 오직 한 사람에게만 사용되어야 한다."

"섹스는 자연의 일부이다. 그러므로 섹스를 함에 있어 본래 부자연한 것은 아무 것도 없다."

# 자기를 아는 것이 최대의 지혜이다.

자기를 아는 것이 최대의 지혜이다.
— 마빈 토케어 편, 『탈무드』 부분

　자기가 자기를 모르는 것은 자기가 자기 자신도 모르게 자기 자신을 너무나도 미화하고 성화시켜 놓았기 때문일는지도 모른다.
　우리는 나르시스처럼 '자기애의 환자'이며, 그 질병 속의 삶을 살아가게 되어 있는 것이다.
　우리는 결코 자기 자신을 알려고 하지 않는다.

# 가난한 집 자식은 찬미받으리라

가난한 집 자식은 찬미받으리라. 인류에게 예지를 가져다 주는 것은 그들이기 때문이다.
— 마빈 토케어 편, 『탈무드』 부분

"부귀는 요새이며, 빈곤은 폐허다"라고 말하는 사람들이 가난을 찬양하다니, 이 세상의 유태인들은 천당 가기를 싫어하는 대사기꾼들인지도 모른다.

부와 귀는 약탈의 댓가이며, 양심의 가책을 수반하게 된다.

이에 반하여, 가난한 자는 그만큼 죄를 적게 짓고, 그 고통만큼 이 세상의 모든 가치들을 전도시키게 된다.

모든 혁명가들은 가난했고, 오랫동안 박해받고 짓눌린 삶을 살았다는 공통점을 가지고 있다.

# 학교

학교가 없는 곳에서는 사람이 살 수 없다.
— 마빈 토케어 편, 『탈무드』부분

모든 부귀와 명예는 그토록 잔인하고 끔찍하며, 그토록 오랜 세월동안의 피비린내 나는 투쟁의 소산일 수밖에 없다.

전부가 아니면 전무인 승자독식구조—.

모든 지혜는 백전백승의 대량살상무기이다.

유태인들이 오늘날 이 세계를 지배하고 있는 것은 '학교'라는 '대량살상무기업체'를 통해서 끊임없이 최고급의 지혜를 생산해냈기 때문이다.

# 지식이 얕으면 곧 잃어버린다

지식이 얕으면 곧 잃어버린다.
— 마빈 토케어 편, 『탈무드』 부분

야구 선수에게는 배팅연습이, 골프 선수에게는 퍼팅연습이 필요하듯이, 언제, 어느 때나 반복은 최고급의 성공의 비결인 것이다.

새로운 지식을 배우고 그 지식들을 축적한다는 것은 모든 잡념과 잡음을 말살하고, 오직 전진하고, 또 전진한다는 것을 말한다.

지식이 깊어도 그것을 되풀이 암기하고 복습하지 않으면 곧 잃어버리고 만다.

# 악에의 충동

만약 인간에게 악에의 충동이 없다면 집도 짓지 않고, 아내도 얻지 않으며, 아이도 낳지 않고, 일도 하지 않을 것이다.
— 마빈 토케어 편, 『탈무드』 부분

선은 좋은 것이고, 악은 나쁜 것이 아니다.

악은 선과 마찬가지로 푸른 하늘의 태양이며, 최고급의 삶의 에너지인 것이다.

아버지를 살해하지 않으면 아들의 삶이 없고, 스승을 살해하지 않으면 제자의 삶이 없다.

모든 선은 이 악을 미화하고 승화시킨 것에 지나지 않고, 모든 악은 기존의 선을 평가절하하고 짓밟아버린 것에 지나지 않는다.

# 다른 사람보다 뛰어난 사람

다른 사람보다 뛰어난 사람은 악에의 충동도 그만큼 강하다.
— 마빈 토케어 편, 『탈무드』 부분

일년에 몇 조 원이나 천억 원, 또는 일년에 십억 원이나 오억 원을 버는 교인들은 절대로 십일조 헌금을 하지 않는다. 그가 비록, 할아버지와 아버지가 목사인 사업가라고 할지라도 연간 1000억원, 연간 100억원, 연간 1억원, 연간 5천만원을 자기 수입금대로 헌금을 하지는 않는다. 돈 잘 버는 사람들에게 십일조를 강요하면 이런 저런 거짓말 끝에 얼굴을 찌푸리고 당장 그 교회를 떠나가게 될 것이다.

상류 사회의 인간들에게 있어서 교회란 새로운 사업의 무대이며, 더 큰 부를 축적할 수 있는 문전옥답에 지나지 않는다.

이에 반하여, 연간 수입, 수천 만원 내외의 사회적 빈민들에게 있어서의 십일조란 종교적 명령이며, 그 피눈물 같은 헌금을 통하여 다소 값싼 종교적 위안을 얻게 될 뿐인 것이다. 이를테면 부자는 지옥에 가고, 가난한 자는 천당에 간다라는 식의 이상야릇한 궤변이 바로 그것이다.

목사는 부자를 위해서 기도를 하지, 가난한 사람을 위해서 기도하지를 않는다.

목사는 모든 신자들을 양의 무리, 즉, 그의 가축떼로 길들이는 악마에 지나지 않는다.

# 악에의 충동은 처음엔 몹시 달콤하다

악에의 충동은 처음엔 몹시 달콤하다. 그러나 끝났을 때는 매우 쓰다.
— 마빈 토케어 편, 『탈무드』 부분

아니, 악에의 충동은 처음에도 달콤하고, 마지막에도 영원히 달콤하다.

아메리카의 원주민들을 몰살시킨 미국인들처럼, 아니, 아직도 이토 히로부미와 히틀러를 마음 속 깊이 숭배하는 일본인들과 독일인들처럼—.

강한 자는 자기 자신의 악을 선으로 위장하고, 약한 자의 악만을 단죄한다.

때때로 약한 자들은 자기 자신의 영토를 빼앗기고, 자기 자신의 민족과 처자식이 무차별적으로 학살을 당하였는데도, 강한 자를 하나님처럼 모시지 않으면 안 된다.

강한 자는 선만을 갖고 있고, 약한 자는 악만을 갖고 있다.

## 죄는 미워하되……

죄는 미워하되, 사람은 미워하지 말라.
— 마빈 토케어 편, 『탈무드』 부분

이 말은 모든 법조인들의 금과옥조가 된다.

# 죄는 처음에는 거미줄만큼 가늘다

 죄는 처음에는 거미줄만큼 가늘다. 그러나 최후에는 배를 얽는 밧줄만큼 강해진다.
— 마빈 토케어 편, 『탈무드』 부분

한번 죄를 짓기 시작하면 그만큼 대범해진다.

일년에 전혀 생산과는 무관한 투기자본을 통하여 수십조 원씩이나 벌고도 그 이익금이 가난한 개미들의 붉디 붉은 피를 빨아먹은 것이라는 사실은 애써 외면하고 있는 조지 소로스와도 같은 세계적인 투기꾼들의 죄가 바로 그것이다.

조지 소로스의 애인은 증손녀와도 같은 60세 연하이고, 이 산 송장과도 같은 늙은이의 성매수 앞에서는 모든 여성 해방론자들마저도 존경과 경의를 표하게 된다.

# 죄는 처음에는 손님이다

 죄는 처음에는 손님이다. 그러나 그대로 두면 손님이 그 집의 주인이 되고 만다.
 ― 마빈 토케어 편, 『탈무드』 부분

물에 빠진 사람을 건져주면 돈보따리를 내놓으라고 하고, 떠돌이―나그네를 돌보아주면 최고의 대권大權을 내놓으라고 한다.
 죄는 언제, 어느 때나 아름답고 울창한 숲을 이룬다.
 그렇다.
 모든 미학은 아버지를 살해한 신성모독의 미학이다.

## 진리는 하나이되……

> 진리는 하나이되, 현자들은 이것을 여러 이름으로 부른다.
> ―『리그 베다』부분

하나님은 유일무이한 하나, 단 하나밖에 없는 최고의 신을 뜻한다. 모든 신들의 기원에는 우리 인간들의 불완전함을 극복하고 그것에 대한 소원으로서 이상적인 미래의 인간형이 각인되어 있는 것이다.

그리스인들의 제우스, 인도인들의 브라만과 시바, 아랍인들의 마호메트, 유태인들의 야훼, 이집트인들의 오시리스는 최고의 신, 즉, 하나님의 다른 이름에 지나지 않는다.

하나님은 하나이되, 모든 종교인들은 이 하나님을 저마다 다른 이름으로 부른다.

공산주의, 실존주의, 염세주의, 민주주의 등, 모든 사상과 이념에 대한 해석도 저마다 제각각 다르게 해석하고 있는 것이다.

# 그대는 브라만이다.

그대는 브라만이다.
―『인도사상사』부분

브라만은 만물의 창조주이며, 전지 전능한 최고의 신이다.

"그대는 브라만이다"라는 이 말은 우파니샤드의 사상을 가장 잘 나타나는 사상 중의 하나이며, 불교에서도 이 말을 그대로 차용해서 쓰고 있는 것이다.

불교는 지배계급의 종교인 힌두교를 정면으로 공격했지만, 넓게 보면 힌두교의 한 분파에 지나지 않는다. 불교의 성지인 인도에서는 힌두교, 이슬람교, 기독교, 자이나교 다음이 불교이며, 대부분의 인도인들은 불교를 힌두교의 한 분파 정도로만 알고 있다고 한다.

자기 스스로 만물의 창조주이며, 전지전능한 신이 된다는 말만큼 매력적인 말도 없을 것이다.

# 푸라나 카사파의 도덕부정론

　푸라나에 의하면 선악은 사회적 관습에 의한 일시적인 것이며, 사람이 선행을 하든 악행을 하든 거기에 필연적인 인과응보는 있을 수 없다고 한다. 즉 생물이나 인간을 토막토막 짤라 죽이고, 괴롭히고, 슬프게 하고, 전율케 하고, 생명을 빼앗고, 가택침입, 약탈, 강도, 간통, 거짓말 등을 하여도 조금도 악을 행한 것이 아니다. 그래서 악업에 대한 응보도 없다고 한다. 또한 제사를 행하고, 남에게 보시하고, 감관을 제어하는 극기의 생활과 참말을 하여도 선행이 아니다.

　―『인도사상사』부분

　푸라나 카사파는 노예의 아들이었고, 주인집 소 외양간에서 태어났다고 한다. 그는 자유의 신분이 되고 싶어서 주인집에서 도망을 치다가 옷을 빼앗긴 이래, 항상 벌거벗고 살았다고 한다.

　푸라나 카사파의 '도덕부정론'은 '약육강식'을 옹호하는 사상이며, 모든 유기체들의 삶의 질서이자 자연의 법칙이기도 한 것이다. 가난한 자, 허약한 자, 권력이 없는 자는 강한 자의 제물이 되든가, 노예가 될 수밖에 없는 것이다. 꿩이 매를 탓할 수가 없고, 양이 늑대를 탓할 수가 없다. 약육강식은 선악을 넘어선 자연의 법칙이며, 이 자연의 법칙이 있기 때문에, 우리들의 생태환경은 무너지지 않고 있는 것이다.

하지만, 그러나 무리를 짓는 동물로서의 도덕에 대한 전면적인 부정은 그 사회 체제를 근본적으로 전복시키는 것이기 때문에, 이 도덕부정론자는 보다 준엄하고 엄격하게 처벌을 받지 않으면 안 된다. 어느 특정 사회의 도덕질서는 그 사회의 성격에 따라서 규정된 것이고, 그 도덕질서는 약육강식의 법칙이 보다 정교하고 세련되게 양식화된 결과라고 할 수가 있다.

가난한 자는 더욱더 가난해지고, 부유한 자는 더욱더 부유해진다.

푸라나 카사파는 체 게베라와도 같은 사회적 혁명가들, 요컨대 근본적으로 반체제주의자들의 원조였던 것이다.

# 마칼리 고사알라의 결정론

    일체의 삶을 살아가는 자가 윤회의 생활을 계속하고 있는 것은 무인무연無因無緣이다. 또한 그들이 청정하게 되거나 해탈하는 것도 무인무연이다. 그들에게는 지배력도 없고 의지력도 없고, 단지 운명과 상황과 본성에 지배되어 어떠한 상태에서도 고락을 영위하는 것이다. 의지에 의한 행위는 있을 수 없다.
  ―『인도사상사』부분

마칼리 고사알라는 고대 인도의 결정론자이며, 그는 그의 부모가 순례 도중 소 외양간에 들어가 우기雨期를 보내고 있을 때에 태어났다고 한다.
  모든 것은 운명이며, 우리들의 삶이란 윤회의 쳇바퀴를 벗어날 수가 없는 것이다.
  운명에 순응할 것인가?
  아니면 그 운명을 창조(거역)할 것인가?
  운명에 순응하면 우리 인간들은 삶이 없어지게 되지만, 운명에 거역하게 되면 우리 인간들의 삶이 있게 되는 것이다.
  죄를 짓고 죄악을 정당화하는 것이 우리 인간들의 삶인 것이다.

오오, 최초의 신성모독자이었던 브라만이여!

# 아지타의 유물론唯物論

아지타에 의하면 지地, 수水, 화火, 풍風의 4원소만이 참된 실재이며, 독립 상주獨立常住이다. 더욱이 이들 원소가 존재하고 활동하는 장소로서 허공의 존재까지도 인정하고 있었다. 이들 4원소로 구성된 인간이 죽으면 인간을 구성하고 있던 地는 地의 외계의 집합으로 돌아가고, 水는 水의 집합으로, 火는 火의 집합으로, 風은 風의 집합으로 돌아가 모든 기관의 능력은 허공으로 돌아간다. 인간 그 자체는 죽음과 함께 無가 되는 것이며, 신체 이외에 사후에도 독립하여 존재하는 영혼 같은 것은 있을 수가 없다. 사람들은 화장터에 이르기까지 탄식하지만, 시체가 태워지고 난 후 남는 것은 비둘기색의 뼈뿐이고 공물은 재가 된다. 어리석은 자도 현명한 자도 신체가 파괴되면 소멸하여 사후에는 아무 것도 남지 않는다. 현세나 내세는 존재하지 않으며, 선업 혹은 악업을 행하였다고 해서 그 과보를 받는 일도 없다. 보시, 제사, 공의도 무의미한 것이다. 이 세상에는 부모도 없고, 또 사람들을 가르쳐 인도할 정도로 진력하는 사람, 즉 바라문도 존재하지 않는다.

―『인도사상사』부분

아지타는 고대 인도의 유물론자唯物論者이며, 아지타의 유물론은 '순세파順世派(세상에 종속하는 사람), 혹은 '사탕발림파'라고 불린다고도 한다. 현세도, 내세도 없고, 선업도, 악압도 없다면 돈이나 권력을 가진 자만이 최고가 되는 약육강식의 법칙이 지배하게 될 것이다.

오늘날의 금융자본주의 사회의 이론적 지주는 유물론이며, 힘을 가진 자가 모든 것을 다 가져가는 승자독식구조가 지배를 하고 있는 사회이다.

돈 앞에서는 부모도 없고, 형제도 없으며, 우정이나 사랑같은 것도 없다.

돈이 돈을 낳고, 돈 자체가 진리가 되는 사회는 너무나도 뻔뻔스럽고 파렴치한 사회에 지나지 않는다.

# 산자야의 회의론

　산자야 베라티푸타는 "내세와 선, 악업이 존재하는가"라고 질문하면 그는 "만약에 내가 있다고 생각하면 있다고 당신에게 대답하겠는데, 나는 있다고도 없다고도, 있는지도, 없는지도, 이렇게도, 저렇게도, 아무렇게도 나는 생각하지 않는다"라고 대답하였다. 그는 이러한 형이상학적 문제에 관하여 짐짓 의미를 파악할 수 없는 애매한 답변을 해서 확실한 지식을 주지 않는다는 점에서 '불가지론파不可知論派' 혹은 '기분파氣分派'라고 불려진다. 그에 의해서 형이상학적 문제에 관한 판단중지의 사상이 처음으로 밝혀졌다.
　─『인도사상사』 부분

　유교사상의 창시자인 공자는 철두철미하게 현실주의자였고, 그는 충효사상을 통하여 이 세계를 지상낙원으로 연출해내려는 좀 더 대범하고 크나큰 야망을 지녔던 것인지도 모른다. 공자는 내세의 천국이나 전지전능한 신의 문제에 대해서는 그 어떠한 해답도 제시하지 않았고, 따라서 그의 유교사상은 속물 교양주의(출세주의)로 더욱더 더럽게 오염되어 있었던 것인지도 모른다.
　천당과 지옥, 삶과 죽음, 선과 악, 진리와 허위, 음과 양, 남과 여, 적과 동지, 천사와 악마, 존재와 비존재, 행복과 불행 등에 대해서는 그 어느 누구도 정확한 해답을 제시할 수가 없는 것이다. 형이상학적 세계는 진위 여부에 대한 검증이 불가능한 눈에 보이지 않는 세계이며, 이 앞에서 우리는 모두가 다같이 '불가지론자'가 될 수밖에 없는 것이다.

모르는 것을 모른다고 하면 소크라테스가 되고, 모르는 것을 안다고 하면 그 옛날의 아테네의 사기꾼들(지식인들), 아니, 오늘날의 자연과학자들이 된다. 왜냐하면 오늘날의 자연과학자들은 인간과 공룡을 교미시켜서 황금알을 낳는 새로운 암탉을 창출해내려고 하고 있기 때문이다.

# 자이나교의 상대주의

모든 것을 상대적으로 표현하고, 상대적으로 해석해야 한다. 관찰법을 '관점'이라고 하며, 이 점에 근거하여 자이나교의 인식론적 입장은 부정주의不定主義, 또는 상대주의相對主義라고 불리운다. 말하자면 어떤 일정한 때와 장소에서 일정한 사람이 보고 들은 것은, 그때 그곳 그 사람에 대하여서만은 진리일 수 있다고 한다.

―『인도사상사』부분

『인도사상사』에는 자이나교에 대하여 다음과 같이 설명해 놓고 있다.

"자이나교의 교조는 니간타 나아타풋타이다. 그의 본명은 바르다마아나이지만, 대오大悟한 뒤에는 마하아비리라(위대한 영웅)라고 존칭되었다. 니간타라는 말은 이전부터 있었던 한 종파의 명칭이지만, 그가 이 종파에 들어간 후 그 설을 개량했기 때문에 자이나교가 성립되었다. 자이나는 지나(勝者, 수행을 완성한 사람)의 가르침이라는 뜻이다.

바르다마아나는 BC 444년경에 상업 도시 바이샬리시의 북부촌에서 왕족의 아들로 태어났다. 그는 성장하여 한 부인과 결혼했으나 30세 때 출가하여 수행자가 되고 니칸타파에 들어가 전심전력 고행을 쌓았다. 그 결과 대오를 얻어 지나(수행을 완성한 사람)가 되어 30년간 교화를 행하고 72세에 입적했다. 자이나교의 전설에 의하면 그가 세상에 태어나기 전에 23인의 구세자가 나타났는데 제23조를 파사라고 하며, 마하아비이라는 제24조에 해당할 것이라고 예언했다 한다. 자이나교는 그후 불교와 함께 발달하여 정통 바라문 계통 이외에 2대 종교의 하나로서 인도문화의 여러 방면에 두드러진 영향을 미쳤다."

"마하아비이라는 이러한 비판적이고 반성적인 입장에 서 있었기 때문에 베다 성전의 권위를 부정하고 바라문들이 일상 행하고 있는 제사는 무의미, 무가치하다고 주장했을 뿐만 아니라 제사 때 짐승을 죽이는 것은 죄를 짓는 일이라고 배척하고, 어떠한 카스트도 반대하여 합리주의적 입장에서 모든 인간은 어떠한 때, 어떠한 장소에 있어서도 준봉해야 할 보편적인 법法이 있다고 생각했다."

"이 수행을 철저히 실행하는 것은 세속적인 재가在家의 생활에 있어서는 불가능하기 때문에, 출가하여 수행자가 되어 일체의 욕망을 버리고 독신으로 널리 돌아다니는 생활을 할 것을 권하고 있다. 이러한 수행자를 비구比丘라고 하며, 그들은 탁발걸식 생활을 하고 있었다. 또한 그들이 지켜야 할 다수의 계율도 제정되었다. 먼저 지켜야 할 것은 불살생不殺生, 진실어眞實語, 부도不盜, 불음不淫, 무소유無所有라는 다섯 가지의 계율이다.

자이나교의 수행자는 계율을 엄격히 준수하며 실행하고 있다. 불살생계不殺生戒는 특히 중요시되었다. 일체의 생물은 생명을 사랑하고 있기 때문에 생명을 상하게 하는 것은 최대의 죄악이라고 여겼다. 자이나교의 수행자는 무소유라는 점에서도 철저하여 한 올의 실도 몸에 걸치지 않고, 모기나 파리 등에 몸을 드러내며 벌거벗은 몸으로 수행하고 있었다. 그러나 오래지 않아 백의를 걸치는 것을 허용하는 일파가 나타났는데, 이 파를 백의파白衣派라고 한다. 이와 반대로 옷을 걸치는 것은 전혀 허용하지 않는 보수적인 사람들을 공의파空衣派라고 칭하였으며, 그들은 음식을 제한하고 자주 단식을 실행하며 단식에 의한 죽음이 극도로 칭찬되고 있었다. 수행에 임해서는 자기 힘에 의지할 것을 강조하여 어떤 구제자의 은총 등을 기대해서는 안 된다고 했다."

"자이나교에서는 동물을 살해하거나 공물供物로 이용해서도 안 되며, 만약 자기가 마시려는 음료수 속에 벌레가 들어 있을 경우에도 입으로 불고 물을 마셔야 되며, 벌레를 잡아버려도 안 된다. 또한 숨쉴 적에 벌레를 흡입해서는 안 되므로 언제나 마스크를 걸쳐야 한다. 더 나아가서 자기의 발이 생명체를 밟아 죽여서는 안 되므로 걸어 다니기 전에 미리 마당을 쓸어내야 된다. 이러한 규정은 현재에도 지키며 실행하고 있다."

"누구나 다 비구의 엄격한 수행 생활을 하기에는 곤란하기 때문에 일반 신자들은 인과응보의 이치를 믿고, 비구의 가르침에 따라서 도덕적인 바른 생활을 보내면 사후에는 신들의 세계에 도달하여 즐거운 생활을 영위할 수 있다고 한다. 일반 신자에게도 불살생계를 엄수하라고 요구하기 때문에 신도는 농업내지는 일반적인 생산에 종사하는 것을 좋아하지 않으므로 직업으로는 상업을 택하는 경향이 있다. 자이나 교도는 상업(특히 임대업과 판매업)에 전력하고 정직하기 때문에 신용도 있고 부유하여, 지난 세기까지는 전 인구의 0.5%에 지나지 않는 자이나 교도의 수중에 인도 민족 자본의 과반수가 장악되었다고 한다. 자이나교는 종교와 자본주의 관계에 대해 문제를 제기하는 인도 최초의 사례이다."

자이나교의 무소유와 상업—. 그러나 이 결합처럼 상호모순적인 결합도 없을 것이다.

자이나교의 상대주의는 그 옛날의 노예들을 인간화시키고, 오늘날의 천민 민주주의의 씨앗이 되어왔던 것이다.

아무튼 자이나교도들이 '베다 성전의 권위'를 부정한 것은 최고급의 종교혁명—신성모독—이라고 할 수가 있는 것이다.

# 오직 참음으로써 원망은 쉬나니……

남에 대한 원한을
아예 마음에 두지 말라.
외손바닥은 저 혼자 울지 않고
하늘을 향해 뱉은 침은
도로 제게로 돌아가나니……

원망으로써 원망을 갚으면
끝내 원망은 쉬지 않는다.
오직 참음으로써 원망은 쉬나니,
이 법은 영원히 변하지 않는다.
―「법구경」부분

오른쪽 뺨을 때리면 왼쪽 뺨마저도 내주고,
 어느 누가 그대의 아내를 겁탈하고자 하면, 그대의 사랑하는 딸 아이마저도 갖다 바치지 않으면 안 된다.
 그대의 집을 빼앗으려고 하면 그대의 집을 내어주고,
 그대의 금은보화를 빼앗으려고 하면 그대의 금은보화를 아낌없이 내어주지 않으면 안 된다.

참된 사랑은 원수를 사랑하고, 그 원수가 크게 뉘우쳐 '나'를 숭배하게 만드는 데 있는 것이다.

## 지붕 잇기를 성기게 하면……

    지붕 잇기를 성기게 하면
    비가 오면 곧 새는 것처럼,
    마음을 조심해 가지지 않으면
    탐욕이 곧 이것을 뚫는다.

    지붕 잇기를 촘촘히 하면
    비가 와도 새지 않는 것처럼,
    마음을 단단히 거두어 가지면
    탐욕이 이것을 뚫지 못한다.
    ―「법구경」 부분

우리는 모두가 다같이 애초부터 잘못 설계된 지붕이 아닐까?
비가 오면 새고, 또 새는 지붕이 아닐까?
탐욕으로부터 우리 자신을 지키는 것은 스스로 목숨을 끊는 수밖에 없는 것이다.
부처는 가짜 건축업자(대사기꾼)였는지도 모른다.

# 아아, 생사의 밤길은 길고 멀어라

잠 못 드는 사람에게 밤은 길어라.
피곤한 사람에게 길은 멀어라.
바른 법을 모르는 어리석은 사람에게
아아, 생사의 밤길은 길고 멀어라.
—「법구경」부분

잠 못 들 만큼 고민이 많고, 마음과 몸이 지쳤어도 꼭, 반드시 가야 할 길이 있다는 것은 참으로 행복한 일일 것이다.

바른 법을 몰라서 괴롭고, 생사의 갈림길에서 수없이 헤매고 있을지라도 그것은 참으로 행복한 일일 것이다.

불교는, 모든 종교는 거세법去勢法과 배제법排除法을 통해서 이 세계를 지배하려는 사악한 사제들의 욕망의 산물일 수밖에 없다.

과연 고민이 없고, 피곤한 법이 없고, 생사의 의문도 없고, 모든 것을 다 알고 있는 부처는 진정으로 행복한 신일 수가 있는 것일까?

신은 사제들이 만들어낸 꼭두각시이며, 대량 살상무기에 지나지 않는다.

# 어리석은 사람의 길동무가 되지 말라

> 나보다 나을 것 없고
> 내게 알맞은 길벗 없거든
> 차라리 혼자서 갈지라도 착함
> 을 지켜라.
> 어리석은 사람의 길동무가 되지 말라.
> —「법구경」부분

나는 나이어야 하지, 나밖의 다른 어떤 사람이 되어서는 안 된다.

내가 나를 참답게 인식하고 나 스스로의 길만을 걸어가게 될 때, 그것이 곧 나의 행복의 길이요, 우리 모두의 길인 것이다.

베토벤은 그의 '영웅탄생'을 통해서, 모차르트는 그의 '장송곡'을 통해서 자기 자신의 행복을 연주했던 것이다.

# 어리석은 사람

> 어리석은 사람은 악을 짓고도
> 스스로 그것을 깨닫지 못해,
> 제가 지은 업에서 일어나는
> 불길에
> 제 몸을 태우며 괴로워한다.
> ―「법구경」부분

 진시황제가 모든 책들을 다 불살라버리고, 모든 학자들을 다 묻어버린 것은 아주 잘한 일일는지도 모른다. 왜냐하면 기존의 모든 책들과 모든 학자들은 진시황제의 법과 통치철학에 전혀 맞지 않았기 때문이다.
 하지만, 그러나 진시황제가 자기 자신의 시대가 다 지나가고 새로운 시대가 다가오고 있음에도 불구하고, 그 역사의 힘찬 물살을 거슬러 올라가 영원불멸의 불사약을 찾아 헤맨 것은 더없이 어리석고 바보같은 짓에 지나지 않았다.
 진시황제는 스스로 죄를 짓고 크게 괴로워했던 것이다.

# 자기 마음을 스승으로 삼아라

자기 마음을 스승으로 삼아라.
남을 따라서 스승으로 삼지 말라.
자기를 잘 닦아 스승으로 삼으면,
능히 얻기 어려운 스승을 얻나니.
―「법구경」부분

 '너 자신을 알라', '만물은 유전한다', '나는 생각한다, 고로 존재한다', '지구는 돈다', '면죄부를 팔지 말라', '표절을 하지 말라', '나는 신성모독을 범한다, 고로 존재한다', '세계는 나의 범죄의 표상이다', '신은 죽었다' 등은 자기 마음을 자기 스승으로 삼은 철학자들이, 자기 자신의 붉디붉은 피로 쓴 명언인 것이다.
 스승을 살해하고 스승을 또 살해하지 않으면, 자기 자신의 마음을 스승으로 삼을 수가 없는 것이다.
 부처를 만나면 부처를 죽이고,
 스승을 만나면 스승을 죽여라.
 이것이 마음에서 마음으로 전해져 내려오는 선불교의 교외별전敎外別傳인 것이다.

# 음욕보다 더한 불길 없고……

음욕보다 더한 불길 없고
성냄보다 더한 독이 없으며,
내 몸보다 더한 고통이 없고
고요보다 더한 즐거움이 없다.
―「법구경」부분

안토니우스와 클레오파트라의 경우에서처럼, 우리는 음욕이 없어도 살 수가 없고, 사나운 폭군이었던 존왕의 분노가 없어도 우리는 살 수가 없다.

고통은 우리가 이 세상에서 살아 있다는 증거이며, 이 세상에서 고통보다 더욱더 즐겁고 기쁜 것은 없다.

십자가에 못 박혀 죽는 기쁨, 이글이글 타오르는 장작불에 산 채로 화형을 당하는 기쁨……

# 현자

세상 모든 것이 헛된 것이라.
구태여 가지려 허덕이지 않고
잃었다 하여 번민도 않는 사람,
그야말로 참으로 현자이니라.
―「법구경」부분

이 세상 모든 것은 참된 것이다.
재산을 축적하고, 또 축적하는 기쁨,
그리하여 그 모든 재산을 노벨처럼 사회에다가 다 환원하는 기쁨―.
 자기 자신을 희생시키고 전체 인류를 구원하는 사람이 진정한 현자라고 할 수가 있는 것이다.

# 해서 안 될 일은 행하지 말라

해서 안 될 일은 행하지 말라.
해서 안 될 일을 행하면 반드시 번민이 따른다.
해야 할 일은 반드시 행하라.
그러면 가는 곳마다 후회는 없을 것이다.
―「법구경」부분

모든 성자는 대사기꾼이며, 신성모독자에 지나지 않는다.
 그는 해서는 안될 일들만을 행하였고, 그 더럽고 추악한 일들을 뉘우치기는커녕, 죄를 짓고 죄악을 정당화하였다.
 예수도, 부처도, 마호메트도, 제우스도 대사기꾼이자 신성모독자였던 것이다.
 그들은 모두가 다같이 그 악마의 탈을 벗어던진 성자였던 것이다.

# 참음

참기 어려운 것을 참는 것이 진실한 참음이요,
누구나 참을 수 있는 것은 일상의 참음이다.
자기보다 약한 이의 허물을 기꺼이 용서하고,
부귀와 영화 속에서 겸손하고 절제하라.
강한 자 앞에서 참는 것은 두렵기 때문이고,
자기와 같은 사람 앞에서 참는 것은 싸우기 싫어서며,
자기보다 못한 사람 앞에서 참는 것이 진정한 참음이다.
―「잡보장경」 부분

힘이 없을 때는 참아야 하고,
힘이 있을 때는 참지 말아야 한다.
평화시에는 참아야 하고,
전쟁중일 때는 참지 말아야 한다.
참는다는 것이 반드시 옳고 좋은 것만은 아니다.

# 지혜로운 자가 배우면……

　소가 물을 마시면 젖을 이루고 뱀이 물을 마시면 독을 이루듯이, 지혜로운 자가 배우면 깨달음을 이루고 어리석은 자가 배우면 생사뿐이다.
　―「초발심자경문」부분

이 세상에서 백전백승의 무기는 지혜밖에는 없다.
지혜를 얻기 위한 혈투는 모든 교육제도로서 합법화된 것이다.
지혜는 잔인성이 양식화된 것이다.

# 무소의 뿔처럼 혼자서 가라

홀로 행하고 게으르지 말며
비난과 칭찬에도 흔들리지 말라.
그물에 걸리지 않는 바람처럼
소리에 놀라지 않는 사자처럼
진흙에 더럽히지 않는 연꽃처럼
무소의 뿔처럼 혼자서 가라.
―「숫타니파타」부분

모든 위대함의 기원은 무소의 뿔처럼 혼자서 가는 것이다.
 모든 인간들을 다같이 적으로 만드는 것, '만인 대 일인의 싸움'을 어느 누구보다도 의연하고 당당하게 수행하는 것,
 바로 이것이 자기 자신을 위대하게 만드는 것이다.
 무소의 뿔처럼 혼자서 가라.
 그렇다.
 무소의 뿔처럼 혼자서 가라.

## 반경환

반경환은 1954년 충북 청주에서 태어났으며, 1988년 『한국문학』 신인상과 1989년 《중앙일보》 신춘문예로 등단했다. 반경환의 저서로는 『시와 시인』, 『행복의 깊이』 1, 2, 3, 4권, 『비판, 비판, 그리고 또 비판』 1, 2권, 『반경환 명시감상』 1, 2, 3, 4권, 『이 세상에서 가장 아름다운 명문장들』 1, 2권, 『반경환 명구산책』 1, 2, 3권 등이 있고, 이 『반경환 명언집』 1은 공자, 맹자, 노자, 장자, 묵자, 한비자, 순자에서부터 탈레스, 헤라클레이토스, 파르메니데스, 소크라테스, 플라톤, 아리스토텔레스, 알렉산더, 줄리어스 시이저(카이사르), 부르터스, 그리고 『탈무드』, 『인도사상』, 『불경』 등에 이르기까지 세계적인 사상가들의 명언을 살펴보고 우리 한국인들을 '사상가와 예술가의 민족', 즉, '고급문화인'으로 인도해가겠다는 그의 꿈의 산물이라고 할 수가 있다.

사상가는 사상을 통해서 그의 이상낙원을 꿈꾸고, 그 낙원 속의 아름답고 행복한 삶을 살아가게 된다. 우리 인간들의 가장 위대한 발명품이 문자인 것처럼 사상가는 지식인 중의 최고의 지식인이다. 왜냐하면 그는 새로운 언어의 창시자이며, 모든 신화와 종교의 창시자이기 때문이다. 사상가는 언어로 꿈꾸며, 언어를 창조하고, 그 언어의 밭을 갈며, 그 언어의 열매들을 먹고 살아간다. 사상가는 언어 속에서 태어났고, 그 언어를 위하여, 마치 연어처럼, 수많은 언어들을 산란하면서, 그 기나긴 삶의 여정과 그 짧은 생애를 마감하게 된다.

### 지혜사랑
### 반경환 명언집 名言集 1

발행일 2014년 5월 1일
지은이 반경환
편집 김지호
펴낸이 반송림
펴낸곳 도서출판 지혜 / 계간시전문지 애지
기획위원 반경환 이형권 황정산
주소 300-812 대전광역시 동구 선화로 203-1 2층 도서출판 지혜 (삼성동)
전화 042-625-1140
팩스 042-627-1140
전자우편 ejisarang@hanmail.net
애지카페 cafe.daum.net/ejiliterature

ISBN : 978-89-97386-95-6 04810
ISBN : 978-89-97386-94-9 04810(세트)

값 20,000원

* 이 책의 판권은 지은이와 도서출판 지혜에 있습니다.
* 양측의 서면 동의 없는 무단 전재 및 복제를 금합니다.

이 책은 대전문화재단, 한국문화예술위원회 Arts Council Korea 에서 사업비 일부를 지원받았습니다.